滄海叢刊 哲學類

韓非子通論

姚蒸民 著

東大圖書公司

國家圖書館出版品預行編目資料

韓非子通論／姚蒸民著. --初版 --
臺北市：東大：民88
面； 公分. --(滄海叢刊)
ISBN 957-19-2247-1 (精裝)
ISBN 957-19-2248-X(平裝)

1.韓非子-評論

121.677 87012356

網際網路位址 http://www.sanmin.com.tw

著作人 姚蒸民
發行人 劉仲文
著作財產權人 東大圖書股份有限公司
臺北市復興北路三八六號
發行所 東大圖書股份有限公司
地 址／臺北市復興北路三八六號
電 話／二五〇〇六六〇〇
郵 撥／〇一〇七一七五——〇號
印刷所 東大圖書股份有限公司
總經銷 三民書局股份有限公司
門市部 復北店／臺北市復興北路三八六號
重南店／臺北市重慶南路一段六十一號
初 版 中華民國八十八年三月
編 號 E 12118
基本定價 伍元捌角
行政院新聞局登記證局版臺業字第〇一九七號

ISBN 957-19-2248-X (平裝)

新版自序

余幼習儒書，旁涉諸子，長而攻讀政治；嘗就其學思之一得，撰《中國治術論要初稿上編》，並以其中之〈孟子治術〉一章為大學畢業論文。嗣以參加國府高考及格，供職中樞，更由南京隨官遷臺。驚心世變，怵目時艱，益有感於法家之學之足以匡時，乃取法家諸子書而重讀之，尤致力於《韓非子》。十年後，成《韓子通義》。又十餘年，再以教學時之所見思存者予以修訂之，易名為《韓非子通論》，於六十七年梓以行世。

余之為是書也，固在探討韓子學說而使之系統化，尤在於以新觀念疏通全書義理，而為治韓學者另闢天地。故不持今人之純學術文化觀，而出之以政治及歷史眼光；亦不牽拘於近世之法治理念，而兼採論證與比較方法；始自〈先秦學術思想之本質〉，而終於〈韓學新議〉，囊括韓子之生平與時代、學術淵源、基礎哲學、勢法術各論、及政治學說之實用等，於其間分別詳析之，並媵以後世之反響與批評。此在當年堪稱為最完整之內容，即在今日余尚有同感焉。

是書初版僅印千五百冊，不數年，即無餘書。適其時余又於國內首開法家哲學課程，所著講義，經訂補後，於七十三年出版為國內之唯一專著。韓學要義既可於《法家哲學》見之，自不急於再版《韓非子通論》。惟是兩書之旨趣重點原本不同，故亦多次節印該《通論》之部份章節，以應教學之需。近歲有鑒於該節印本終難滿足問學者之求知，而余之〈韓學新議〉及載之於〈自序〉之發抒，迄今仍多有為人之所未言及者；為使問學者得窺全書，而社會人士亦有相同機會，爰特酌加增訂，由東大圖書公司再次印行。

新版之異於初版者，在酌增詞句以實其內容，多添附注以詳其究竟，及訂正錯字而使之無誤刊，另則增附〈韓非子重要篇目提要〉以供參考。至於各章節之敘論範圍及所持觀點，則仍一如其初，蓋自審尚無欠妥處也。雖然，亦有宜併為說明者：第一、是書重在通論韓子之學，而非綜論先秦法家之學，亦重在析論韓學之所然，而非闡論其所以然。因而商子之「治不聽君，民不從官」，慎子之「民一於君，事斷於法」等，最足以詮析法治之所以為法治者，均未引為解釋韓學之助；韓學之探討遂著眼於如何通其義以致用，故其思想依託之宜以哲理闡揚者，亦多略之。第二、韓子強調勢法術三者之不可分性，並主張在運作時有其常軌與限制；旨在使國利治，使百政得舉，群臣守職，而君不暴專。揆以近代理念，即國家言治，應結合權力運作、法制運作與人事運作為一整體，注重其互動關係，並健全其個別功能。韓子持國家主義之政治觀，其實用主義自然落實於泛功利主義，此其例之一也。第三、韓子學說在漢後迭遭儒生之割裂、移轉與誤用。如揚棄其「抱法處勢」之說，而代之以君德之自我約束；不重視其「法所以制事」、「法所以為國」、及「處虛執要」「守法責成以立功」之主張，而一唯人君之是尊。其結果，政治運作不依節制原理，政治重心由「以法治事」而回歸於「以人治人」，無論重勢、任法（刑）、用術，去韓子之旨意日遠，而韓學亦為後世所詬病。此數者，牽涉層面深廣，非長篇或專節難以補充或釋明，況其又為治韓學之另一取向，故不於增訂相關章節之內容時併言之，亦所以維持是書之原風貌也。

增訂既竣，誌其心路歷程。覽者以是書為韓學之津梁，而有以新其取向，多其探討，並予韓學以客觀公正之新評價。此則余所跂望而樂之見者也。

中華民國八十八年二月　姚蒸民序於臺北

初版自序

春秋戰國時期，為我國學術思想史上之黃金時代。諸子之學，原其本質，皆可稱為政治學說，祇立言範圍有純與不純而已。司馬談明乎此，乃綜其旨要，別為陰陽、儒、墨、名、法、道德六家；而語其所同，則曰：「此務為治者也。」惟是六家中，要以法家之學最能釐清倫理與政治之界域，不旁涉形而上之天道鬼神，一以現實為重，並運用政治方法解決政治問題。故法家猶今日通稱之政治家，非膠於刑律者也；而法家之學則為純政治學說。

法家之集大成者韓非，在先秦諸子中，生年最晚，遭時最艱，取資最多，斷制最審。其學：治儒、道、墨、名、法於一爐，參以兵家之說，而中權則以法為治；用眾舍寡，備適於事；兼法家各派之長而矯其失，採他家學理之宜而新其用；始於變古之歷史觀、務力之社會觀及自為之人性觀，而成於運分為三用合為一之勢論、法論及術論；旨在先完成國家之基本目的即生存與發展，進而建立天下一統之新政治秩序。其所著書，今通稱《韓非子》，文辭瑰瑋，瀾翻不窮，抉摘隱微，燁如明鏡；不同於《論》、《孟》之零章短簡，迥異於《老》、《莊》之隱晦玄虛，亦較《墨》、

《荀》之雜而不純者為勝。故其不僅為我國古代政治學要籍，抑且為文學要籍。歷代學問之士未有不誦其書；歷代大政治家之言法治者，未有不取用其學；而歷代艱虞時期之志士仁人，更無有不重其振衰起弊之道者；固均有所宜然矣。

從先秦學術思想之演變以觀：韓子之學，實承孔老而後學變末期之正統，而終其變局。孔子繼往開來，其學含弘博濟。微孔子、即無今日之中華文化，斯言誠不為過。第其所繼承者，為往古官師合一政教不分下之學術，即所謂治平之道，以家族為本，以天下為歸，以仁愛為用，而兼有倫理與政治混同之意味。老子亦繼承往古學術，重在秉要執本，法乎自然，以陰柔之術，馭天下之變，而兼有天道與政理合一之意味。孔學尚實而貴自強，老學尚虛而貴謙弱；然皆不失中道。孔老而後，時代演變益烈，學術思想隨之而變。政治與倫理分離，現實較理想為重。諸子之學，應運而出，內分、外布、出入、旁羅、類皆重國家不重天下，重創新不重復古，而唯功利與集權之是尚。延至荀卿，時代思潮更趨向於以國家為基礎，而重建天下一統之新政治秩序。韓非承此學變末期之正統，自然認定國家之生存重於發展。從而本諸「安危在是非，不在於強弱；存亡在虛實，不在於眾寡」之信念，以「堅內」為先務；主張集中一國之統治力量，運用有效之統治工具，杜絕足以禍國之一切亂源，建立以君主為中心之新政治制度。為實現此一理想，爰以法理參合政治、國策配合時勢之所謂「法」，作為設政施治齊民使眾之唯一準繩；並在力求生活條件與戰鬥條件合一，教育方針與政治目標合一，個人利樂與國家富強合一之三大前提下，實現小則足以自全，大則霸王天下之現實政治目的。此種學說，足使封建政治徹底轉變為君主政治，亦足使紛爭之列國有以歸於一統。微韓非、固無以結束先秦學術之變局；無韓非之學，亦難使我國在秦漢而後，成為外儒內法而又濟之以道之大一統帝國政治，垂二千年之久。

從中外政治哲學之比較以觀：韓非成就，與泰西多數權威學者相伯仲，其學近於國家主義政治學，兼泰西之長而無其偏。蓋先秦諸子中，唯韓非最能認清國家之本質，以國家為人群之政治組合體，而非前此國與家之合成物。君臣民之別，乃政治權力關係及彼此職分之不同，非來自不平等階級制度下貴族與平民身分之有異。故於勢論中強調主權與統治權之特性及其運用；於法論中闡明法之性能、條件、制定原則，及其推行之道；於術論中則提供君主領導統馭之方，及其官人之法。惟是國家公利高於君臣民之私利，為杜弊端，自非以法去私，崇法抑人不可；故君之職、在守法責成，臣之職、在奉法行事，民之職、在遵法立功。為使中材之主得以量法治民，而不賢之主亦不致成為暴君起見，乃又倡「抱法處勢」之論，俾勢法術三者在人君獨運之際，仍有其一定之常軌與限制。因而韓非學說及其所持之國家主義，不惟可與亞里斯多德以來之若干泰西學者政治理論，相互印證發明；抑且有為歐洲國家主義政治學派之論所不備者。即不以此，而專就其主張立國之道在自恃而非恃人，堅內則不外失，及其據此而提出之經濟、國防、教育及社會政策而論；亦多與今之國家所推行者相合。他如韓非用以建立政治哲學之歷史觀、社會觀及人性觀，及其勢論、法論與術論中之若干精義，揆以近代政治學、法律學、社會學、行為科學、人事管理學或領導統馭學等，亦不難發現多有相似處。故無論就研究先秦學術之要籍言，或就中外政治哲學之比較研究言，《韓非子》均在所應讀。梁啟超氏曾謂：「是書與《老》、《墨》、《莊》、《孟》、《荀》同為不可不讀之書，不必專門學者也，一般人皆然。」說理雖殊，而其結論則一也。

惟是一切學術思想，皆為時代之產物，其愈切實可行者，愈無以脫離時代之束縛。韓非生年去商申二子不遠，其學雖與二子有殊，亦足以矯正二子之失，然終不無相近處。故歷代始終以商申統之，稱為商韓之學或申韓之學。即在近世，其因不察韓非何以主張中央集權政治以取代前此國與家之分權政治，又或不明勢法術三者之關聯性及其在運用時之常軌與限制，而誤認韓非亟欲建立之君主政治制度為絕對專制者，亦非無有。實則韓學之失，乃在過分重視國家利益與群眾利益。章太炎氏評其「有見於國，無見於人；有見於群，無見於孑」。誠篤論也。職是之故，其所建立之法論，缺乏民權思想，終成為君主政治所需之法治論，而非民主政治之所需；其所建立之術論，亦以缺乏近代法制觀念，終不能成為國家用人行政之宏規，而僅用在健全君術。雖則今之世局，有若韓非所稱之急世，而韓學之若干原理及其具體主張，仍可奉為圭臬而行之有效；然而時代精神終歸有異，須就其精神所在，及其無悖於民主法治原則者，擇取而用之。否則，先與「論世之事，因為之備」，「法與時轉則治，治與世宜則有功」之韓非學理相違，非真明於韓學者矣。

平心言之：韓非未嘗不如孔子之重視未來，而亦有所謂至治之國、至安之世之理想。第以急者不得，緩者非所務；自不能不持最現實之國家主義，以國家之治而強，為其立說之主旨。事實上，亦惟有以韓非之學，先完成國家生存與發展之基本目的，而後孔子之大同政治主張，乃有實現及推及之基礎。方今中華文化日益復興，韓學誠不能與孔學爭輝，然其足以輔成孔學，則堪認定。自不應狃於習見，仍誤解先秦法家之學，並將韓非亦視同商申，而抹煞其學說之真實價值。

本書原名《韓子通義》，初稿成於五十二年間，愧少創見，因棄置之。次年起，在大學院校兼課，乃得以不時觸發之新義，實入其中。荏苒十餘年，今始刪其蕪雜，去其複見，節其參證，省其贅引西洋學術論著及方今各國設施處，釐為十章，都二十餘萬言，名之曰《韓非子通論》。始於〈先秦學術思想之本質〉，而終於〈韓學新議〉。自審雖出以歷史及政治眼光，兼採論證及比較方法，並重在以新觀念疏通《韓子》全書義理，而為有系統之著述；其如學殖有限，又係從政之暇為此，必不能無其舛誤或說有未盡者。但冀能為先秦法家之學辨誣，及為治韓學者開闢新天地，斯即願足矣。爰誌其觀點，弁諸篇首。幸海內外學者匡正之。

中華民國六十六年七月七日　姚蒸民序於臺北

韓非子通論　目次

第一章 導言

第一節 先秦學術思想之本質

我國古代學術思想家，多講求所謂「內聖外王」之道。內聖即「立德」，外王即「立功」。其最高理想為實有帝王之德，實舉帝王之業，至不能實舉帝王之業以推行其聖人之道，乃退而「立言」。顧所論者特重於人事，於宇宙之研究則較略焉。「學」與「政」既難以分離，則學術思想之牽涉政治範圍，殆為必然之事。此種現象在春秋戰國時代尤為顯著。諸子思想除專注於辯論者外，靡不以政治問題為中心，即或旁涉形而上之天性、鬼神、以及教育、經濟、倫理等問題，亦為解決政治問題而提出，只其採用方法有別而已。由於往古聖哲均有此種內聖外王之基本觀點，故子學時代之學術思想家，在今日言之，皆為政治哲學家，即老氏莊生之流，又何嘗例外。

所謂子學時代，係與經學時代相對而言。我國有史以來之劇烈變動時期，一在春秋至西漢初，一在清代中葉至今日。後一時期為吾人所身歷而目覩，前一時期則為根據史料之記載，而予以認定。惟此兩時期之劇烈變動，均為全盤性、根本性，舉凡國家、社會、家庭、個人，一切政治、經濟、文化，乃至生活思想，俱無一不在劇烈變動之中。若僅就學術思想而論，自春秋至西漢初，實可以子學時代名之，自西漢初以至清季，則不妨稱之為經學時代。經、子本相同之物，皆為學術思想家就書籍記載之現象，及其本人之體認觀察，加以研求，發明公理，或著或述，以成其一家之言。故兩者均為專家之學，初無所定名，亦無所區別。惟漢武而後，特尊儒學，乃自專家之著述中，提出儒家之書，而稱之曰經，餘則名之曰子。近人馮友蘭更據此認定子學時代起於孔子，而終於董仲舒。❶蓋董氏之前，儒學並未定於一尊，各家學說林立。秦滅六國，奄有海宇之後，雖曾有焚書坑儒之暴政，並嚴禁天下藏《詩》《書》百家語；顧所坑者多為方士之流，而焚書亦僅為統一思想之步驟，非欲盡滅當時學說也。其時民間之書雖焚，官府之書則掌於博士之職；民間私相傳授學術，固屬嚴禁，但仍可詣博士受業；而官府所立之博士，則又各家學者均有。以故，漢有天下，諸子學說並行於世；此在鄭樵《通志・校讎略》、康有為《新學偽經考》、王國維《觀堂集林・漢魏博士考》，已有完整之說明。前於此者，如《史記》、《漢書》均稱：文帝好黃老家言，為政以慈儉為宗旨；竇太后亦好黃老言；曹參以清淨治國；汲黯修黃老術，治民主清淨；淮南王延客著書，雜取各家之說；司馬談「論六家之要旨」，以道家為最高；賈誼明申商，鼂錯嘗

❶ 見馮友蘭《中國哲學史》第一編第二章。

學中商刑名，韓安國受韓子雜說，主父偃受長短縱橫術。他如桓寬《鹽鐵論》之於鼂錯，著有專篇；《淮南子》之於〈原道訓〉、〈本經訓〉、〈主術訓〉、〈道應訓〉、〈兵略訓〉等，曾徵引儒道法兵各家之言。俱足以說明漢初諸子學說仍行於世。而《漢書・劉歆列傳》，載其移讓太常博士書云：「至孝文皇帝，天下眾書，往往頗出，皆諸子傳說，猶廣立於學官，為置博士。」更足以說明漢文帝時，博士中亦有各家學者，非僅儒家而已也。漢武帝初年，以魏其武安侯為相，始推崇儒家，儒家成為當時顯學，得與道家分庭抗禮。迨董仲舒於「對策」中主張：「春秋大一統者，天地之常經，古今之通誼也。今師異道，人異論，百家殊方，指意不同。是以上無以持一統，治制數變，下不知所守。臣愚以為諸不在六藝之科，孔子之術者，皆絕其道，勿使並進；邪僻之說息滅，然後統紀可一，而法度可明，民知所從矣。」武帝嘉納其言後，孔門學說成為獨尊，舉凡學校之官，州郡茂才孝廉，皆以儒學為準；此後歷朝以利祿之道，提倡儒學，而儒學之範圍又須從上之所定；於是天下思想漸趨統一。故董仲舒之主張行，而子學時代終；董仲舒之學說立，而經學時代始。雖其後發生今古文之爭，又其後魏晉玄學興，隋唐佛學盛，以及宋明理學之顯揚不衰，但無論如何，學術思想仍為儒家之天下，處處不離於經。以故迄至清末為止，吾人均不妨以經學時代概括之。

吾人研究中國學術思想，其所以特重先秦諸子者，端在於自春秋迄漢初，為我國歷史上學術思想最發達之黃金時代；在此時代之內，諸子爭鳴，百家競起；而揆其本質，皆出於匡救時弊，以成一家之言，並又足以上繼往古，下開來葉之故。自春秋迄漢初，為我國有史以來劇烈變動時期之一，前已敘明，而導致此劇烈變動之主因，則為已往之政治制度、社會組織及經濟制度，自東周而後皆有根本之改變。隨此根本改變以俱來者，則為官師失守，私人講學之風盛行；以及言論自由，諸子思潮之得以興盛。❷茲略予述明如左：

一、上古為貴族政治，周代殷興，沿襲不變。列國諸侯，有為周室所封者，有為本來固有者，至國中之卿大夫，亦無一不為公族，皆世其居；所謂庶人或平民，除經提升為士者外，絕無參預政權之可能。故《左傳・昭公七年》有云：「天有十日，人有十等，下所以事上，上所以共神也。故王臣公，公臣大夫，大夫臣士，士臣皂，皂臣輿，輿臣隸，隸臣僚。僚臣僕，僕有臺，馬有圉，

---

❷ 先秦學術思想發達之原因，各家說法不一。梁啟超謂：由於蘊蓄之宏富、社會之變遷、思想言論之自由、交通之頻繁、文字之趨簡、及講學之風盛。（見《中國學術思想變遷之大勢》）胡適謂：由於政治黑暗、社會紛亂、貧富不均，及民生痛苦而引起之思想反動。（見《中國古代哲學史》）馮友蘭謂：由於世官制度、井田制度、階級制度，皆有根本之改變，貴族降為平民、布衣可為卿相、庶民亦能富豪；而世君時主，好惡無方，天下之士競謀趨合，亦為重要原因。（見《中國哲學史》）蔣伯潛謂：由於政治、經濟與學術傳播三方面之劇變所致。（見《諸子通考》）羅焌謂：由於王官失守、私家講學、書籍傳播、學術自由、養士競爭及社會變遷。（見《諸子學述》）更有較以上諸人析之益詳者。平心言之，若無政治、經濟、及社會制度之徹底改變，其他千因萬緣，要亦無從發生也。

牛有牧，以待百事。」即可見當時社會組織上存有嚴格之階級制度。惟此種政治制度與社會組織，進入春秋之世，業已開始崩潰。詩有式微，黎侯所賦。《左傳・昭公三年》，亦有「欒、郤、胥、原、狐、續、慶、伯、降在皂隸」之語。孔子之先，在宋為貴族，奔魯為平民，孔子「為貧而仕」，「嘗為委吏矣」，「嘗為乘田矣」。此貴族降為平民之例證也。至甯戚以飯牛仕齊，躍居客卿；百里奚以奴隸仕秦，秉持國政；以及孔子之以布衣而為魯司寇；則又為平民之俊，漸得與聞政治之實例也。降及戰國，以布衣致將相者尤多。趙翼《廿二史箚記・卷二》，論及漢初布衣將相之局云：「蓋秦漢間為天地一大變局。自古皆封建，諸侯各君其國，卿大夫亦世其官，成例相沿，視為固然。其後積弊日甚，暴君荒主，既虐用其民無有底止，強臣大族又篡弒相仍，禍亂不已。再并而為七國，益務戰爭，肝腦塗地，其勢不得不變，而數千年來世侯世卿之局，一時亦難遽變，於是先從下者起。游說則范睢、蔡澤、蘇秦、張儀等，徒步而為相；征戰則孫臏、白起、樂毅、廉頗、王翦等，白身而為將；此已開後世布衣將相之例。而兼併之力，尚在有國者。天方藉其力以成混一，固不能一旦掃除之，使匹夫而有天下也；於是縱秦皇盡滅六國，以開統一之局。使秦皇當日發政施仁，與民休息，則禍亂不興，下雖無世祿之臣，而上猶是繼體之主也。惟其威虐毒痡，人人思亂，四海鼎沸，草澤盡奮。於是漢祖以匹夫起事，角群雄而定一尊，其君既起自布衣，其臣亦自多亡命無賴之徒，立功以取將相，此氣運為之也。天之變局，至是始定。」趙氏所謂布衣將相始於戰國，雖有未洽，但其指明天下情勢之劇變，而導致已往政治制度及社會組織之蕩然無存，要亦可供吾人之參證。

二、與貴族政治相連之經濟制度，為井田制度。周以土地封其子弟勳戚為諸侯，諸侯以土地分其子弟卿大夫為食邑，然後再由彼等之子弟分與庶人耕種。庶人不能自有土地，僅為助耕之農奴，平時為貴族耕作，戰時為貴族拚命，毫無自主之可言。王船山《讀通鑑論・卷十九》云：「三代之國，幅員之狹，直今一縣耳。仕者不出於百里之中，而卿大夫之子恒為士，故有世祿者有世田，即其所世營之業也。名為卿大夫，實則今鄉里之豪族而已。世居其土，世勤其疇，世修其陂池，世治其助耕之氓。」此助耕之氓，即庶人中之農民與奴隸也。周室東遷而後，王綱不振，禮法日墮。貴族將其所有之土地，分與農奴，農奴按畝納稅，藉以增加收入，遂使「藉而不稅」之井田制度，發生根本上之變化。加以農業生產技術進步，工商業亦漸趨於發達，平民暴富之現象，隨之而生，其結果遂又改變貴族平民間前此之上下隸屬關係，而為主客關係，乃至居於平等之地位。遠在春秋時代，此種情勢即已存在。《詩・小雅・大東》所謂：「舟人之子，熊羆是裘；私人之子，百僚是試」足堪為平民可以為官，及平民已有暴富之例證。《漢書・貨殖列傳序》所謂：「及周室衰，禮法墮，……其流至乎士庶人，莫不離制而棄本，稼穡之民少，商旅之民多，……富者木土被文錦，犬馬餘肉粟」亦堪為資產階級代貴族階級而興之說明。吾人參以《史記》之特著〈貨殖列傳〉，以及諸書記載弦高以商人而卻秦師，呂不韋以大賈而為秦相之事證，可見春秋戰國年間之豪富，不惟勢力盛大，且已參預政治活動。至《漢書・食貨志》所謂：「及秦孝公用商鞅，壞井田、開阡陌，……王制遂滅，僭差無度，庶人之富累鉅萬」則不無將井田制度崩壞之原因，悉歸於商鞅之在秦變法。徵諸史實，商鞅殆僅因應當年情勢，以國家之力量，作有意識之大規模破壞而已。故〈食貨志〉云云，難謂為持平之論。然無論如何，周代封建社會賴以維繫經濟組織之井田制度，自東周而後，始則名存實亡，繼則名實俱亡，益以政治制度之崩潰，終於形成我國有史以來劇烈變動時期之一，要堪認定。

三、如前所述，古代政治社會制度，貴族階級與平民階級相去懸殊。貴族不但在政治上為統治者，在經濟上亦為大地主，世襲其官爵，世有其土田；而欲維護此種既得利益，以傳之久遠，則非貴族子弟獨享教育機會不為功。周代殷興，仍採用政教不分，官師合一之辦法者，以此。接受教育者，既均為貴族子弟，而書籍又為官府所有；平民欲求智識，則惟有服役官府，冀能瀏覽藏書，或則接近有相當學識之貴族，受其薰陶啟迪。雖亦有所謂「庶人在官」者，其地位殆不過今日政府中之雇員而已，其所能獲得或需要之智識，亦至淺陋。因而封建社會貴族政治下之一般民眾，倘能熟習「世業」，即無求得較高學識之必要。惟此種現象，自周室東遷後，為之大變。一則官師流移，典籍四散，流入民間；再則貴族遭故，降為平民，學識帶來社會；三則諸侯爭霸，廣延才俊，不問出身。在此情勢之下，有學識者自可聚集生徒，著書講學，而受教育者亦深感智識之可貴。私人講學之風盛行，則前此所謂「有官書、無私家之著述，有官學、無私人之師儒」，俱已成為歷史之陳跡矣。

四、在此政治、經濟、社會顯著改變日益俱進之中，必然成為所謂「王制滅」、「禮法墮」之局面。其傾向於守舊者，自歎「世道不古」、「人心日下」，起而為舊制度之維護，如孔子等即是。亦有因應時勢，起而批評舊制度，或反對、或修改，又或另創新制度以代替舊制度，乃至於反對一切制度者。各是其所是，而非其所非，如孟、荀、老、莊、申、韓、楊、墨等俱是。加之，各國諸侯或為救亡圖存，或為逞其利欲，自亦廣結賢俊才能之士。從而各家學說紛起。《孟子．滕文公下》云：「聖王不作，諸侯放恣，處士橫議。」《莊子．天下》云：「天下大亂，賢聖不明，道德不一。天下多得一察焉以自好，……天下之人各為其所欲焉以自為方。」《漢書．藝文志》云：「諸子十家，其可觀者九家而已。皆起於王道既微，諸侯力政，時君世主，好惡殊方。是以九家之術，蠭出並作，各引一端，崇其所善。以此馳說，取合諸侯。」可證當日學術思想之所以發達，實與時勢之急劇變化有關，且為因應時勢需要而有之必然結果。此種情況延至西漢初年，遂成為我國空前未有之學術思想黃金時代。

先秦之學，既稱極盛，則其派別自亦千條萬緒，不易論定。但吾人必須瞭解諸子之開祖，究為何人。此在民國初年，共有三說。其主張以孔子為諸子之開祖者，如馮友蘭《中國哲學史》，首講孔子，繼講墨子、孟子、楊朱、陳仲子、許行、告子、尹文、宋牼、彭蒙、田駢、慎到、鄒衍，及其他陰陽五行家言，至第八章始提出「老子及道家中之老學」。有主張以老子為諸子之開祖者，如胡適《中國哲學史大綱》，首講老子，繼講孔子、墨子、楊朱、莊子、殿以孟子、荀子、及所謂法家。亦有主張諸子之開祖，北派為孔子，南派為老子者，如梁啟超《中國學術思想變遷之大勢》，並言及崛起於南北之間，為時稍晚者為墨子，而孔、老、墨三宗至戰國時代，復以內分、外布、出入、旁羅之故，混合發揚，演為我國學術思想界之全盛時代。惟時至今日，吾人研究古代學術思想，實應以孔子為諸子之開祖。胡氏於民國四十七年間，將《中國哲學史大綱》易名為《中國古代哲學史》，並發行臺北版時，曾於〈自記〉中指出：「像馮友蘭先生一類的學者，他們誠心相信，中國哲學史當然要認孔子是開山老祖，當然要認孔子是萬世師表。在這個誠心的宗教信仰裏，孔子之前當然不應該有一個老子，在這個誠心的信仰裏，當然不能承認有一個跟著老聃學禮助葬的孔子。」最後更引用馮氏之言：「在中國哲學史中，孔子實佔開山之地位。後世尊為惟一師表，雖不對而亦非無由也。以此之故，哲學史自孔子講起。」作為〈自記〉一文之結語。故胡氏本人顯仍有不願承認孔子為開山祖之意。而其所以亦不得不如世人之予以承認者，殆僅出於懂得了「雖不對而亦非無由也」之心理而已。

平心言之：孔子、老子之孰應為開山祖，不宜以生年之先後，及孔子曾否問禮於老子以為斷。蓋弟子稱師曰子，纂述其師之言行以成私家之專著，始於孔門。在孔子之前，有官學、無私人之師儒，有官書、無私人之著述。而我國文化至周代固已具備規模，故孔子有「周監於二代，郁郁乎文哉！吾從周」之言。在孔子心目中，周之典章制度，實可以「上繼往聖，下開來學」，因而一生以能繼文王、周公之業為職志。惟周游列國之結果，不能實舉帝王之業以推行其聖人之道，乃退而立言，刪《詩》《書》、訂《禮》《樂》、贊《周易》、著《春秋》。在孔子以前及其同時之學術思想家，其主張觀點雖仍可於《詩》、《書》、《左傳》、《國語》中見之，如鬼神、天、人、術數等之觀念，及禮、樂、刑、政等之各項意見，但均為片段之言，且未具有中心體系，遠不若孔子開私人講學之風，而弘其言教以影響於後世之巨。故吾人認定孔子為諸子之開祖，或如馮友蘭之認定子學時代始於孔子者，以此。至若蔣伯潛《諸子通考》，不惟主張孔子為諸子之開祖，諸子之書以《論語》為第一部，抑且主張《論語》一書，如不別立書名，亦可逕名曰《孔子》。則尤見推崇之盛也。❸

總之，孔子而後，私人講學著述，成為風尚，前此王官之學，俱已散在民間；而時代社會急劇變化之結果，則又使才智之士，驚心世變，均欲出其所學，以救時艱；於是學者之興，雲蒸霞蔚，著述之富，充棟汗牛。周秦諸子遂形成我國學術史上之黃金時代。所謂百家諸子，除專注於辯論者外，莫不講求「內聖外王」之道，或雜用王霸之術，以匡救時弊、解決政治問題，為其立說之旨歸。此蓋由於往古之官書、官學，無不牽涉政治，而在演為私人講學著述之後，仍難一時變換其基本精神之所致。周秦諸子即因有此共同之特點，故其學術思想，在今日言之，皆屬於政治哲學之範疇。此種以政治問題為中心之思想學術，不僅上繼往古，成為先秦學術思想之本質，抑且下開來葉，歷漢、唐、宋、明、至清末不易。祇後世獨崇經學，思想趨於統一，不若先秦諸

❸ 詳見蔣伯潛《諸子通考・緒論》，論諸子之開祖。

子之得就政治問題，自由發論，以成其一家之言而已。

第二節　諸子家數

諸子之派別家數，為後來評述者就其主觀見解所分析之異同，歸納而得。評述者之見解不同，則其人所隸屬之派別，亦因之而有異。如宋鈃、《莊子・天下》以與尹文並列，《荀子・非十二子》則以與墨翟同譏，而《漢書・藝文志》乃又列其書於小說家之林。且所謂「家」之名也者，亦後之人所定，非各派之開祖，先立其名以為號召者也，故孔子為儒家之開祖，亦未嘗以「儒」自名其學派，❹而徵之《莊子・天下》，殆僅於總論中提及「鄒魯之士」而已。因之，吾人關於諸子之派別家數，雖不必詳為之辨正，然亦不可不知其分派名家之由來。

先秦諸子派別之多寡，初無定說。諸子書中論學派之文，以《莊子》之〈天下〉為最早。其評述諸子，以墨翟、禽滑釐為一派，宋鈃、尹文為一派，彭蒙、田駢、慎到為一派，關尹、老聃為一派，莊周為一派，惠施為一派。所論凡五派，並己而六，益以篇首所謂「鄒魯之士」，實得七派焉。本篇但舉人為代表，未標家名，如以後世所分之家考之，不外儒、道、墨、法、名五家

❹《論語・雍也》記孔子謂子夏曰：「汝為君子儒，毋為小人儒」可證。蓋儒在先秦為有學識材藝者之通稱，漢後始專指師孔之徒。（詳拙著：〈韓子非儒侮聖辨〉）

而已。

後於莊子者為荀子。荀子之評述見〈非十二子〉，其所非之十二子，共分六派。它囂、魏牟，一也。陳仲、史鰌，二也。墨翟、宋鈃，三也。慎到、田駢，四也。惠施、鄧析，五也。子思、孟軻，六也。荀子此篇在明其本人為儒學之正統，原非為評述學派而作；其所列者，盡為北人，南人中，以老子、楊朱之學之盛，仍闕而不舉，即不難窺其旨意之所在也。❺本篇如以後世所分之家數核之，亦不外儒、道、墨、法、名五家焉。

迨至《史記・自序》引司馬談「論六家之要旨」之言，始列舉「陰陽」、「儒」、「墨」、「名」、「法」、「道德」六家之名，較之莊子、荀子，不但已有「家」名，且多一陰陽家。揆其所以名之為「家」者，則以皆為私人講學，並能成一家之言。而「陰陽」之所以成為一家，且列於五家之前者，則以司馬氏之家學，即陰陽家之「星曆」也。其後，西漢之末，劉歆校書，因而有《七略》之作。《七略》敘錄諸子，復就上述六家外，益以「縱橫」「雜」「農」「小說」四家。班固據之，以作《漢書・藝文志・諸子略》，並曰：「諸子十家，其可觀者九家而已。」是諸子派別之衍為家數，均為漢以後事。胡適所以不承認先秦諸子有名家、道家、法家，更不承認司馬談、劉歆之分類方法；實皆導源於此。❻顧九流十家之說，相沿成習，歷時近兩千年之久。吾人誠欲探討我

---

❺ 兼採梁啟超、蔣伯潛說。按《荀子・非十二子》並未廣及當時四方之學，且所論者，除墨翟、惠施之外，皆非其本派中之祖師。

國古代學術思想之全貌，及其變遷之趨勢與結果，自不妨採梁啟超、胡適等人之說，重加檢討修正；倘僅研究先秦諸子中某人之學術，則又不妨以司馬談之分類為據，以其較莊子之采擷為周，較劉歆、班固之瞭解學派真相為深，且又遠較荀子之分派雜亂為勝也。梁氏於《中國學術思想變遷之大勢》中，固已明言之矣。❼

上述各家中，《漢書・藝文志》所錄小說家之書，今已全亡，餘外九家之書，雖仍多流傳於世，而撰其與政治哲學有關，足以彰明先秦諸子學術之本質者，殆僅儒、道、墨、法四家而已。吾人從政治哲學之研究以觀，此四家之差異，約如下述：

一、就基本立場言之：儒家為家族主義，道家為個人主義，墨家為世界主義，法家為國家主義。二、就人生態度言之：儒家持中庸主義，道家持消極主義，墨家持苦行主義，法家持積極主義。三、就政治主張言之：儒家倡人治主義，道家倡無治主義，墨家倡天治主義，法家倡法治主義。四、就實行方法言之：儒家重感化主義，道家重放任主義，墨家重救世主義，法家重干涉主義。陳啟天《中國法家概論》對此所為之解說，頗為詳明。以凡略窺儒道墨法之門徑者，均不難獲有共同之認識，故不贅引此四家之著述，逐一為之釋明。

按中國之有政治哲學，始於封建政治時代。東周而後，封建政治基礎動搖，漸趨於君主政治

---

❻ 見胡適《中國古代哲學史》及其臺北版〈自記〉。

❼ 見梁著第二節〈論諸家之派別〉。

之途向；而迎接此趨勢，以求改造政治現狀，乃有諸子百家之學說興起。儒道墨法四家中，對封建政治最不利者為法家，對君主政治最有利者亦為法家。故法家在戰國時代雖不能與儒墨並稱為「顯學」，但其思想則為當日之主流。漢代秦興，君主政治業已確立。漢武帝而後，儒學定於一尊，法家思想成為伏流，主流為儒家思想取代，道家思想尚可居於旁流，而墨家思想則日益不顯，幾乎湮沒。其結果，形成外儒內法而濟之以道之政治思想趨向，歷唐宋而迄於清末不衰。故秦漢以還二千年來之實際政治，雖曾屢易朝代，均僅為「政權」之爭，亦即世俗所謂「成則為王，敗則為寇」而已；以言政治哲學，始終為先秦政治哲學之演變，並無根本之不同。❽

其次，司馬談「論六家之要旨」，曾有「夫陰陽、儒、墨、名、法、道德，此務為治者也」之言。所謂「務為治」，當指此六家之思想，皆可稱為政治哲學，或可以構成一種政治哲學無疑。然吾人之研究先秦學術，每屏棄陰陽家與名家，而不以與他四家並論者，實以此二家之學，或則於後世與儒家合流，或則其主要興趣，在研究名理而非政理。首言陰陽家：陰陽家之專長在星曆，而與星曆相關者則為「天地大理」。鄒衍所倡「大九州說」，雖出於推想，卻足以擴大時人之地理觀念，至其所倡「五德轉移」之說，則又將歷代政權之移轉，解釋為天命攸歸，且為定命之運轉。降及秦皇漢武之世，大九州之說演變為海外三神山，五德轉移之說亦演為天人感應而呈禍祥之論。方士既盛，儒家漸與合流。董仲舒求雨求晴等說，及京房易學災異之言，堪為代表。迨至西漢末

❽ 見陳啟天《中國法家概論》第四章，及該書〈自序〉。

年，緯書出現，而儒學亦為之大變，前此陰陽家之學，除星曆外，多揉合於儒家學說之中，始而名亡實存，繼而名實俱滅。夏曾佑《中國歷史・論儒家與方士之揉合》一章，言之頗詳。次言名家：名家之學，旨在研究名理，而非政理，故其對於政治思想之貢獻，在應用名理於治術，而不在其有何特殊之政治哲學。《莊子・天下》所記惠施之言，什九討論「時間」「空間」「同異」之為相對而非絕對，屬於今之所謂宇宙論與知識論之範疇，勉可稱為政治論者，殆僅「汜愛萬物，天地一體也」一事而已。公孫龍著書十四篇，今存六篇，揆其內容，難謂與政治哲學有若何之關係。他如《鄧析子》、《尹文子》今存本皆偽書，自亦難據以論定名家之學亦有專談政理者。倘再以梁啟超、胡適等人之見解，以《墨子》一書之〈經上〉、〈經下〉、〈經說上〉、〈經說下〉、及〈大取〉、〈小取〉各篇，為戰國後期墨家論名學之著作，乃至《荀子》之〈正名〉亦可認為戰國後期儒家論名學之著作而言；尤可見名理之學非名家之所獨有。❾綜上所述，陰陽家之學既於後世與儒家合流，而名家之學又非以研究政理為主，故此二家對漢武而後之學術思想與實際政治之關係，均非重要。從而吾人研究先秦學術多以儒道墨法四家為限，以其「務為治」之學，皆可構成一種政治哲學也。

諸子之學，各有短長，評述者之好惡不同，其評述之結果自異。現存古籍中，評述諸子之學者，以《莊子》之〈天下〉為最先，繼為荀子之〈非十二子〉。〈天下〉乃莊子後學輯成《莊子》

---

❾ 見梁啟超《墨經校釋》、胡適《中國古代哲學史》第八篇、蔣伯潛《諸子通考・附錄二》。餘略。

一書後所撰之序，故於莊周之學備極推崇，於關尹、老聃、不言其短，對其他諸子則言其各有所長，亦各有所短。❿〈非十二子〉旨在攻擊諸子之短，故不著其所長；門戶主奴之見既深，其所揭之短，自亦不免有失公正。後於莊子荀子者，前有司馬談，後有班固。司馬談「論六家之要旨」，舉六家之名而評其短長，不復以人為代表。《史記・太史公自序》罄載其評論，雖未能盡得各家之要領，顧皆為公平論斷之言，且亦較莊、荀之評述更具有準確性。班固之見解，悉載於《漢書・藝文志》之〈諸子略〉，錄一家之書畢，各繫以小序，分論十家之短長。第其生年較晚，並已在儒學定於一尊，而儒風又復大變之後，因而認定儒學「於道最為高」。班氏論諸子短長，所以未能全中肯綮者，即在以儒家言為尺度，以評論九家也。上舉各書，除《荀子・非十二子》非平心靜氣之論，毋庸過分重視外，其餘則各有勝處，須予補充敘明。按《莊子・天下》旨在言道術之始合而後分，可見諸家之學雖各有所本，而仍同出一原。同出一原，謂其同根據於古代之哲學；各有所本，則言其以一種哲學而推衍之於各方面也。〈太史公自序〉則言諸家之學，各有短長，舉六家之名以括先秦諸子，輕重適當，論亦客觀，分類之精，以此為最。然欲觀各家所自起，及其精神之所存，則司馬談之言，猶有未足。《漢書・藝文志》重在推論諸家之學所自出，並評述其短長，條理分明，語亦詳備。顧其指認諸子之學悉出於王官，則終不無失之偏執耳。⓫

❿ 參見蔣伯潛《諸子通考・緒論》，論十家學說之短長。

⓫ 參用梁啟超、胡適、蔣伯潛、呂思勉等人之說。梁、胡、蔣見上引各書，呂見《經子解題說・莊子之部》。

關於諸子學說之短長，及其淵源之所自，可於《莊子・天下》、《荀子・非十二子》、《史記・太史公自序》、《漢書・藝文志・諸子略》之外，參閱章太炎〈諸子學略說〉、胡適〈諸子不出於王官論〉、呂思勉〈論讀子之法〉、劉咸炘《子疏》、蔣伯潛《諸子通考》、及梁啟超等有關先秦學術思想之著作。恕不贅引。

第三節　《韓非子》書名篇卷及其真偽

《韓非子》，戰國時韓非撰。初名《韓子》，故歷代史志著錄，均以《韓子》稱之。劉向《別錄》校定為五十五篇，《漢書・藝文志・諸子略》據之，入法家類。梁阮孝緒《七錄》載《韓子》二十卷，《隋書・經籍志》、《舊唐書・經籍志》、《新唐書・藝文志》、《宋史・藝文志》、清《四庫全書總目》及《簡明目錄》均據之，以入子書法家類或子部法家類。惟私家著錄之書，自宋而後，除王應麟《漢書藝文志考證》、鄭樵《通志・藝文略》、《明、白雲齋道藏目錄》等書，仍稱《韓子》外，若晁公武《郡齋讀書志》、清孫星衍《祠堂書目》、張之洞《書目答問》、及近人梁啟超《要籍解題及其讀法》等書，莫不均以《韓非子》稱之。此蓋由於宋後學者多尊稱韓愈為韓子，恐二人之書相混，故將韓非著作增一「非」字以別之。今則相沿成習，通稱為《韓非子》矣。

韓非之書，在韓非生前即已流行。《史記・韓非列傳》云：「人或傳其書至秦，秦王見〈孤憤〉〈五蠹〉之書曰：嗟乎！寡人得見此人與之游，死不恨矣。李斯曰：此韓非之所著書也。秦因急攻韓」。可見其書在當日國際間之重視程度。韓非歿後，李斯及秦二世亦嘗引用其書，並見《史記》〈李斯列傳〉及〈秦本紀〉。惟「非所著書，本各自為篇，歿後，其徒收拾編次，以成一帙。故在秦在韓之作均為收錄，併其私紀未完之稿，亦收入書中。名為非撰，實非非所手定也。以其書本出於非，故仍題非名以著於錄焉」（見《四庫全書總目提要》）。

《韓非子》，今通行本皆二十卷五十五篇，篇數同《漢書・藝文志》，卷數同《隋書・經籍志》。惟此書既非撰者韓非所手定，因而發生篇目之真偽問題。遠在宋代，即為〈初見秦篇〉引起爭議，而疑其不出於韓非。王應麟《漢書藝文志考證》云：「沙隨程氏曰：非書有〈存韓篇〉，故李斯言非終為韓不為秦也。後人誤以范睢書廁於其間，乃有舉韓之論。《通鑑》謂非欲覆宗國，則非也。」降及清代，考證者益多，而求其對全書篇目真偽作深入之考辨者，則自近人梁啟超、胡適始。數十年來，考證之作，層出不窮，重要書目：計有梁啟超《要籍解題及其讀法》、胡適《中國古代哲學史》、劉汝霖《周秦諸子考》、容肇祖《韓非子考證》、陳千鈞《韓非子書考》、高亨《韓非子補箋》、陳祖釐《韓非別傳》、陳啟天《韓非子校釋》、陳奇猷《韓非子集釋》、潘重規《韓非著述考》、徐文珊《先秦諸子導讀》等。或以學說內容為依據，以認定其為真；或以學說及文體為依據，而指出其為偽；或以《史記》本傳之記載者為真，餘外則予存疑；又或兼用上述諸法，以先可肯定為真者為據，而推及於未能肯定之篇目。其間，胡適謂《韓非子》十分之中，僅有一二分可靠；陳奇猷則認為除〈人主〉與〈制分〉兩篇外，皆不得謂之贗品。[12]兩人見解，各趨極端，餘外諸人之見解，亦彼此多有出入。良以《韓非子》五十五篇之作，非出於一時一地，年歲之早晚不同，其思想、文筆、論旨，自亦未必完全統一。此所以考偽者雖多，卒難有確切一致之定論也。

茲參擇各家之說，[13]略為之析明如次：

〈初見秦第一〉　本篇言亡韓，與下篇言存韓，互相衝突；而《戰國策・秦策》又載有本文，並冠有「張儀說秦王曰」六字；故歷來考證之者，多認為不出於韓非之手。王應麟採沙隨程氏之說，指為范睢書。梁啟超斷為張儀說秦惠王之詞。胡適、錢穆（《先秦諸子繫年考》）均主不出於韓非。容肇祖則詳加考證，指稱實為蔡澤說秦王書。然亦有謂本篇出於韓非之手者：如陳祖釐、高亨、陳奇猷、徐文珊等是。陳奇猷舉五證以實其說，徐文珊認係韓非在秦獄中自陳以求脫之言。尹桐陽《韓非子新釋》乃又標以張儀作而韓非襲之之說。陳啟天初亦主本篇出於韓非，嗣以容肇祖等人考證篇中所言各事多在秦昭王時，而韓非以始皇十四年入秦，無由向昭王稱大王，足見本篇決非出於非手，因改正前此之見解，並以文與時考之，亦認定出於蔡澤之說，較為可信。愚按：陳啟天之言是也。蓋出之張儀之說，已考證為非，而篇中言長平之役，又不免暗譏范睢，兩說不

[12] 見胡適《中國古代哲學史》第十二篇第二章；陳奇猷《韓非子集釋・附錄：真偽考》。

[13] 以下引說，出自上舉書目者，均不贅注。

可信，自以出之蔡澤為較妥也。

〈存韓第二〉　梁啟超謂：本篇前半，當是非使秦時所上書，惟後半自「詔以韓客之所上書，書言韓之未可舉，下臣斯」以下，當是秦史官或李斯徒黨所記錄，決非出非手。容肇祖、陳啟天、陳奇猷、徐文珊等，均是其說，以篇首至「不可侮也」為韓非原文，以下為當時人之附記。愚按：諸家之說是也。

〈難言第三〉　容肇祖以本篇未嘗道出正意，起首雖著非名，仍不能無疑。劉汝霖則指稱不似人臣上書，疑為後人倣〈說難〉而作。梁啟超謂此為非早年上韓王之書。陳啟天則據明陳本〈韓子迂評注〉，以為係韓非在秦獄中所作，不當疑之。愚按：篇內稱「臣非」處二，稱「大王」處亦二，以稱大王，故知此為上秦王書。人在獄中之言，每多憤悶孤抗，自不應執此以疑之。宜以陳之說為是。

〈愛臣第四〉　梁啟超以本篇為韓非早年上韓王書，多對時事發言。潘重規同其說，並反駁容肇祖之存疑各端。陳千鈞雖不存疑，卻指此為韓非上秦王書。陳啟天又以如認本篇出於韓非，則上韓王之說較為可信。愚按：本篇思想，與韓非絕無不合；若論文筆詞語，則古今名家均難期其一成不變，且生年較晚者，亦常有模擬或襲用前人語文之自然態勢。因認梁、潘之說為是。

〈主道第五〉　梁啟超、胡適、容肇祖，均疑本篇不出於韓非，或為另一派法家乃至道家之作。陳啟天則以本篇思想，雖有取於道家，然其歸趨仍屬法家，與韓非之旨無不合；惟文體用韻，與他篇不類，究否出於韓非，不能無疑。愚按：本篇實有可疑。

〈有度第六〉　本篇是否出於韓非，諸家看法不一。梁啟超、胡適、容肇祖、劉汝霖，或就韓非死時六國尚存，或就本篇數稱先王與〈五蠹〉之說相反，以論定不出於韓非之手。陳啟天以篇中所謂之亡或亡國，皆指衰弱而言；又本篇文字與《管子．明法》大同小異者，究為本篇襲〈明法〉，或〈明法〉襲本篇，殊難斷言；故雖有所疑，亦未肯定本篇不出於韓非。潘重規則就本篇論旨與〈顯學〉（容、劉誤記為〈五蠹〉）不同，而「以法治國」原為韓非之一貫主張，故認本篇不可疑非韓非作。愚按：潘說是也。

〈二柄第七〉　梁啟超謂本篇頗類《管子》中之一部分；容肇祖則以本篇是否非文，尚待續考。陳啟天以篇中雖以刑德二字代稱賞罰，但刑德二字為春秋以來習用語；因就本篇思想，以旨意衡之，仍視為韓非之作。愚按：陳說是也。

〈揚搉第八〉　本篇主旨與〈主道〉略同，故考證之者亦均存疑。

〈八姦第九〉　梁啟超謂本篇頗類《管子》中之一部分；容肇祖則以篇中有德施之論，與〈五蠹篇〉、〈難二篇〉非「布施於貧家」之旨相反；故均疑本篇有偽。陳啟天、陳奇猷謂本篇之言重在德施必出於君，乃各明一義，似不得因此而疑之。愚按：二陳之說是也。

〈十過第十〉　本篇梁啟超、容肇祖，均予存疑。劉汝霖斷為偽作。陳啟天則以本篇旨趣，大體與韓非思想似無不合，然語多枝冗，則不能令人無疑。愚按：本篇體例，有類〈儲說〉，疑為韓非早歲之作，故不若他篇之精晰也。

〈孤憤第十一〉　本篇除胡適認為未可遽信外，歷來從無疑者。愚按：本篇篇目見於《史記．韓非列傳》，其言法術之士處境，與所用名詞，有韓非之遭際與他篇可證，即不得據司馬遷〈報任安書〉中「韓非囚秦，〈說難〉、〈孤憤〉」之言，而疑非韓非在韓之作。

〈說難第十二〉　本篇與〈孤憤〉為相表裏之作，文見於《史記．韓非列傳》，故歷來從無人疑其不出於韓非者。容肇祖雖疑其為縱橫或游說家之言混入《韓非子》書中，陳啟天已詳為之駁斥。見陳校釋本，不贅引。

〈和氏第十三〉　容肇祖以篇中有「商君燔《詩》《書》而明法令」之言，疑非非作。陳啟天則以商君曾否燔《詩》《書》雖無旁證，但因其反對《詩》《書》，乃至有燔《詩》《書》之傳說，而為韓非逕取傳說以著之於文，極有可能。此種事例，在《韓非子》書中多有之。若僅以此而疑之，則證據未免過於薄弱矣。愚按：陳之說，是也。

〈姦劫弒臣第十四〉　本篇向無疑其不出於韓非者。容肇祖亦僅謂末節見於〈楚策〉，為孫子謝春申書，而疑末節非韓非本文，乃從他書雜入。陳啟天則以此正弟子用師語為解。愚按：此說亦洽。

〈亡徵第十五〉　本篇惟容肇祖認為微有可疑。潘重規以《呂覽》〈察微篇〉已引《孝經》語，可見《孝經》為韓非以前之儒家典籍，韓非行文屬辭，或有受《孝經》影響之處，然不能以此作為非韓非所作之理由。愚按：潘說是。

〈三守第十六〉　容肇祖以本篇為疑而未能定，陳啟天則謂此為短論，文字簡明，思想亦與韓非之統系相合。愚按：陳說是也。

〈備內第十七〉　容肇祖以篇中有陰陽家之語，而疑非非作。陳啟天、潘重規則以此為當日成語，並見之《趙策》。陳並言本篇引以證備內之必要，非以其為陰陽家言而取之。愚按：陳、潘之說是也。

〈南面第十八〉　本篇僅容肇祖有微疑。陳啟天則謂末節文體與〈儲說〉相同，當係其脫簡而誤置於此。愚按：此說甚是。

〈飾邪第十九〉　梁啟超謂本篇為韓非早年上韓王書，多對時事發言。容肇祖除就秦拔鄴之事，考證梁說非是之外，並據劉汝霖說，認本篇為偽作。陳啟天以篇中「鄴盡」之語，非謂趙亡，乃謂鄴之城堡盡陷；至「魏數年西鄉以失其國」之言，亦指地削，而非謂魏亡；故認容、劉之說，尚不足以證明本篇之偽。潘重規則以〈五蠹〉、〈顯學〉兩篇之非先王，端在針對儒墨二家均自謂真堯舜之言論而出發，而本篇之稱先王，則旨意有所不同；故亦駁斥劉汝霖謂本篇思想與韓非不合之說。陳奇猷引《論衡・卜筮篇》云：「韓非〈飾邪〉之篇，明已效之驗，毀卜訾筮」。並引《史記・荀卿列傳》：「荀卿嫉濁世之政，亡國亂君相屬，不遂大道，而營於巫祝，信禨祥。」以證戰國之末，迷信之風特盛。國家大事皆決於卜筮，顯為推行法治之大障礙，故韓非有〈飾邪〉

之作。愚按：陳奇猷之言是也。

〈解老第二十〉、〈喻老第二十一〉　胡適、容肇祖、蔣伯潛《諸子通考》均認此二篇不出於韓非。陳啟天亦認為此二篇均在發明老子，為道家說，而非法家說，不無可疑。梁啟超則以韓非哲學根本思想歸於黃老，〈解老〉精語尤多，宜為治《老子》者首讀之書。章太炎更謂：「後有說《老子》者，宜據韓非為大傳，而疏通證明之。」（《國故論衡‧原道上》自注）愚按：諸說均有理由，殊難斷其真偽，存疑可也。

〈說林上第二十二〉、〈說林下第二十三〉　此二篇，惟胡適、容肇祖發生疑問，然均無證據以實其說。梁啟超謂：「〈說林〉二篇，似是預備作〈內外儲說〉之資料。」陳啟天云：「按〈說林〉之言，近於《戰國策》，蓋韓子之讀書雜錄也。」愚按：兩說均是。

〈觀行第二十四〉　容肇祖、陳啟天，均以本篇旨趣，近於道家，是否出於韓非，不無可疑。愚按：本篇首節「以道正己」之論，固係道家言；然末節「因可勢，求易道」之說，則為運用道家之言於政治。揆以以法為治、持勢用術之法家主張，難謂無關。本篇與〈解老〉、〈喻老〉之僅為發明《老子》而作者，異其旨趣，似不得疑為非韓非之作。

〈安危第二十五〉　容肇祖以本篇有「先王寄理於竹帛」之言，又有「堯無膠漆之約於當世而道行，舜無置錐之地於後世而德結」之語，前者「明據先王」，後者「必定堯舜」；故其是否非文，不無可疑。陳啟天《校釋》本引用其說，而未另為之置論。愚按：通篇思想，似與韓非並無不合之處，若僅以此二者而疑本篇，尚嫌證據不足。

〈守道第二十六〉　陳啟天謂本篇為一篇嚴刑論，與韓非思想正合。但又據容肇祖考證，以文中有「堯明於不失姦」等語，與〈顯學〉「必定堯舜」語衝突，亦認為本篇未免可疑。愚按：「堯明於不失姦」之語，須與下文「故天下無邪」並看。參以上文「託天下於堯之法，則貞士不失分，姦人不徼幸」之語，足見其間仍重在一「法」字。況韓非之所以非先王，在非「舍法律而言先王」，其稱先王，亦在於稱先王之明法。此種觀點，在《韓非子》全書中不乏其例。茲執一語，以疑全篇，難謂允洽。故本篇似以出於韓非為是。

〈用人第二十七〉　陳啟天謂本篇思想，大體合於法家之言，然亦以篇中有「厲廉恥、招仁義」之言，與〈五蠹〉「仁義用於古不用於今」之說相反故，認容肇祖之存疑非無理由。同時並以篇首有與〈飭令〉重出者，而〈飭令〉復經其斷為後人誤以《商君書》入《韓非子》，故認本篇是否韓非所作，尚有可疑。愚按：陳之言是也。

〈功名第二十八〉　容肇祖以篇首有「天時人心」之語，為道家言，而疑非韓非之作。陳啟天則以本篇既重在勢論，而思想又與韓非相合，因認容肇祖未免多疑。愚按：本篇首節雖以天時、人心、技能、勢位四者發論，末節則專就勢位而言，足與〈難勢〉桴鼓相應。宜以陳啟天之說為是。

〈大體第二十九〉　本篇為近於道家之法家言，容肇祖疑為漢初道家之作。陳啟天亦然其說。

愚按：本篇確有可疑。

〈內儲說上第三十〉、〈內儲說下第三十一〉、〈外儲說左上第三十二〉、〈外儲說左下第三十三〉、〈外儲說右上第三十四〉、〈外儲說右下第三十五〉　〈內外儲〉、最先著錄於《史記・韓非列傳》，雖史遷稱舉，略一「說」字，但其為韓非所作，從無疑者。至近人，則為說不一。胡適云：「〈外儲說左上〉似乎還有一部份可取，其餘的便不可深信了。」容肇祖云：「〈內外儲說〉六篇，為縱橫或游說家言混入於《韓非子》書中者。」然彼二人並未提出證據以實其說。惟〈儲說〉各篇均有經有傳，是否悉出於韓非，則又有二說。吳汝綸云：「〈內外儲說〉，其篇首之所謂經，韓子之文也；其後雜引古事，乃『為韓學』者之所為，以解韓子之書者也。」（《點勘韓非子讀本》）陳千鈞云：「吳說是。惟解經者或韓子自為之，以便人君之觀覽，亦未可知也。」陳啟天云：「按經與傳均甚聯繫，傳固所以解經，而經亦有言及傳者，如『其說在』，『其患在』等是。經為綱要，傳為解說，不可分離，當俱出韓子一人之手。不過傳中間有所謂『一曰』云云者，則為出於韓子後學所為，殆無疑義也。」愚按：陳啟天說是。胡、容未免多疑。梁啟超以〈內外儲說〉為《韓非子》書中之次要諸篇，斯為得之。

〈難一第三十六〉、〈難二第三十七〉、〈難三第三十八〉、〈難四第三十九〉　此四篇，歷來無人置疑。胡適雖列入不可深信篇目之內，但未提出任何證據。同樣多疑如容肇祖者，卻據《淮南子・齊俗訓》之引文，作為〈難一〉出於韓非手之旁證。梁啟超謂此四篇專對於不合理之事實或學說而下批評，多精覈語。陳啟天謂此四篇就思想與文字言，出於韓非，殆無可疑。中二篇或偶有道家言，此正可見法家理論有取資於道家之處。愚按：諸說甚是，胡適徒託空言，殊不足採。

〈難勢第四十〉　本篇為歷來無人置疑者。

〈問辯第四十一〉　本篇亦為歷來無人置疑者。

〈問田第四十二〉　容肇祖、高亨、陳千鈞、陳啟天、潘重規等，均認本篇不出於韓非，而為其後學弟子所記；且謂堂谿公為韓昭侯時人，在韓子前較遠，二人究否有此一段問答，亦不無可疑。惟陳奇猷則據其所著之〈韓非生卒年考〉，以堂谿公約生於韓昭侯元年，韓非約生於韓襄王十四年，二人相差六十歲，而韓非數以書諫韓王約在韓釐王二十三年，此時韓非二十六歲，〈難言〉即為此時上韓王書，書上，堂谿公召韓非談論，〈和氏〉亦當成於此時前，老年之堂谿公既能與韓非相見，即不得謂本篇有偽。愚按：韓非生卒年表，各家考證不一。陳啟天據陳千鈞考證而為之新擬韓非年表，雖較他家之說為長；但陳奇猷採陳千鈞說而訂正其計算差誤後所擬之韓非年表，似又較陳啟天所擬者為洽。在韓非生卒年表尚存有爭論之下，韓非究否與堂谿公相見，留待續考可也。⓮

〈定法第四十三〉　本篇惟容肇祖稱其是否韓非之文，疑未能定。餘外均無人置疑。愚按：本篇立意概括，用詞精晰，於批評商、中未盡善處，尤可見韓非本人之新法家觀點；實為全書中

⓮ 二人所為年表，分見《校釋》及《集釋》附錄。

最重要篇目之一，不當疑之。

〈說疑第四十四〉　本篇亦惟胡適、容肇祖認有可疑。陳啟天謂本篇思想合於韓非，殆無可疑，首節之文，似有他篇錯簡。愚按：本篇雖有為韓非上書或純論說文之爭辯，終屬枝節問題，不應疑非韓非作。

〈詭使第四十五〉　本篇從無疑為不出於韓非者。

〈六反第四十六〉　本篇亦為自來無人置疑者。

〈八說第四十七〉　梁啟超以〈六反〉、〈八說〉、〈八經〉為《韓非子》書之次要篇目，中多精語。陳啟天謂本篇在思想上無可疑之點，但以其似為一篇雜論，故稍欠連貫耳。愚按：陳之言，是也。容肇祖謂此篇為疑未能定之文，則未免失之多疑矣。

〈八經第四十八〉　陳啟天謂本篇在思想上絕無疑點；但在文字上則稍有脫誤，第五節較他節特多，而其末句言賢知、言福善、不類法家語，諒係後人增補，致用詞不甚洽而然。愚按：陳之言，是也，亦足以釋顧廣圻《韓非子識誤》之疑。

〈五蠹第四十九〉　本篇歷來無人置疑。

〈顯學第五十〉　本篇亦歷來從無置疑者。

〈忠孝第五十一〉　容肇祖以本篇思想，如非從橫，非恬淡之學，非恍惚之言，多與〈五蠹〉相合，故認其為韓非所作，然以文內用語如黔首，不應見於韓子之文，故又併言本篇疑未能定。

陳啟天亦認本篇為有可疑，惟末節與全篇意旨絕不相屬，疑為他篇之脫簡。陳奇猷以黔首二字，早見於《禮・祭義》：「明命鬼神，以為黔首則。」而始皇改制所用諸名稱，多為舊有，「如關內侯不僅見之於《魏策》，亦見本書〈顯學篇〉。故黔首一詞，當已可能為戰國時已有，但僅行於某地，至始皇二十六年始明令頒行天下耳」。愚按：陳奇猷之說，足以補正容肇祖之缺；陳啟天謂末節疑為他篇之脫簡而誤入本篇，亦洽。

〈人主第五十二〉　梁啟超謂本篇與〈忠孝〉、〈飭令〉、〈心度〉、〈制分〉諸篇，就文體言，均有可疑。容肇祖雖以本篇思想與〈二柄〉、〈孤憤〉相同，斷為韓子之作，但就文字而論，仍不能無疑。陳啟天謂韓子書早有脫佚，本篇蓋出於後人增輯，以足五十五篇之數者。首節乃節取〈愛臣〉、〈備內〉、〈二柄〉三篇之辭意而成，次節辭意多同於〈孤憤〉、〈和氏〉，篇尾亦為節取〈和氏〉，不過易其事而仿其意而已。陳奇猷亦認本篇不出於韓非之說，信而有徵。愚按：諸家之說是。

〈飭令第五十三〉　本篇文字除自「宜其能」至「故莫爭」數句，見於本書〈用人〉外，餘皆與《商君書・靳令》同，惟無〈靳令〉所論六蝨與仁義之語耳。故歷來論本篇者，多疑不出於韓非。容肇祖曰：「本篇或係法家者流之餘論，其較完全者，掇入《商君書》，其較刪節者，掇入《韓非子》，既非商君所為，亦非韓非所著也。」陳啟天曰：「此蓋後人讀《商君書》之筆記，而編校者以之入《韓非子》書耳。」二人之言，堪為個中代表。惟陳奇猷則力排眾議，斷為韓非有意鈔《商君書》之作。其大意為：㈠韓非為集法家學說之大成者，且極推崇商君，其採《商君書》以著文，極有可能；㈡古人見他人之文字與己意相同而鈔錄以為己說者，不限韓非，李斯上二世書襲〈五蠹〉、〈顯學〉之文，是其顯例；而韓非亦嘗於〈姦劫弒臣〉末段，直鈔自《荀子》；㈢國之蠹，不止六蝨之官，韓非已另有〈五蠹〉、〈顯學〉二篇專論為害於國之民，本篇自可刪之不論；㈣《商君書‧靳令》並非偽託；㈤謂〈靳令〉為偽託已非，而又謂偽託者以繁入《商君書》，以簡入《韓非子》，更為不近情理之論；㈥〈靳令〉乃一法治之重要論文，並非筆記，且可解為〈去強〉、〈說民〉兩篇之總綱；㈦如謂〈靳令〉為讀《商君書》之筆記，當附在《商君書》中，編者既以之入《商君書》矣，又何以故意編入《韓非子》？且先秦法家多矣，何不編入《管子》、《慎子》等書之內？（原文過長，不引）愚按：諸說中，似以陳奇猷之說較長。惟《商君書‧靳令》之真偽問題尚無定論，故本篇仍予存疑可也。

〈心度第五十四〉　陳千鈞以本篇文字不類韓子，惟其旨亦與韓子合，認係其徒收而為一集者。容肇祖則以本篇思想，與〈五蠹〉、〈顯學〉兩篇相合，而斷為出於韓非之手。愚按：古人為文，重在發抒義理，其文字技巧因年歲早晚不同而有演變者，非獨韓非一人，故本篇似以容肇祖之說為是。

〈制分第五十五〉　容肇祖謂本篇是否非文，疑未能定。陳啟天謂本篇思想與韓子全合，惟文字不類韓子，不能無疑。陳奇猷則斷言此篇不出於韓非；所持理由，除虛詞特多及胥賞、微姦、畸功、循約等名詞，與全書皆不類而外，為本篇以「數」字，用為「法」字之義，而他篇則「法」「數」二字絕不相混。他篇「數」用為術，如〈姦劫弒臣〉「度數之言」即法術之言；或用為計數，如〈難一〉「計數之所出也」。足證本篇非韓子所作。愚按：陳奇猷說是也。

歸納各家說法，可作如下結論：

一、歷來無人置疑且不應置疑者　〈孤憤〉、〈說難〉、〈姦劫弒臣〉、〈南面〉、〈說林上〉、〈說林下〉、〈內儲說上〉、〈內儲說下〉、〈外儲說左上〉、〈外儲說左下〉、〈外儲說右上〉、〈外儲說右下〉、〈難一〉、〈難二〉、〈難三〉、〈難四〉、〈難勢〉、〈問辯〉、〈定法〉、〈詭使〉、〈六反〉、〈五蠹〉、〈顯學〉，共二十三篇。

二、就思想文字應確認為韓非所作者　〈難言〉、〈和氏〉、〈飾邪〉、〈說疑〉，共四篇。

三、有微疑仍可斷為出於韓非者　〈愛臣〉、〈有度〉、〈二柄〉、〈八姦〉、〈亡徵〉、〈三守〉、〈備內〉、〈守道〉、〈功名〉、〈八說〉、〈八經〉、〈忠孝〉、〈心度〉，共十三篇。

四、應為非文而仍疑未能定者　〈十過〉、〈觀行〉、〈安危〉，共三篇。

五、疑為後人附益或門弟子所記者　〈主道〉、〈揚搉〉、〈解老〉、〈喻老〉、〈用人〉、〈大體〉、〈問田〉、〈飭令〉，共八篇。

六、正文為韓非所作，附文為他人者　〈存韓〉一篇。

七、應認絕非韓非所作者　〈初見秦〉、〈人主〉、〈制分〉，共三篇。

第四節 《韓非子》研究法

《韓非子》五十五篇，多為先有題而後有文之作，其結構緊嚴，說理明透，與《論語》、《孟子》之零章短簡者絕不相侔，而文字之顯明易讀，則又與《老》、《莊》之隱晦虛玄而不易捉摸者，迥乎大異；況其論政匡時，語多精覈，亦較墨子、荀卿之雜而不純者為勝一籌；是以歷代學問之士未有不涉獵其書者。近人梁啟超云：「韓非為先秦諸子之殿，親受業荀卿，洞悉儒家癥結；『其歸本於黃、老』，鹽道家之精；與田鳩遊，通墨家之郵；又汎濫於申、商、施、龍，而悉抉其藩；以自成一家言。以極緻密深刻之頭腦，生諸大師之後，審處而斷制之，其所成就之能大過人，則亦時代使然也。故其書與《老》、《墨》、《莊》、《孟》、《荀》同為不可不讀之書，不必專門學者也，一般人皆然」（《要籍解題及其讀法》）。斯為千古不易之定論。

先秦學術思想之本質，在今日言之，皆屬於政治哲學之範疇，已見前述。韓非為先秦諸子之殿，其著作之不僅為我國古代政治學要籍，亦為我國古代文學要籍，早成定論，毋庸贅言。惟昔人研讀《韓非子》之旨趣，歷代多有不同。秦漢以前，學者多以政治學之眼光研討之，故其學術思想成為當時爭論之重要問題。唐宋而後，學者之誦習《韓非子》者，多視為文學書，而不甚著意於其學術思想。延及清代，乾嘉以還，漢學家多專力於其書文字之校讎考證，既不著意於其政治思想，亦不重視其文學價值。其後清室日衰，列強侵奪，有志之士鑒於中國面臨之時代，與歷史上之戰國時期無異，乃漸以政治學及哲學之眼光，重新研討是書，因而得知《韓非子》在中國文學史上之價值，猶其小焉者；而其最大之價值，則為其學說在中國政治思想史上之地位甚為重要也。近人梁啟超、謝无量、陳千鈞、陳啟天等，[15]堪稱為此派人物之代表；而陳啟天之於《韓非子》研究，且不僅以闡明韓子之學說，見稱於時，即其所為之《韓非子校釋》一書，亦堪稱為近代最精之校釋本。他如陳奇猷《韓非子集釋》，則仍以校讎考證為工；於韓子全書之文字整理，固多貢獻；若論治學目標終嫌失之陳舊也。

時至今日，吾人研究先秦要籍，應以研究該一要籍之學術思想為旨歸。《韓非子》一書，雖亦可為欣賞文學或習作論文而讀，為明瞭周秦解詁之方式而讀，甚或為熟悉歷史掌故而讀；然終不若為研究學術思想而讀之，更為富有意義與價值也。

惟吾人研究《韓非子》，並不等於研究韓非，而是以韓非為中心來作研究。易言之：即研究《韓非子》一書，而非研究韓非一人。他如研究《管子》、《莊子》、《荀子》等書，亦應作如是觀。按我國書籍分類，雖以經史子集四部並列，而集則為後起之物。在古代僅有經史子三者。經、子為發表見解之書，史為記載事物之言，至後世則子亡而集代興。兩者之區別，在集為一人之著述，其學術初不專於一家，子為一家之學術，其著述亦不由於一人。勉強設譬，則子如今日之科學書，

[15] 陳著《韓非及其政治學》即持此觀點，論說綦詳。

一書專講一種學問；集如今日之雜誌，一書之中講各種學問之作皆有也。故孫星衍云：「凡稱子書，多非自著。」（《問字堂集．晏子春秋序》）嚴可均曰：「先秦諸子，皆門弟子、或賓客、或子孫撰定，不必手著。」（《鐵橋漫稿．書管子後》）大約今所傳先秦之書，皆經漢人整理編次，書之亡佚既多，輯其書者又未必通其學，不過以其學說相合而併編之，取此學派中最有名望之人曰之某子云耳。故某子之標題，僅為表明學派之詞，不得謂該書即悉為其人所作。此與後世集部書之標題為某集者迥異。惟亦有在先秦時期即為一整書，未經漢人整理編次者，如《呂氏春秋》是。《韓非子》一書，其中雖有疑非韓非所作，及可斷為絕不出於韓非之手者，顧其思想旨趣仍多與韓非一致。故吾人研究《韓非子》書時，不必斤較於某篇之為真或偽，只須以韓非為中心，就學術思想加以研究即可。

《韓非子》既為子書，而韓非生於戰國末期，復為子學時代終局前之最偉大學者，則吾人研究《韓非子》一書時，自不能不先講求研究方法。近世言子書之研讀法者，以呂思勉之論，最為精詳。其於《經子解題》中，申論讀子之法云：「讀諸子書者，宜留意求其大義。昔時治子者，多注意於名物訓詁，典章制度，而於大義顧罕研求。此由當時偏重治經，取以與經相證；此乃治經，非治子也。諸家固亦有知子之大義足貴，從事表章者。然讀古書，固宜先明名物制度；名物制度既通，而義乃可求。自漢以後，儒學專行，諸子之書，治之者少；非特鮮注疏可憑，抑且乏善本足據，校勘訓釋，為力已疲。故於大義，遂罕探討。……今諸子之要者，經清儒校勘訓釋之後，近人又多有集解之本，初學披覽，已可粗通，……故當先求其大義。諸家大義，有彼此相同者，亦有相異者。相同者無論矣，即相異者，亦仍相反而相成。宜深思而求其會通；然後讀諸子書，可謂能得其要」。又云：「讀古書固宜嚴別真偽，諸子尤甚。然近人辨諸子真偽之術，吾實有不甚敢信者。……昔人之弊，在信古過甚，不敢輕疑；今人之弊，則又在一概吐棄，而不求其故」。「吾謂整治諸子之書，仍當注重於其學術。……既觀其同，復觀其異；即其同異，更求其說之所自來；而求其所以分合之由。如是，則諸子之學可明；而諸子之學之根源，及其後此之興替，亦可見矣」。

按呂思勉之說，用之於一般子書則可，用之於《韓非子》，尚嫌法有未備。韓非所處時代，為封建政治業已崩潰，戰國將近結束，而帝國將近完成之時，故其針對時勢而建立之學說，不僅為封建國家轉變為君主國家之所必需，抑且為紛爭列國轉變為一統帝國之所必備。揆諸史實，秦之統一天下，及後代之維繫統一局面，莫不援引韓非學說，化而用之。即可見研究其書者，除應以考據眼光辨明其篇目之真偽，及以哲學眼光探討韓非一派學者之學術思想而外；尚須以政治眼光尋求其學說之政治意味，及以歷史眼光尋求其學說之歷史使命。不如此，實不足以評定韓非學說之真價值。吾人倘再以近代國家主義下之法學觀念，以研究韓非之學說，將更可發現其與近代政治學及法學，亦多相合之處。以故，吾人研究《韓非子》，必須出以客觀公正之態度，就其思想特徵之所在，詳加探討，而後乃可評估其學說之真價值，既不可拘泥於昔人之說，亦不可與近代學說牽強附會。

近人論韓非思想之特徵者，以陳啟天最為精賅。其言曰：「韓非為我國戰國時代之君主政治思想家。其學說要旨乃為戰國時代之君主，建立君主政治制度，以外求獨立，內求統一而已。若詳析言之，則其思想特徵，可條舉如下：第一、重國家不重世界，第二、重君主不重人民，第三、重權力（任勢）不重自由，重集權不重分權，第四、重法治不重人治，第五、重富強不重正義（王道），第六、重內政不重外交，第七、重時務不重保守，第八、重實用不重空言，第九、重現實不重理想，第十、重農不重工商，第十一、重兵不重學，第十二、重公功不重私善，第十三、重信賞必罰，不重私惠；第十四、重循名責實，不重感化，第十五、重賞罰與毀譽相合，不重毀譽與賞罰相反。上述十五種特徵，多與儒家學說衝突；故歷來儒家多非難之，而韓非亦非難儒家。古今批評韓非者，多不外就其所不重者而言之，亦能持之有故也」（增訂《韓非子校釋・自序》）。

上述各種特徵，在《韓子》全書中，並不若今人著述之分條立說，而係散見於各篇目之內；且所謂重與不重，亦為相對問題而非絕對問題。韓非之全部學說，誠然集中於勢論、法論與術論；第其何以有如此之勢論、法論與術論，殆又為其所處之時代環境所使然。況自古以來偉大哲人對其思想方式之展開，無不具有承先啟後之特點。此則吾人研究《韓非子》之際，誠又不能不先瞭解其時代背景與思想淵源也。

綜上所述，吾人研究《韓非子》之法，第一、為研究韓非一派學者之學術思想，而非僅限於研究韓非一人之學術思想，故不必過分重視有關篇目之是否悉出於韓非。只須以韓非為中心，就學術思想加以研究即可。第二、為掌握韓非思想之特徵，從勢法術三論，探尋其政治意味與歷史使命，發掘其與近代法學觀念之異同，而後乃可擴大昔人之研究範圍，以評估其學說之真實價值。第三、為韓非所處之時代背景，必須認明，其思想之主次要淵源必須澄清；然後乃可觀其取舍諸家學說之所由然，及其創立學說之何以較他家更具有實際效用。第四、為吾人研究之際，雖不必強調今日世界與當年之戰國時代相同，而揚棄今人應有之時代、政治、社會觀念，以研究《韓非子》一書；但亦不能不回復至韓非之時代以研究其學說。同時儒家學說成為中華文化之精神基礎，將達二千年之久，儒家學說早已根植人心。吾人研究《韓非子》時，雖不可完全拋卻儒家觀念，但亦不能如昔人之專就韓非所不重者而言之。

第二章　韓非之生平與時代背景

第一節　韓非傳略

《史記・老子韓非列傳》云：「韓非者，韓之諸公子也，喜刑名法術之學，而其歸本於黃老。非為人口吃，❶不能道說，而善著書。與李斯俱事荀卿，斯自以為不如非。非見韓之削弱，數以書諫韓王，韓王不能用。於是韓非疾治國不務修明其法制，執勢以御其臣下，富國強兵，而以求人任賢，反舉浮淫之蠹而加之於功實之上。以為儒者用文亂法，而俠者以武犯禁。寬則寵名譽之人，急則用介胄之士。今者所養非所用，所用非所養。悲廉直不容於邪枉之臣，觀往者得失之變，

❶ 劉汝霖《周秦諸子考》謂：「《史記》載韓非事殊略，而「口吃」一小節獨傳，疑因《韓子》有〈難言篇〉而附會。」愚按：《史記》誠多有疏誤處，若謂史公因韓非有〈難言〉一篇之名，而竟誤傳口吃，尚難令人置信，且史公亦不至糊塗至此也。

故作〈孤憤〉、〈五蠹〉、〈內外儲〉、〈說林〉、〈說難〉十餘萬言。……（此處錄〈說難〉，今節去。）人或傳其書至秦，秦王見〈孤憤〉〈五蠹〉之書曰：『嗟乎！寡人得見此人，與之游，死不恨矣！』李斯曰：『此韓非之所著書也。』秦因急攻韓。韓王始不用非，及急，乃遣非使秦。秦王悅之，未信用。李斯姚賈害之，毀之曰：『韓非，韓之諸公子也。今王欲并諸侯，非終為韓，不為秦，此人之情也。今王不用，久留而歸之，此自遺患也。不如以過法誅之。』秦王以為然，下吏治非，李斯使人遺非藥，使自殺。韓非欲自陳，不得見。秦王後悔之，使人赦之，非已死矣。」韓非生平事蹟大略如此。❷

梁啟超有言曰：「有數十萬言著作之一學者，而其生平事蹟在作品中幾無一可考如韓非者，可謂大奇。吾輩欲研究韓非為人，乃不能不僅以《史記・老莊申韓列傳》區區之資料自甘。……案〈秦本紀〉、〈六國年表〉，非之使秦在始皇十四年，其被害當在此一兩年間，則非之卒蓋當西紀前二三三年或二三二年，生年則無可考矣。其著書蓋在使秦以前。司馬遷〈報任安書〉有『韓非囚秦，〈說難〉、〈孤憤〉』語，與本傳矛盾，恐不足信；計非自下吏至自殺，為時必甚暫，豈有餘裕成此巨著耶？吾儕在本書中雖不能多得韓非事蹟，然其性格則可想見。彼蓋一極倔強之人，

❷ 李斯、姚賈害韓非。據《戰國策・姚賈譖殺韓非》一文，似由於韓非短之之故，而姚賈心存報復。另據〈始皇本紀〉云：「韓非使秦，秦用李斯謀，留非，非死雲陽。」王充《論衡》云：「李斯妒非才，幽殺韓非於秦。」則非之被害，似又由於李斯主謀也。

確守其所信而不肯自枉以蘄合於流俗；彼固預知其不能免於世禍，然終亦不求自免；其遇可哀，而其志可敬也。」（《要籍解題及其讀法》）

按〈始皇本紀〉、〈六國年表〉，並以韓非使秦在始皇十四年，〈韓世家〉則屬之於韓王安五年。❸三篇文字均連帶記載韓非見害事，而韓王安五年則相當於始皇十三年。以是而論韓非之卒年，究為始皇十三年抑十四年，自不無爭議。王先慎認為非之使秦，當在韓王安六年，紀表為是（《韓非子集解》）。梁啟超亦認為非之使秦，當以紀表為是（《要籍解題及其讀法》）。然均未釋明何以不採〈韓世家〉之故。近人陳啟天乃詳加考證，認為：「非使秦，斯使韓，都是辦交涉。非受害，當在斯反秦後，距非使秦時，當有若干時間。〈世家〉就非使秦之年言，故說韓王安五年，而連帶記其見害。〈紀〉〈表〉就非見害之年言，而連帶記其使秦，故若為駁文也。《策．吳注》說：『始皇十三年上書，次年見殺』，亦依非使秦與見害之年不同而分，極是。」（《韓非及其政治學》）愚按：此說甚洽。李斯害非之理由，重在「久留而歸之，此自遺患也」二句。可見韓非使秦後，曾久留於秦；迨至李斯使韓返秦，聯合姚賈陷害韓非，而後乃有下吏治罪及遺藥使自殺之事；其間經過時日，自非短暫。故韓非於始皇十三年，韓王安五年，西紀前二三四年使秦，次年見害之說，可以斷定無誤。

---

❸ 俱見《史記》。〈始皇本紀〉云：「十四年韓非使秦」，以下文同❷所引。〈六國年表〉始皇十四年云：「韓使非來，我殺之。」〈韓世家〉云：「王安五年，秦攻韓，韓急，使韓非使秦，秦留非，因殺之。」

韓非之卒年，雖可斷定，生年則難以查考。近人推測韓非生年者，或云生於韓釐王十五年前後，或云生於韓釐王初年。主張前說者為錢穆，《先秦諸子繫年考》云：「韓非與李斯同學於荀卿，其使秦在韓王安五年，翌年見殺，時斯在秦已十五年。若韓、李年略相當，則非壽在四十、五十之間。」主張後說者為陳千鈞，《韓非新傳》云：「據本書〈問田篇〉，堂谿公與韓非同時。據〈外儲說右上〉，堂谿公又與昭侯同時。大約堂谿公在昭侯時年尚輕，不過二三十歲；及其與韓非談論時已九十餘歲，則其時韓非不過二十餘歲。大約韓非之年較長於李斯，其被殺時已六十餘歲，約生於韓釐王初年。」❹

惟錢陳二人之說，均出之於個人之推測，彼此既有歧異，採信之者自然各是其是，而各非其所非。贊成錢穆之說者，則以〈問田〉乃韓非後學所記，未必足資為據，以非陳千鈞之言。贊成陳千鈞之說者，則以同學之年，未必相當，以非錢穆之假定。茲擇錄陳啟天、陳奇猷之說，以概見一般：

陳啟天云：「今按〈問田篇〉乃韓非後學所記。堂谿公以『逢遇不可必，患禍不可斥』，勸非不必堅主法術。其時非學當已成，且已數諫韓王而不聽，此決非二十餘歲所能辨。如〈問田篇〉的堂谿公與〈外儲說右上〉的堂谿公確為一人，則堂韓晤談時，堂年當已百歲，韓年至少亦在三十以上。因此陳氏的假定，未必可據。茲從錢說，姑定非約生於西元前二八〇年，即韓釐王十六

❹ 見陳千鈞《韓非子研究》第二篇。

年，卒於西元前二三三年，即韓王安六年。」（《韓非及其政治學》）

陳奇猷云：「陳千鈞此說近之，但計算略有差誤。韓非卒年當不小於六十五歲，其生年當在韓襄王之末。據〈韓非列傳〉知秦王見〈孤憤〉、〈五蠹〉之書，不知為誰何所作，問之李斯，李斯即以韓非對，則李斯必係與韓非同學荀卿時已見韓非之書，不然，李斯入秦後，秦韓遠隔，即或可見傳來之韓非書，亦不能知為韓非作。據〈始皇本紀〉，李斯入秦在始皇元年前一或二年；據〈李斯列傳〉，李斯欲西入秦而辭荀卿，則李斯讀韓非書，當在始皇前一或二年以前。是韓非之學，於李斯入秦前已大有成就，其年齡當可能為五十左右之人。準此推算，韓非被害當在六十五歲左右。又堂谿公既曾與韓昭侯對答，以堂谿公生於韓昭侯初年計算，至昭侯末約二十五歲，至韓釐王末約八十五歲，是年韓非在二十五歲以上，韓非以此時與堂谿公對問，於時代亦合。故韓非卒年六十五而生於韓襄王末年之說，信而有徵。」「假定韓非之年與李斯相當，此假定實不能成立。韓李同學，不能即為同年，孔子弟子曾參少孔子四十六歲，仲由僅少孔子九歲，曾仲二人相距三十七歲，皆為仲尼弟子，同門而學，是其顯明之例，則其說不攻自破矣。」（〈韓非生卒年考〉）

依陳啟天之說，則韓非被害時四十七歲；依陳奇猷之說，則韓非被害時六十五歲。因而二人擬訂之韓非年表，於韓非有關事蹟之列載，亦頗有出入。舉其著者：㈠韓非著書之時間，陳啟天認在李斯入秦之後，陳奇猷則認在李斯入秦之前；㈡韓非之數以書諫韓王，陳啟天認係諫韓王安，在韓非開始著書之後；陳奇猷則認係諫韓釐王，在韓非開始著書之前；而自釐王末年至韓王安元年，則又相距三十五年之久；㈢韓非與堂谿公晤談之事，陳啟天認有可疑，故年表不載；陳奇猷則推定為韓釐王末年時，韓非以〈難言〉上韓王，書上，堂谿公召韓非談論，並謂〈和氏〉亦當成於此時前。但據陳啟天考證，〈難言〉則又為韓非在秦獄中所作，乃上秦王書，而非上韓王書；㈣與韓非有關之事蹟，如荀卿自齊適楚為蘭陵令，李斯入秦，韓王與韓非謀弱秦，韓非使秦以及下獄被害等，二人年表之紀年相同，但二人對於韓非生年之推測，既有十八年之差異，故韓非李斯俱事荀卿之年，依陳啟天說當為韓非二十六歲後事，依陳奇猷說則為韓非四十四歲後事；以此推至韓非被害之年，自然有壽近五十或年逾六旬之不同。

總之，韓非卒年，雖無爭執，生年則委實難考。錢穆假定韓非之年與李斯相當，固嫌失之武斷。陳奇猷之推認韓非在李斯入秦之前，其學已大有成就，並謂二人同學時，李斯已見〈孤憤〉、〈五蠹〉之書；又何嘗不失之於臆斷。吾人研究《韓非子》，重在闡揚其學術價值，對於韓非生卒年之推測，知有以上諸說即足矣。

韓非在政治上雖無事功表現可言，然其學說影響於當日及後世頗巨。李斯以之輔秦成統一之功，炎漢以之輔儒道之不足而有王霸雜用之政，諸葛亮之治蜀，王猛之治苻秦，固均以申韓為宗旨，而王安石之在宋，張居正之在明，又何嘗不參用韓非之學理。要之，歷代大政治家之言法治者，絕無不研究韓非之書，並擇取以為用。洵堪認定。

韓非本人自謂為法術之士。所謂法術之士，以今人觀念釋之，殆為主張以法術治國之政治思想家或政治家，而非一般所謂之法學家。戰國時代，法術之士所為之主張，在理論上每為儒家者流所反對，在實際上更為貴族階級所阻擾；故非個性相當嚴明者，無以堅持其一貫之主張。韓非本人正有其強毅而勁直之個性。是以堂谿公勸其不必談法術以免遭禍時，韓非絕不枉道求容（詳見〈問田〉）。觀其所云：「竊以為立法術，設度數，所以利民萌，便眾庶之道也，……故不憚亂主闇上之患禍。……臣不忍嚮貪鄙之為，不敢傷仁智之行，先生有幸臣之意，然有大傷臣之實。」可證其為忠於謀國而拙於謀身之政治家。其所以迄不為宗國所用者在此，而其所以不避艱險，奉節使秦者，亦在此。後人徒以《韓子》全書中收有〈初見秦〉，不辨真偽，即執之以疑韓非人格；司馬光且有「非為秦畫謀，而首欲覆其宗國，以售其言，罪固不容於死」之誤筆，載之於《資治通鑑・始皇十四年》；韓非死而有知，痛也何如！王應麟而後，雖經多人辨明〈初見秦〉絕非韓非之作，漸已成為定論；然而亦有極少數人獨持己見，或稱之為韓非乞秦王能任用之作，或稱之為韓非在秦為脫罪畏死而作，置南宋以來學者之考證於不顧，則又未免厚誣古人矣！❺

❺ 參見本書第一章第三節〈初見秦〉考訂。

第二節　韓非以前之各國內政改革運動

自古以來一切偉大哲人之思想與主張，皆淵源於時代生活之需要，且其思想方式之展開，亦莫不具有承先啟後之特點。故吾人研究韓非之學術思想，首須瞭解其所處之時代背景，乃至於此一時代背景之所以形成。

韓非所處時代，為封建政治業已崩潰，戰國將近結束，而帝國將近完成之時，不惟列國競爭異常激烈，且國家之強弱與其安危存亡之關係，亦較已往益加密切而顯明。韓非稱此為「急世」，史家稱此為戰國末期。此一時代背景，在韓非之前早經形成。各國為期爭霸天下或救亡圖存，莫不從事內政改革運動，因而賢俊才能之士輩出，天下之人各為其所欲焉以自為方。吾人誠欲瞭解戰國之時代背景，須從春秋末期開始。

春秋末期，封建政治逐漸崩潰，一方面形成君主之集權，他方面則形成平民之解放。當時政治之現勢與趨向，係由貴族政治進入君主政治，由人治、禮治趨於法治。蓋在前此封建政治之制度下，所謂一國之幅員，本已甚狹，而一國之內又復分為若干「家」。貴族只須講究威儀，即可使其下畏而愛之，故《詩》云：「敬慎威儀，維民之則。」此時人與人間，無論為君臣或主奴，均為直接關係；貴族之於貴族，有禮即可維持其應有之分際，貴族之於平民，只須有威可畏，有儀可象，即可成為「草上之風」。迨至封建政治破壞之際，社會組織及經濟制度亦隨之而變，其結果：一國之君權漸重，各國人君或一二貴族，漸集政權於一國之中央，他方面則人民之獨立自由幅度亦取次以廣。國家社會之範圍既然擴大，其組織亦必日趨於複雜，從而人與人間之關係，亦日益為之疏遠。前此以人治人之方法，行之自有困難，乃不得不另謀治國之道。如鄭子產以「吾為救世也」之理由而鑄刑書，即其一例。

進入戰國，更成為「海內爭於戰攻」，「務在強兵並敵」之大動亂時代。所謂戰國時代，一般均指「魏始稱侯」至「秦滅齊」之一段時期，即自周威烈王元年至秦始皇二十六年，相當於西元前四二五年至二二一年，共二百零四年之久。然亦有以「三晉命邑為諸侯」之年，即周威烈王二十三年，三家分晉之年為戰國之開始者。吾人以三家分晉之前，魏早以大夫而稱侯，且魏文侯於政治改革之推展，關係後世之時代演變尤巨；因之，不惟將戰國之始，斷自周威烈王元年，抑且將魏文侯之改革情形，亦視之為政治上之大事。

遠在春秋時代，本已有強淩弱，眾暴寡，臣弒君，子弒父之種種情事發生。當時所謂之五霸，亦未嘗不有兼併弱小諸侯之事實，但仍以尊王攘夷、興廢繼絕等作為口號。其後霸權日盛，王室日衰，早無所謂尊王名義；至於攘夷云云，則以中原諸侯之一屈於楚，再屈於吳，三屈於越，早已成為過去。以故進入戰國乃成為每個國家各求生存發展之問題，從而各國必須「務力尚戰」，否則便只有趨於衰弱滅亡。《史記．六國年表》描述此一時代云：「海內爭於戰攻，……務在強兵並敵。謀作用，而縱橫長短之說起。矯稱疊出，誓盟不信，雖置質剖符，猶不能約束也。」《淮南子・要略》亦云：「晚世之時，六國諸侯，谿異谷別，水絕山隔，各治其境內，守其分地，握其權柄，擅其政令，下無方伯，上無天子，力征爭取，勝者為右。」可見當日七國或七雄，均在一面內求統一，以實現君主政治，又一面外求發展，以貫徹國家主義。因而產生國內改革與國際競爭。

首先從事國內改革者為魏文侯(西元前四二五——三八七年)，魏以晉國大夫而別建成一國家者，即為此人。其最大建樹有三：㈠起用賢能：計有子夏、田子方、段干木、魏成子、翟璜、翟角、李悝（即李克）❻、西門豹、樂羊、屈侯鮒、趙倉唐等，其中除魏成子外，均非貴族，然皆委以將相與守令之重任。此在當時允稱創舉。㈡實行變法：如用李悝為相，編定成文法典，名曰《法經》（懲治盜賊之刑律），集前此刑律之大成，並為後來商鞅變法之張本。❼悝更同時創行盡地力與平糴之經濟政策，使魏國得以富強（詳見《漢書・食貨志》）。㈢向外發展：如用吳起、樂羊為將，滅亡中山，戰勝齊秦，成為戰國初期之霸主。文侯之子武侯，繼承父業，亦能稱雄。惜不能信用吳起等人，致吳起奔楚。❽

❻ 見本書第三章第一節有關李悝部份。李悝、李克為同一人，係採章太炎之說。

❼ 見《晉書・刑法志》。

❽ 見《史記・魏世家》。

繼之而實行國內改革者為楚悼王（西元前四〇一——三八一年），助成其事者即為由魏奔楚之吳起。吳起在魏以兵家著稱，在楚則以法家著名。其一切設施如明法審令、富國強兵、裁抑貴族、擴大君權等，幾無一不為法家之主張（見《史記・吳起列傳》、《韓非子・和氏》）。惜乎行之期年，悼王不幸死去，而吳起亦為貴族所怨殺。❾

稍後實行國內改革者為秦孝公（西元前三六一——三三八年），助成其事之主要人物，則為商鞅。秦在孝公以前，為中原諸侯所稱之夷狄，且屢為魏敗，喪失西河之地。孝公即位，下令求「奇計強秦」。商鞅原在魏國任中庶子之官，以不見用於魏惠王，乃赴秦，勸孝公實行「強國之術」。孝公深信用之。前後兩次變法，以徹底實行軍國主義、法治主義與重農主義，作為完成君主政治之張本。結果：「道不拾遺，山無盜賊，家給人足，民勇於公戰，怯於私鬥，鄉邑大治。」（《史記・商鞅列傳》）其後，屢次興兵伐魏，亦均獲勝。孝公逝世，商鞅為貴族所殺，但其法仍繼續實行不墜。秦自商鞅變法而後，不惟提高國際地位，且奠定日後兼併六國之基礎。商鞅變法之所以稱為中國歷史上之大事者，以此。❿

與秦孝公同時實行國內改革者為韓昭侯（西元前三六二——三三三年），助成其事者為鄭人申不害。昭侯以申不害為相，「內修政教、外應諸侯十五年，終申子之身，國治兵強，無侵韓者。」

❾ 見《史記・楚世家》。

❿ 商鞅變法經過，並詳《史記・秦本紀》。

《史記・申不害列傳》）申不害在韓設施，似乎注重統馭官吏之術，與商鞅治秦之方法迥異，然韓為四戰之國，而又積弱不振，今能十五年不被侵犯，要亦難能而可貴矣。⓫

與秦孝公、韓昭侯同時而稍後實行國內改革者，為齊威王（西元前三五七——三二〇年）。威王即位之初，委政卿大夫，九年之間，諸侯並伐，國人不治。威王乃明其獎懲，封即墨大夫，烹阿大夫，起兵西擊趙魏，敗魏抑趙，國勢一振，人人不敢飾非，務盡其誠，齊國大治。諸侯聞之，莫敢致兵於齊二十年。後以騶忌為相，田忌為將，大敗魏於桂陵，遂成為諸侯中之最強者，並自稱為王，以令天下（見《史記・田敬仲完世家》）。宣王即位，能承其業，繼續稱雄。父子二人除注重治強而外，並留心養士、講學。如宣王時，鄒衍、淳于髡、田駢、慎到等七十餘人，皆賜列等為上大夫，不治而議論。齊稷下學士復盛，且數百千人。此可謂開國家養士講學之先河，於當時學術之影響至大。⓬

稍後，為趙武靈王（西元前三二五——二九九年）之改革內政。武靈王即位之初，為齊所敗，十餘年後開始胡服騎射，以教百姓，國勢為之大振，遂北滅中山，西略胡地，南下擊秦。惜晚年傳國失當，長子章作亂，欲兩王之而猶豫不決，卒為亂兵所困，餓死於沙丘宮（見《史記・趙世家》）。

⓫ 並見《史記・韓世家》。

⓬ 並見《史記・孟子荀卿列傳》。

繼趙武靈王之後，實行國內改革者為燕昭王（西元前三一二——二七九年）。昭王卑身厚幣以招賢士，師事郭隗，樂毅自魏往，鄒衍自齊往，劇辛自趙往，士爭趨燕。昭王並能弔死問孤，與百姓同甘苦。於是國內大治。後以樂毅為上將軍，與秦楚三晉合謀伐齊，以雪燕國前為齊敗之恥，齊除聊、莒、即墨而外，餘皆屬燕。六年後，昭王死，惠王立，以騎劫代樂毅，田單敗騎劫，得盡復齊城（見《史記・燕召公世家》）。

由上以觀，各國重要改革之實行結果，均多少見效，七雄中霸主之形成，亦皆由於實施大改革而來。戰國初期，以魏為最強，齊勉可抗衡。楚雖曾一度改革，惜未貫徹實施，自難與魏齊相抗。進入戰國中期，秦齊相繼變法、改革，成為秦齊爭霸之局。魏處兩強之間，迭為秦齊所敗，其勢已成強弩之末，僅可自保而已。其間韓趙二國亦曾力圖富強，各有改革；以視秦國，固仍瞠乎其後。殆至戰國末期，秦用忽戰忽和計策，離間各國，使其兩敗俱傷，而坐收漁翁之利。燕國雖以昭王之改革內政，得雪國恥而破強齊，但惠王即位不久，復為齊田單所敗，從此國勢一蹶不振。故戰國末期勉可與秦爭霸者惟趙，趙以一國之力，實不足與秦抗衡，乃先後聯絡五國攻秦（合縱），秦則以遠交近攻政策（連橫），將六國各個擊破。故韓非嘗有「治強易為謀，弱亂難為計」之歎。良以秦自商鞅變法而後，始終強盛不衰，國內處於統一局面，國外復能掌握主動機會，乘人之隙，忽戰忽和。反觀六國，既不能似秦之獲致長期治強，而又互存猜忌，墮入秦之彀中，空有合縱之謀，卒為秦張儀連橫政策所擊破。此又韓非之所以慨言：「治強不可責於外，內政之有也。」

第三節　韓非在日之韓國政情與處境

韓國原為晉卿，晉封武子於韓原，從封姓為韓氏。宣子由韓原徙居州，貞子又徙平陽。三傳至康子，與趙襄子、魏桓子共敗智伯，分其地，地益大，大於諸侯。五傳至哀侯，與趙魏分晉，始成為一國家，徙都鄭。六年，為韓嚴（山堅）所弒。子懿侯立。懿侯十二年卒，子昭侯立。

昭侯即位之初，政權並不鞏固。其後以申不害為相，內修政教，外應諸侯，獲得十五年之強盛局面。然申子只知用術；用術之結果，雖可使臣僚畏服，不敢遽生叛離，得以鞏固韓室之政權，究難與商鞅在秦厲行法治，而為秦國建立一種永久性之新法基礎可比。是以終申子之身，未能使萬乘之勁韓，至於霸王之業（見《韓非子．定法》），而申子歿後，韓國之強盛局面亦為之急轉直下。昭侯死，宣惠王立，歷襄王、釐王，始終為君主之親信及貴族壟斷政局，毫無政治改革可言。降至桓惠王、王安，國勢益加不振。韓國地方不足千里，介於大國之間，西秦、東齊、北魏、南楚，秦有事於六國，則首受其害，六國有事於秦，韓又須為其前驅；而韓之得以苟延殘喘於其間者，不外割地求和與禮事大國而已。此種現象，始自宣惠王年間，其後愈演愈烈。茲據《史記》有關記載，就申不害歿後韓國政情之犖犖大者，擇述如下：

昭侯　二十二年，申不害歿。二十六年，昭侯歿。

宣惠王　八年，魏攻韓，韓敗。十四年，秦伐韓，取鄢。十六年，秦攻韓，敗韓於脩魚，虜韓將。韓王用公仲之言，擬和秦伐楚，楚用陳軫計，假意助韓抑秦；韓王不聽公仲勸，罷求和使。十八年，秦怒攻韓，楚救不至。十九年，秦大敗韓於岸門，太子倉質於秦以和。二十一年，韓聯秦攻楚，獲勝。是年宣惠王歿。

襄王　四年，與秦武王會臨晉，秋，秦將甘茂攻韓宜陽，五年拔。六年，秦返韓武遂。九年，復攻取之。十年，太子嬰朝秦。十一年，秦伐韓，取穰。十二年，太子死，公子咎、蟣蝨，爭太子位。時，蟣蝨質於楚，秦楚各助其一以爭，蟣蝨敗，不得返韓，咎立為太子。十四年，韓與齊魏共擊秦，秦敗，韓收回河外武遂。（依陳千鈞、陳奇猷等說，韓非約生於此時）十六年，襄王歿。

釐王　三年，率周魏伐秦，敗，失伊闕。五年，秦攻韓，拔宛。六年，與秦以武遂地二百里。十年，秦敗韓於夏山。十六年，秦白起攻趙。（依錢穆、陳啟天等說，韓非約生於此時）二十一年，韓救魏，為秦敗。二十三年，趙魏攻韓華陽，告急於秦，不救。是年釐王歿。

桓惠王　元年，秦助韓魏楚共伐燕。（〈存韓〉謂韓事秦三十餘年，當係始於此時前後）

九年，秦白起攻韓，拔九城。十年，秦取韓南郡，韓上黨郡守降趙。十一年，秦攻韓，取十城。十四年，韓獻雍垣與秦。（是年秦始皇生）十七年，秦攻韓陽城、負黍。十八年，周亡。十九年，各國朝秦，韓王亦入朝。二十二年，秦昭襄王歿，韓王衰絰入弔祠，諸侯皆使其將相來弔祠，視喪事。二十四年，秦伐韓，拔城皋、滎陽。二十六年，秦攻韓上黨，拔之。二十九年，秦攻韓十三城，拔之。三十二年，韓趙魏楚燕共擊秦。三十四年，桓惠王歿。

王安　二年，秦李斯請先取韓，韓王與韓非謀弱秦國。五年，韓非使秦。六年，秦李斯使韓；秦用李斯謀，留韓非，韓非死雲陽。八年，秦發兵受韓南陽地。九年，秦攻韓，取其地為潁川郡，韓王安被擄，韓亡。

韓非誕生之年，距申不害之歿尚不及六十年（依陳啟天說，為五十七年；依陳奇猷說，為三十九年），對於宣惠王以來之政情，自然易於瞭解，至釐王而後之韓國處境，則更為其親身所體認。在《韓子》全書中，足以作為當日韓國政情與處境之說明者，見之於〈孤憤〉、〈和氏〉、〈飾邪〉、〈存韓〉、〈十過〉諸篇，其言曰：

> 當塗之人擅事要，則外內為之用矣。是以諸侯不因，則事不應，故敵國為之訟。百官不因，則業不進，故群臣為之用。郎中不因，則不得近主，故左右為之匿。學士不因，則養祿薄

> 禮卑，故學士為之談也。此四助者，邪臣之所以自飾也。重人不能忠主而進其仇，人主不能越四助而燭察其臣，故人主愈弊，而大臣愈重。……法術之士，操五不勝之勢，以歲數而又不得見。當塗之人乘五勝之資，而旦暮獨說於前。故法術之士奚道得進，而人主奚時得悟乎？（〈孤憤〉）
>
> 當今之世，大臣貪重，細民安亂，甚於楚秦之俗，而人主無悼王、孝公之聽，則法術之士安能蒙二子之危，而明己之法術哉！此世之所以亂無霸主也。（〈和氏〉）
>
> 今者、韓國小而恃大國，主慢而聽秦、魏，恃齊、荊為用，而小國愈亡。故恃人不足以廣壤，而韓不見也。荊為攻魏而加兵許、鄢，齊攻任扈而削魏，不足以存鄭，而韓弗知也。此皆不明其法禁以治其國，恃外以滅其社稷者也。（〈飾邪〉）
>
> 韓事秦三十餘年，出則為扞蔽，入則為蓆薦，秦特出銳師攻地，而韓隨之怨懸於天下，功歸於強秦。且夫韓入貢職，與郡縣無異也。……夫韓，小國也，而以應天下四擊，主辱臣苦，上下相與同憂久矣。（〈存韓〉）
>
> 秦攻韓宜陽，韓求救於楚，楚冠蓋相望，而卒無至者，宜陽拔，為諸侯笑。（〈十過〉）

韓非為韓之宗室，當然關心國家之強弱存亡。既有感於合縱連橫之均不足以為恃，並又鑒於大臣貪重，細民安亂，人主闇弱，釋國法而就私曲，寵名譽而信愚誣，未嘗以富國強兵為其急務，[13]

於是數以書諫韓王，並曾與韓王謀弱秦。惜乎韓王終未能用。迨至韓非所著〈孤憤〉、〈五蠹〉之書，流傳至秦，為秦王所激賞而疾兵攻韓時，韓始以非使秦，期能挽回國運，奈何為時已晚。而非見害之第三年，秦攻韓，擄韓王安，取其地為潁州郡，韓亦隨之而亡矣。

韓非生於韓國緊急存亡之秋，外有強鄰不時侵凌，內有權姦始終握柄，而韓非本人又復自稱為法術之士，故其一切學術莫不以救亡圖存、富國強兵為旨歸。所謂法術之士，必遠見而明察，必強毅而勁直。惟其明察，故能燭私；惟其勁直，故能矯姦。韓非本人正是如此。故不忍嚮貪鄙之為，不敢傷仁智之行，以立法術，設度數，為利民萌便眾庶之道（見〈孤憤〉、〈問田〉等篇）。同時並針對時勢，因應人情，檢討已往法家施政之得失，提出嶄新學說，以成其一家之言。至李斯之始則以謀留非，繼復以非終為韓不為秦為由，而主張以過法誅之，尤可見韓非倡導之學說，足使韓國轉弱為強，得以生存於戰國之急世。王充有言：「韓蚤信公子非，國不傾危，……假令非不死，秦未可知。」（見《論衡．書解篇》）王充本人極不贊成韓非之學（見同書〈非韓篇〉），而能有如此之批評，益可見韓非之學說，與其時代背景息息相關。

⓭ 分見上引諸篇，及〈顯學〉、〈五蠹〉、〈有度〉、〈忠孝〉、〈十過〉等篇。

第三章　韓非學說之淵源

任何時代學術思想家之學說，均非完全出於一己之創造，而必有若干成分係來自他人。易言之：每種學說之完整體系，皆為漸次發展而成，且皆具有承先啟後之特點。吾人之所以認定韓非為集先秦法家學術思想之大成者，即在其學說兼有來自他人之成分在內，第不過冶於一爐，新其精義而已。

按戰國時代原有所謂百家之學（見《莊子．天下》），雖均言之成理，持之有故；揆其全然與政治相關者殊少。即以《荀子．非十二子》而論，亦非人人均與政治思想有關。若以後世通稱之九流十家，而究其本質關乎政治思想者，則為司馬談「論六家之要旨」所云：「夫陰陽、儒、墨、名、法、道德，此務為治者也。直所從言之異路，有省與不省耳。」（見《史記．太史公自序》）此六種「務為治」之政治思想，在戰國時代之地位與影響如何？其與韓非之關係又如何？吾人應先加以研究。一般均以為儒家居於首要地位，此蓋狃習於漢代以後之儒家見解，按之戰國時代實情，並非如此。大抵當日以儒、墨為顯學，道家流派亦至多，名家、陰陽家之影響不大，其實際成為時代思想之主流者，允推法家。《莊子・天下》、《荀子・非十二子》、《韓非子・顯學》等，可以互證。近人陳啟天認為：「戰國時代之政治思想，以法家思想為主流，而以兵家思想為輔流，儒、道、墨三家思想在當時也都是顯學，然只能算是逆流。至於名家與陰陽家思想，則不過各為一種旁流而已。」（見《中國政治哲學概論》）所論甚洽。

在此，吾人並應瞭解者：儒、道、墨三家思想之發展，均為先有理論之建立，而後乃有實際運動出現；法家思想之發展卻與之適得其反。同時法家思想如就其實際運動之出現言，則又先於儒道墨三家百餘年。蓋孔子、老子、墨子均生於春秋末期及戰國初期，❶而法家思想之實際推行

---

❶ 孔子生於周靈王二十一年，歿於周敬王四十一年(B.C. 551–479)，已在春秋時期。墨子生卒時間，錢穆推定為生於周敬王四十一年，卒於周安王二十一年(B.C. 479–381)；胡適推定為生於周敬王二十年至三十年間，卒於周威烈王元年至十年間（生於B.C. 500–490，卒於B.C. 425–416）；依胡說：則墨子生卒均在春秋末期；依錢說：則墨子卒年已在戰國之初。然均不若老子生卒時間爭論之烈。遠在司馬遷時代，已然傳說不一。史公本多聞闕疑之義，於〈老子列傳〉中，兩言「莫知」，四言「或曰」，以待考正。胡適推定為周靈王初年生(B.C. 570)，大孔子約二十歲。錢穆以老子有三人，孔子所見者非著書談道之老子，著書談道者乃楚人詹何，與環淵、公子牟、宋玉等並世。馮友蘭謂李耳為戰國老學之首領，老聃乃傳說中人物。蔣伯潛更謂道家之老子，乃一通稱，指年老之學者而言，猶今人稱「老先生」之義，故李耳、老萊子、太史儋，均可以「老子」稱之。又謂《老子》一書，為戰國時人條錄道家之格言而成，不出於任

者管仲，則在春秋初期。且自管仲而後，五霸及其輔佐者所推行之制度，亦多少含有法家思想之趨向在內。於是新軍事制度建立，新賦稅制度建立，新刑法制度及新土地制度等亦無不建立。❷孔子、老子、墨子生於此時代急劇轉變之際，或懷念封建政治，或厭惡戰亂，又或想像太古，均起而反對此一時代趨勢，在思想界知識界之影響雖然甚大，但在實際政治上之影響，仍遠不如法家之士。如前所述戰國時代各國諸侯所從事之各種國內改革，或出於法家，或近於法家，即可證明。

韓非在先秦諸子中屬於法家，就其在法家之地位而言，實相當於儒家之孔子，蓋均為集大成者也。然韓非學說之淵源，則非僅以法家理論為限。細繹《韓子》全書，不難發現其學說包含有儒、道、墨、法、名五家之理論，取舍融和，而中權則以法為治。故吾人以法家各派為其學說之主要淵源，他如儒、道、墨、名各家，則以次要淵源視之。❸

何「老子」一人之手。楊鴻烈《中國法律思想史》，內引日本武內義雄推定老子年世，「當為自周烈王至顯王初年之數十年間」。（愚按：烈王當係周威烈王之誤。烈王僅在位七年，顯王在位亦不過四十八年而已，則烈王至顯王初年，安得有數十年哉；若自顯王上溯至威烈王初年，其間得五十七年，斯則符其說矣。）以上諸說，除胡適謂老子為春秋末期之人外，均認係戰國初期人。

❷ 如管仲「作內政以寄軍令」，魯宣公初稅畝，魯哀公用田賦，鄭子產作丘賦，鄭鑄刑書，晉鑄刑鼎，宋庀刑器，晉楚魯試行郡縣置大夫、尹、宰等，即其顯例也。詳見陳啟天《中國法家概論》第三章第一節。

第一節　主要淵源

最初應時代趨勢而產生之法家，多半為實行家，以後乃漸有理論家之出現。在韓非以前最著名之法家，首推管仲。管仲雖為法家之實際運動者，但未建立法家思想體系，而真正建立法家之事業與理論者，為子產、李悝，次則吳起。其後則有商鞅、申不害、慎到等，各倡其說，卓爾成家。商申二人則又在政治上具有偉大貢獻，故不僅為理論家，實亦為實行家。後世將韓非以前之法家分為四大派：

一、尚實派：以管仲、子產、李悝、吳起等為主要人物

管仲相桓公，霸諸侯，一匡天下，事功彪炳。其治國之道，諸如通貨積財以富國，作內政寄

❸ 梁啟超論韓非學說之淵源，涵蓋儒、道、墨、法、名五家，然於法家則僅言及申商而已，此其誤認韓非反對慎到之勢治主張所致（見《要籍解題及其讀法》）。其後，馮友蘭訂正之，謂韓非集慎、申、商三派之大成（見《中國哲學史》）。雖然，猶未及於三人以前之法家前輩也。迨至陳啟天著《韓非子及其政治學》（民國二十七年），始以管仲、子產、李悝、吳起等之思想言行，亦為韓非學說淵源之一。其論頗是，故本書採之。

軍令以強兵等，莫不以法治主義及經濟政策為旨歸。其事功既粗具法家之規模，則後世以之為法家之開山祖也固宜。今傳《管子》七十六篇，書中多言其身後事，又雜有道家儒家之言，故有疑非管仲所著而出於後人之依託而成者。❹然查戰國時代，管子之法甚為流行，《韓非子・五蠹》云：「今境內之民皆言治，藏管商之法者家有之」，可見此書縱非全為管仲所著而有出於依託者在內，其在戰國時代必有若干篇目極為流行，而為韓非所親見。故《韓子》全書中稱引管仲之言行者有之，批評其言行者亦有之。例舉如下：

管仲、隰朋從桓公伐孤竹，春往冬反，迷惑失道。管仲曰：「老馬之智可用也。」乃放老馬而隨之，遂得道。行山中無水，隰朋曰：「蟻冬居山之陽，夏居山之陰，蟻壤一寸，而仞有水。」乃掘地，遂得水。以管仲之聖而隰朋之智，至其所不知，不難師於老馬與蟻。今人不知以其愚心而師聖人之智，不亦過乎？（〈說林上〉）

桓公問管仲：富有涯乎？答曰：水之以涯，其無水者也；富之以涯，其富已足者也；人不能自止於足而亡，其富之涯乎！（〈說林下〉）

---

❹ 此說今已成為定論。章學誠《文史通義》持論甚精，亦甚允正，《四庫提要》云：「意其中孰為手撰；孰為記其緒言，如語錄之類；孰為述其逸事，如家傳之類；孰為推其義旨，如箋疏之類；當時必有分別。觀其五篇明題《管子》解者，可以類推。必由後人混而一之，致滋疑竇耳。」

齊國好厚葬，布帛盡於衣衾，材木盡於棺槨。桓公患之，以告管仲曰：「布帛盡則無以為蔽，材木盡則無以為守備，而人厚葬之不休，禁之奈何？」管仲對曰：「凡人之有為也，非名之，則利之也。」於是乃下令曰：「棺槨過度者戮其尸，罪夫當喪者。」夫戮尸無名，罪當喪者無利，人何故為之也！（〈內儲說上〉）

蔡女為桓公妻，桓公與之乘舟，夫人蕩舟，桓公大懼，禁之不止，怒而出之。乃且復召之。因復更嫁之，桓公大怒，將伐蔡。仲父諫曰：「夫以寢席之戲，不足以伐人之國，功業不可冀也，請無以此為稽也。」桓公不聽。仲父曰：「必不得已，楚之菁茅不貢於天子三年矣，君不如舉兵為天子伐楚。楚服，因還襲蔡曰：余為天子伐楚，而蔡不以兵從，因遂滅之。此義於名，而利於實。故必有為天子誅之名，而有報讎之實。」（〈外儲說左上〉）

齊桓公好服紫，一國盡服紫。當是時也，五素不得一紫，桓公患之，謂管仲曰：「寡人好服紫，紫貴甚，一國百姓好服紫不已，寡人奈何？」管仲曰：「君欲止之，何不試勿衣紫也！」公曰：「諾。」謂左右曰：「寡人惡紫之臭。」於是左右適有衣紫而進者，公必曰：「少卻，吾惡紫臭。」於是日、郎中莫衣紫，其明日、國中莫衣紫者，三日、境內莫衣紫也。（〈外儲說左上〉）

桓公謂管仲曰：「官少而索者眾，寡人憂之。」管仲曰：「君無聽左右之請，因能而授祿，錄功而與官，則莫敢索官，君何患焉！」（〈外儲說左下〉）

管仲束縛，自魯之齊，道而飢渴，過綺烏封人而乞食焉。封人跪而食之，甚敬。封人因竊謂仲曰：「適幸及齊不死而用齊，將何以報我？」曰：「如子之言，我且賢之用，能之使，勞之論，我何以報子！」封人怨之。（〈外儲說左下〉）

宋人有酤酒者，……夫國亦有狗。有道之士，懷其術而欲以明萬乘之主，大臣為猛狗，迎而齕之，此人主之所以蔽脅，而有道之士所以不用也。故桓公問管仲曰：「治國最奚患？」對曰：「最患社鼠矣。」公曰：「何患社鼠哉？」對曰：「君亦見夫為社者乎？樹木而塗之，鼠穿其間，掘穴託其中，燻之則恐焚木，灌之則恐塗阤，此社鼠之所以不得也。今人君之左右，出則為勢重而收利於民，入則比周而蔽惡於君，內間主之情以告外，外內為重，諸臣百吏以為富，吏不誅則亂法，誅之則君不安，據而有之，此亦國之社鼠也。故人臣執柄而擅禁，明為己者必利，不為己者必害，此亦猛狗也。夫大臣為猛狗，而齕有道之士矣；左右又為社鼠而間主之情，人主不覺；如此主焉得無壅，國焉得無亡乎！」（〈外儲說右上〉）

齊桓公微服以巡民家，人有年老而自養者，桓公問其故。對曰：「臣有子三人，家貧無以妻之，傭未及反。」桓公歸，以告管仲。管仲曰：「畜積有腐棄之財，則人飢餓；宮中有怨女，則民無妻。」桓公曰：「善。」乃論宮中有婦人而嫁之，下令於民曰：「丈夫二十而室，婦人十五而嫁。」（〈外儲說右下〉）

按上述管仲言行，或言人不能止於自足；或言為政須必罰明威；或言人主躬親以行，臣民乃信；或言人主應因任而授官，及彼亦不能以私行而功人；或言人主須不避親貴，法行所愛；又或言因事之理，以術御之，則不勞而成。凡此，皆為合於法家之理論者，故韓非極力稱引之。至管仲言行之不甚合於法家理論者，韓非則於〈難篇〉中批評之。如〈難一〉第三節言「管仲無度」，第八節言「管仲有失行，霄略有過譽」；〈難二〉第二節言「管仲雪桓公之恥於小人，而生桓公之恥於君子矣」；〈難三〉第三節言「管仲之射隱，不得也」，第八節言「管子猶曰言於室滿室，言於堂滿堂；非法術之言也」（以上各節，文長不錄）。此外，韓非於〈說疑〉中論及管仲為霸王之佐；於〈姦劫弒臣〉中更論及管仲治齊之有法術賞罰，而使齊以霸。由此可見韓非學說實受管仲之影響。

子產即公孫僑，為春秋時鄭國大夫，約與孔子同時，而後於管仲百餘年。彼深信「國不競亦陵」之理，而決然鑄刑書❺、作丘賦、為政以猛濟寬，並堅持「生死以之，不改其度」之施政態度。在其執政三十餘年中，以內政改革為主，外交周旋為輔，卒使積弱之鄭國得以生存於晉楚爭霸之際，而安保無虞。子產雖無著作傳世，然從史書記載中，則不難證明其為法家之實行者。其

❺ 子產之刑書，或尚有疏漏欠精密處，致常為鄧析所批評論難。《呂覽・離謂》、《列子・力命》可證。惟兩書與《荀子・宥坐》有關子產殺鄧析之說，則係誤傳，不若《左傳・定公九年》「鄭、駟歂殺鄧析而用其竹刑」之記載為可靠。

言行合於法家旨趣者，韓非於〈內外儲說〉中稱引之，其不合者亦於〈難三〉中批評之。如云：

子產相鄭，病將死，謂游吉曰：「我死後，子必用鄭，必以嚴莅人。夫火形嚴，故人鮮灼；水形懦，故人多溺。子必嚴子之刑，無令溺子之懦。」子產死，游吉不忍行嚴刑。鄭少年相率為盜，處於雚澤，將遂以為亂。游吉率車騎與戰，一日一夜，僅能剋之。游吉喟然歎曰：「吾蚤行夫子之教，必不悔至於此矣！」（〈內儲說上〉）

有相與訟者，子產離之，而無使得通辭，倒其言以告而知之。（〈內儲說上〉）

鄭簡公謂子產曰：「國小，迫於荊晉之間，今城郭不完，兵甲不備，不可以待不虞。」子產曰：「臣閉其外也已遠矣，而守其內也已固矣，雖國小，猶不危之也，君其勿憂！」是以沒簡公身無患。（〈外儲說左上〉）

子產者，子國之子也。子產忠於鄭君，子國譙怒之，曰：「夫介異於人臣，而獨忠於主，主賢明，能聽汝，不明，將不汝聽。聽與不聽，未可必知，而汝已離於群臣。離於群臣，則必危汝身矣；非徒危己也，又且危父矣。」（〈外儲說左下〉）

鄭子產晨出，過東匠之閭，聞婦人之哭，撫其御之手而聽之。有間，遣吏執而問之，則手絞其夫者也。異日，其御問曰：「夫子何以知之？」子產曰：「其聲懼。凡人於其親愛也，始病而憂，臨死而懼，已死而哀。今哭已死，不哀而懼，是以知其有姦也。」（〈難三〉）

按〈內外儲說〉四節，為子產治鄭之道，在在與法家主張相合，故韓非稱引之。至〈難三〉一節，韓非認為不合法術之旨趣，而評之曰：「子產之治，不亦多事乎？姦必待耳目之所及而後知之，則鄭國之得姦者寡矣。不任典成之吏，不察參伍之政，不明度量，恃盡聰明、勞智慮，而以知姦，不亦無術乎？且夫物眾而智寡，寡不勝眾，故因物以治物。下眾而上寡，寡不勝眾，故因人以知人。是以形體不勞而事治，智慮不用而姦得。……夫知姦亦有大羅，不失其一而已矣。不修其羅，而以己之胸察為之弓矢，則子產誣矣。老子曰：『以智治國，國之賊也。』其子產之謂矣。」韓非於子產之言行，有引有評，可見其留心子產治鄭之道，而受影響無疑。

李悝相魏文侯，助成文侯之霸業。其最大貢獻為造《法經》、與盡地力之教。前者分為〈盜法〉、〈賊法〉、〈囚法〉、〈捕法〉、〈雜法〉、〈具法〉六篇，開我國成文法典之先河，較子產之《刑書》更為進步。後者以增加農產、地盡其利，為富國之要道，並以平糴平糶之法，調劑生產之分配與消費，使民生無憂；顯又開法家重農主義之先河。李悝而後，言富國強兵之術者，幾乎無人不重視法治主義與重農主義，可見其影響於後世之大。《漢書・食貨志》云：

李悝為魏文侯作盡地力之教，以為地方百里，提封九萬頃，除山澤邑居，參分去一，為田六百萬畝，治田勤謹，則畝益三升，不勤、則損亦如之。地方百里之增減，輒為粟百八十萬石矣。又曰：糴甚貴傷民，甚賤傷農，民傷則離散，農傷則國貧，故甚貴與甚賤，其傷一也。善為國者，使民無傷，而農益勸。……是故善平糴者，必謹觀歲有上中下熟。上熟、其收自四，餘四百石。中熟、自三，餘三百石。下熟、自倍，餘百石。小饑、則收百石，中饑七十石，大饑三十石。故大熟則上糴三而舍一，中熟則糴二，下熟則糴一。使民適足，價平則止。小饑則發小熟之所斂，中饑則發中熟之所斂，大饑則發大熟之所斂，而糶之。故雖遇饑饉水旱，糴不貴而民不散，取有餘以補不足也。行之魏國，國以富強。

此即言李悝盡地力之教，以促進農業生產之增加，及調劑生產供需分配之情形也。其後，商鞅相秦，變法圖強，廢井田、開阡陌、勸民務農，殆亦師法李悝盡地力之教而已。《晉書．刑法志》云：

秦漢舊律，其文起自魏文侯師李悝。悝撰次諸國法，著《法經》，以為王者之政，莫急於盜賊，故其律始於盜賊。盜賊須劾捕，故著〈網〉〈捕〉二篇。其輕狡，越城，博戲，借假，不廉，淫侈踰制，以為〈雜律〉一篇。又以其律具其加減。是故所著六篇而已，然皆罪名之制也。商君受之以相秦，漢承秦制，蕭何定律，除參夷連坐之罪，增部主見知之條，益事律〈興〉、〈廐〉、〈戶〉三篇，合為九篇。

此更明言商鞅立法，本於李悝，蕭何收秦之律令，而使之傳於後世。韓非學說受商鞅之影響甚大，其必留心李悝之治績而受其影響無疑。《漢書・藝文志》法家類首錄《李子》三十二篇，注云：「名悝、相魏文侯，富國強兵。」是書今雖失傳，其在戰國時代必甚流行，當可推信。惟《漢書・藝文志》儒家類又載有《李克》七篇，注云：「子夏弟子，為魏文侯相。」而考之《史記》〈貨殖列傳〉及〈平準書〉，則均言李克務盡地力，〈平準書〉更云：「魏用李克，盡地力，為強君，自是之後，天下爭於戰國。貴詐力而賤仁義，先富有而後推讓。故庶人之富者，或累巨萬，而貧者或不厭糟糠。有國強者，或併群小以臣諸侯，而弱國或絕祀而滅世。」故李悝、李克是否一人，初不無爭議。徵之史實，悝、克二人同在一國，同事一君，而行同一政策，已不無同為一人之可能；況悝克雙聲，一音之轉，其為一人之可能性尤大。《史記索隱》已辨正克為悝之誤於先，章太炎更斷定李悝、李克當為一人（見《檢論原法注》），其家不同者，蓋因李悝曾著《法經》，故列入法家，曾師子夏，故又列入儒家。其書篇數亦不同者，或因《法經》六篇為相魏時所定之法律，為官書；所稱《李克》七篇者，為其私人之著述；而所謂《李子》三十二篇者，或雜有其他著述，而為其總集之篇數也。惜乎原書久已失傳，於二人之是否為一人，尚難作肯切斷定。在《韓子》全書中，有關李悝、李克之記事，見之於〈內外儲說〉及〈難二〉等篇。

李悝為魏文侯上地之守，而欲人之善射也，乃下令曰：『人之有狐疑之訟者，令之射的，中之者勝，不中者負。』令下，而人皆疾習射，日夜不休。及與秦人戰，大敗之，以人之

善射也。（〈內儲說上〉）

李悝警其兩和曰：『謹警敵人，旦暮且至襲汝。』如是者再三，而敵不至；兩和懈怠，不信李悝。居數月，秦人來襲之，至，幾奪其軍。此不信之患也。（〈外儲說左上〉）

李克治中山，苦陘令上計而入多。李克曰：『語言辯，聽之說，不度於義，謂之窕言。無山林澤谷之利而入多者，謂之窕貨。君子不聽窕言，不受窕貨，子姑免矣。』（〈難二〉）

按「李悝斷訟以射」，在欲人之善射，以為國用。狐疑之訟，本難決之，而以善射以為之決，是亦可行之法也。韓非以其合於法家之「信賞盡能」旨趣，故稱引之。「李悝警兩和」之本意，固在提高士卒警覺，然與法家主張「小信成則大信立」之「積信」觀點不合，故韓非批評之。至「李克治中山」節，韓非更評之曰：「辯、在言者，說、在聽者；言非聽者也，則辯非說者也。所謂不度於義，非謂聽者，必謂所聽也。聽者、非小人則君子也；小人無義，必不能度之義也；君子度之義，必不肯說也。夫曰：『言語辯，聽之說，不度於義』者，必不誠之言也。入多之為窕貨也，未可遠行也。李子之姦弗蚤禁，使至於計，是遂過也。無術以知多，雖倍入，將奈何！入多者、穰也。……人事、天功、二物者皆入多，非山林澤谷之利也。夫無山林澤谷之利入多，因謂之窕貨者，無術之言也。」總上所述，無論李悝、李克是否同為一人，但韓非於李悝之法治主義與重農主義，則已深受影響無疑。

吳起初年在魯為將，後入魏，為文侯之將及武侯之西河守，後奔楚，相悼王。著書四十八篇，《漢書．藝文志》入兵家類，故後世多以兵家視之。是書在戰國時代極為流行，故韓非云：「境內皆言兵，藏孫吳之書者家有之。」（見〈五蠹〉）吳起相楚悼王時，「明法審令，捐不急之官，廢公族疏遠者，以撫養戰鬪之士，要在強兵，破馳說之言縱橫者。」（見《史記．吳起列傳》）顯又為法術之士。足見吳起以兵家而兼法家。韓非學說頗受吳起之影響，除見於〈問田〉中堂谿公與韓非之問答外，並有以下各篇之稱引吳起言行可證。

吳起為魏武侯西河之守，秦有小亭臨境，吳起欲攻之。不去，則甚害田者；去之，則不足以徵甲兵。於是乃倚一車轅於北門之外，而令之曰：「有能徙此南門之外者，賜之上田上宅。」人莫之徙也，及有徙之者，還，賜之如令。俄又置一石赤菽東門之外，而令之曰：「有能徙此於西門之外者，賜之如初。」人爭徙之。乃下令曰：「明日且攻亭，有能先登者，仕之國大夫，賜之上田宅。」人爭趨之，於是攻亭一朝而拔之。（〈內儲說上〉）

吳起為魏將而攻中山，軍人有病疽者，吳起跪而自吮其膿，傷者之母立泣。人問曰：「將軍於若子如是，尚何為而泣？」對曰：「吳起吮其父之創而父死，今是子又將死也，今吾是以泣。」（〈外儲說左上〉）

吳起出遇故人，而止之食。故人曰：「諾」，期返而食。吳子曰：「待公而食。」故人至

暮不來，起不食而待之。明日早，令人求故人，故人來，方與之食。（〈外儲說左上〉）

吳起、衛左氏中人也。使其妻織組而幅狹於度，吳子使更之，其妻曰：「諾。」及成，復度之，果不中度，吳子大怒。其妻對曰：「吾始經之而不可更也。」吳子出之。其妻請其兄而索入，其兄曰：「吳子、為法者也。其為法也，且欲以與萬乘致功，必先踐之妻妾然後行之，子毋幾索入矣。」其妻之弟又重於衛君，乃因以衛君之重請吳子，吳子不聽，遂去衛而入荊也。（〈外儲說右上〉）

昔者吳起教楚悼王以楚國之俗曰：「大臣太重，封君太眾，若此則上偪主而下虐民，此貧國弱兵之道也。不如使封君之子孫三世而收爵祿，絕滅百吏之祿秩，損不急之枝官，以奉選練之士。」悼王行之期年而薨矣，吳起枝解於楚。（〈和氏〉）

按上引〈內外儲說〉各節，或為信賞以勸功，或為自為心之利用，或為積小信以成大信，又或為法行所愛。凡此，均與法家旨趣相合，故韓非稱引之。至〈和氏〉所云，參以《呂氏春秋》〈慎小〉、〈貴卒〉等篇之記載，更足以證明吳起實為法家前輩，宜乎《韓子》全書中一再標榜之也。

二、尚法派：以商鞅為主要人物

商鞅、姓公孫氏，名鞅，為衛之庶公子。事秦，封於商，故曰商鞅，亦稱商君。商鞅為法家之實行家而兼理論家，能認清時代趨勢及其需求，推行全盤而徹底之變法運動。深信惟有以君主國家代替封建國家，以郡縣制度代替封建制度，以官僚政治代替貴族政治，以自由名田制度代替井田制度，而後乃可使秦國趨於富強，達成孝公爭霸天下之意欲。基於此，故在政治上實行法治主義，在軍事上實行軍國主義，在經濟上實行重農主義，在社會上更採行小家庭主義。其結果，秦國漸次強盛，不惟奠定以後兼併六國之初基，抑且樹立秦以後兩千餘年政制之模型（變法內容，詳見《史記・商鞅列傳》）。商鞅本人不曾立意著書，後人輯其言論為《商君》二十九篇，今存二十四篇。是書在戰國時代與《管子》書均甚流行，幾乎家藏戶有，故韓非能諸多稱引取法之。

商鞅相秦，變法圖強，重在因時制宜，因勢利導。其根本觀點為：「治世不一道，便國不必法古。」「聖人不法古，不修今。法古則後於時，修今則塞於勢。周不法商，夏不法虞，三代異勢而皆可以王。故興王有道，而持之異理。」同時更認定往古帝王，「各當時而立法，因事而制禮。禮法以時而定，制令各順其宜，兵甲器備各便其用。」（以上分見《商君書》〈開塞〉、〈更法〉）惟是「秦國之俗，貪狼強力，寡義而趨利。可威以刑，而不可化以善；可勸以賞，而不可勵以名。被險而帶河，四塞以為固，地形利便，畜積殷富。」（見《淮南子・要略訓》）商鞅欲達成孝公爭霸天下之企圖，自非針對此種環境，以新法矯正秦國之弊陋不為功。故採「壹賞壹刑」政策，輔以「厚賞重刑」之道，以為實現其重農主義與軍國主義之前提。《韓非子・姦劫弒臣》云：

> 古秦之俗，群臣廢法而服私，是以國亂兵弱而主卑。商君說孝公以變法易俗，而明公道，賞告姦，困末作而利本事。當此之時，秦民習故俗之有罪可以得免，無功可以得尊顯也，故輕犯新法。於是犯之者，其誅重而必；告之者，其賞厚而信。故姦莫不得，而被刑者眾；民疾怨而眾過日聞。孝公不聽，遂行商鞅之法。民後知有罪之必誅，而告姦者眾也；故民莫犯，其刑無所加。是以國治而兵強，地廣而主尊。此其所以然者，匿罪之罰重，而告姦之賞厚也。此亦使天下必為己視聽之道也。

〈內儲說上〉云：

> 公孫鞅之法也，重輕罪。重罪者、人之所難犯也。而小過者、人之所易去也。使人去其所易，無離其所難，此治之道。夫小過不生，大罪不至，是人無罪而亂不生也。
>
> 一曰：公孫鞅曰：「行刑重其輕者，輕者不至，重者不來。是謂以刑去刑。」

商鞅即恃此公道清明、信賞必罰之嚴厲政策，而使其新法得以大行於秦，秦因之而日益富強。商鞅死後，其法未廢，延至始皇遂憑此基礎，兼併六國而一天下。韓非於〈定法〉中雖曾有「商子未盡於法」之評論；然在〈和氏〉中卻力言「秦行商君法而富強」。〈五蠹〉更云：「今境內皆言治，藏管商之法者家有之。」可見韓非不僅留心商鞅相秦之政績，抑且親見商鞅之書。按今傳《商君書》為商鞅之門客後學所綴拾而成，非其本人手著，固係事實，然考其成書時間疑當在戰國中期，或即為韓非當日所見之通行本，亦極有可能。故商鞅之主張，如棄智、務力、任法、重刑、去辯非修、先治內、後攘外、禁游食之民、顯耕戰之士等（分見《商君書》〈開塞〉、〈修權〉、〈農戰〉、〈算地〉、〈壹言〉、〈去強〉、〈君臣〉各篇），以及法律應具有客觀性、平等性，應於制定後公布，應隨時代而進化，以及法為設政施治齊民使眾之唯一準繩，應使天下吏民無不知法等等，（分見同書〈定分〉、〈修權〉、〈更法〉、〈開塞〉、〈算地〉各篇）均為韓非之所擇取而散見於所著書中，尤以韓非學說中之法論部份，探其本源，仍大多得力於商鞅之說，祇其生年較晚，所見者大，故能通盤調整，加以改進，成為韓非本人之嶄新學說而已（說詳第四章、第六章）。因之，不論今傳《商君書》是否為韓非當日所見之通行本，均可斷言韓非學說以商鞅為主要淵源之一。劉咸炘《子疏》云：「世皆讀韓非書，不知其書非非一人之旨也；皆以與申、商並稱，而不知其異於申商也。」又云：「韓非者、歸於商，而啟於荀者也。」蔡元培《中國倫理學史》更謂：「韓非集儒道法三家之成，以法治主義為中堅，襲商君而益詳其條理，……實商君之嫡系。」可見韓非學說受商鞅影響之巨。

三、尚術派：以申不害為主要人物

申不害相韓、與商鞅之相秦時間相近，惟彼此國情不同，故商鞅重在用法，申不害重在用術。❻韓為韓非之祖國，韓非生年距申不害之歿，尚不及六十年（依陳啟天說，為五十七年；依陳奇猷說，則僅有三十九年），故於其相韓之政績，瞭解至深。在《韓非子》書中提及申不害言行者，除〈定法〉外，見之於以下各篇：

韓昭侯謂申子曰：「法度甚不易行也。」申子曰：「法者、見功而與賞，因能而授官。今君設法度，而聽左右之請，此所以難行也。」昭侯曰：「吾自今以來，知行法矣，寡人奚聽矣？」一日、申子請仕其從兄官，昭侯曰：「非所學於子也。聽子之謁，敗子之道乎？亡其用子之謁？」申子辟舍請罪。（〈外儲說左上〉）

申子曰：「上明見，人備之；其不明見，人惑之。其知見，人飾之；不知見，人匿之。其無欲見，人司之；其有欲見，人餌之。故曰：吾無從知之，惟無為可以規之。」一曰：申子曰：「慎而言也，人且和女；慎而行也，人且隨女；而有知見也，人且匿女；而無知見也，人且意女。女有知也，人且臧女；女無知也，人且行女。故曰：惟無為可以規之。」（〈外儲說右上〉）

申子曰：「獨視者謂明，獨聽者謂聰，能獨斷者故可以為天下王。」（〈外儲說右上〉）

---

❻按韓哀侯時始與趙、魏分晉，然六年之後，為韓嚴（山堅）所弒。其子立，為懿侯。懿侯十二年卒，子昭侯立。昭侯八年，相申不害。其時昭侯政權尚未臻於鞏固，則申子注重統馭官吏之術也固宜。

韓非稱引申不害言行處，尚見之於〈難三〉引用「失之數而求之信，則疑矣」，「治不踰官，雖知弗言」，以評秦昭王之問有失，左右、中期之對皆有過。

按申不害以學術干韓昭侯，得用為相。其術固在於因任而授官，循名而責實，使昭侯操殺生之柄，以課群臣之能；然非先使臣下無以窺知昭侯之所喜悅，而認昭侯為深而不可測，則一切成為空談。故申不害之術，於昭侯之行事亦可見之。《戰國策．韓策》云：「昭釐侯、一世之明君也；申不害、一世之賢士也。韓與魏、敵侔之國也。申不害與昭釐侯執圭而見梁君，非好卑而惡尊也，非慮過而議失也。申不害之計事曰：『我執圭於魏，魏君必得志於韓，必外靡於天下矣；是魏弊矣。諸侯惡魏必事韓，是我俛一人之下，而伸於萬人之上也。夫弱魏之兵而重韓之權，莫如朝魏。』昭釐侯聽而行之，明君也。申不害慮事而言之，忠臣也。」可見申不害能以外事教昭侯以行之，亦必然以察核群臣之法，教昭侯以行之。〈內儲說上〉云：

韓昭侯使人藏弊袴，侍者曰：「君亦不仁矣。弊袴不以賜左右而藏之。」昭侯曰：「非子之所云也。吾聞之：明主愛一嚬一笑。嚬有為嚬，而笑有為笑。今夫袴、豈特嚬笑哉！袴之與嚬笑，相去遠矣，吾必待有功者，故藏之，未有予也。」

韓昭侯握爪，而佯亡一爪，求之甚急，左右因割其爪而效之。昭侯以此察左右之不誠。

韓昭侯使騎於縣，使者報，昭侯問曰：「何見也？」對曰：「無所見也。」昭侯曰：「雖然，何見？」曰：「南門之外，有黃犢食苗道左者。」昭侯謂使者「毋敢洩吾所問於女。」乃下令曰：「當苗時，禁牛馬入人田中，固有令，而吏不以為事，牛馬甚多入人田中。亟舉其數上之；不得，將重其罪。」於是三鄉舉而上之。昭侯曰：「未盡也。」復往審之，乃得南門之外黃犢。吏以昭侯為明察，皆悚懼其所，而不敢為非。

〈二柄〉又云：

昔者、韓昭侯醉而寢，典冠者見君之寒也，故加衣於君之上。覺寢而悅，問左右曰：「誰加衣者？」左右對曰：「典冠。」君因兼罪典衣與典冠。其罪典衣，以為失其事也；其罪典冠，以為越其職也；非不惡寒也，以為侵官之害甚於寒。

惟是申不害既教昭侯用術，故亦深懼昭侯疑其有所不忠。〈內儲說上〉載「申子以趙紹、韓沓為嘗試」節云：「趙令人因申子於韓請兵，將以攻魏。申子欲言之君，而恐君之疑己外市也；不、則恐惡於趙。乃令趙紹、韓沓嘗試君之動貌而後言之，內則知昭侯之意，外則有得趙之功。」可見申不害所言之術，重在察姦，而非以責效為首要之目的。故其本人亦恐昭侯用其所教之術，轉而施之於己也。

申不害所著書，號曰《申子》。《史記》稱為二篇，《漢書・藝文志》則云係六篇。劉向《別錄》云：「今民間所有上下二篇，中書六篇，皆合。二篇已備，六篇過太史公所記。」顯見《史記》所云二篇，為民間本；《漢書．藝文志》所錄，則為中秘書也。其書亡於唐而復出於北宋，至南宋又亡。其六篇篇名尚可考見者，僅〈君臣〉、〈三符〉、〈大體〉三篇而已。馬國翰有《輯本》，王時潤有《申子輯佚文》。

韓非於〈定法篇〉中，雖曾批評「申子未盡於術」，然韓非立說並不廢術，且於〈內外儲說〉、〈難三〉等篇中稱引其言行，足見韓非學說實以申不害為主要淵源之一。倘參以《荀子．解蔽》、《呂氏春秋．任數》、及《群書治要》、《太平御覽》等書引載申子之言，尤可見韓非學說受其影響頗巨，第亦不過有所通盤調整並改進而已（說詳第七章）。

四、尚勢派：以慎到為主要人物

慎到、趙人。齊宣王時，游稷下，不治而議，命曰列大夫。《史記．孟荀列傳》云：「慎到，趙人。田駢、接子、齊人。環淵、楚人。皆學黃、老道德之術。因發明序其指意。故慎到著十二論，環淵著上下篇，而田駢、接子、皆有所論焉。」惟《漢書．藝文志》將慎到列入法家，並云：「《慎子》四十二篇。名到。先申韓，申韓稱之。」其書傳至唐、宋，漸有散佚，王應麟亦僅見〈威德〉、〈因循〉、〈民雜〉、〈德立〉、〈君人〉五篇。今傳輯佚本，出之於明人之捃拾殘剩，雖載五篇，然皆簡短，且有寥寥數行者，恐已非王應麟所見。錢熙祚校本，據《群書治要》補〈知忠〉、

《君臣》兩篇，並將舊本所附《慎子・逸文》六十條，併為之校，然亦有數條係見之他人書者。惟按慎到之書，在當日必甚流行，故《莊子・天下》，《荀子》〈非十二子〉、〈天論〉、〈解蔽〉，均論及其人學術。

慎到之學，既出於道家，故其講自然、因情勢，多與老子相同；其主張「齊萬物以為首」，「萬物皆有所可，有所不可」，則又同於莊子「天地與我並生，而萬物與我為一」之說。至其棄知無我之思想，則為道家共同之理論。《莊子・天下》云：

> 是故慎到棄知去己，而緣不得已。泠汰於物，以為道理。曰：「知不知，將薄知而後隣傷者也。謑髁無任，而笑天下之尚賢也；縱脫無行，而非天下之大聖。推拍輐斷，與物宛轉。舍是與非，苟可以免。不師智慮，不知前後，魏然而已矣。推而後行，曳而後往；若飄風之還，若羽之旋，若磨石之隧；全而無非，動靜無過，未嘗有罪。是何故？夫無知之物，無建己之患，無用知之累，動靜不離於理，是以終身無譽。故曰：至於若無知之物而已，無用賢聖。夫塊不失道。」豪桀相與笑之曰：「慎到之道，非生人之行，而至死人之理，適得怪焉。」

按去己、自無「建己之患」；棄知，故無「用知之累」。而荀子謂「慎子有見於後，無見於先」（見〈天論〉），則與莊子所謂「不師智慮，不知前後」之意相同，非謂其知進而不知退。故慎到之學術思想，實源於道家；但其取以為用，而建立「任法」之旨、「因勢」之論，則為法家尚勢派之所宗。故《四庫提要》云：「今考其書，大旨欲因物理之當然，各定一法而守之。不求於法之外，亦不寬於法之中。則上下相安，可以清淨而治。然法所不行，勢必以刑齊之。道德之為刑名，此其轉關，所以申、韓多稱之也。」

慎到學說既以「棄知去己」為中心，故施之於政治哲學，自然主張「任法而不任賢」之「法治主義」。易言之：即除去主觀之私意，建立客觀之標準，採用「不阿貴、不撓曲」之法繩，避免「誅賞予奪、從君心出」之流弊。故云：

法之功、莫大使私不行。君之功、莫大使民不爭。今立法而行私，是私與法爭，其亂甚於無法。立君而尊賢，是賢與君爭，其亂甚於無君。故有道之國，法立則私議不行，君立則賢者不爭。民一於君，事斷於法。是國之大道也。（《慎子・逸文》）

有權衡者、不可欺以輕重；有尺寸者、不可差以長短；有法度者、不可巧以詐偽。（《慎子・逸文》）

君人者、舍法而以身治，則誅賞予奪從君出。然則受賞者雖當，望多無窮；受罰者雖當，望輕無已。君舍法而以心裁輕重，則同功殊賞，同罪殊罰矣。怨之所由生也。（〈君人〉）

法雖不善，猶愈於無法。所以一人心也。夫投鉤以分財，投策以分馬，非鉤策為均也，使

> 得美者不知所以德，使得惡者不知所以怨，此所以塞願望也。〈威德〉

由此可見慎到所謂之法，乃「誅賞予奪」之標準法。因其可以棄私，故可以為治國之用。因其有如權衡尺寸，故無人可以施以詐偽。因其可以免除以心裁輕重之弊，而塞人之願望，故法雖不善，猶愈於無法。總之，慎到認為法之本身，最具有客觀性、正確性、公平性、及可靠性，從而以法為賞罰之依據，主張任法而不任賢。

應用「棄知去己」之理論於君人之術，則為「因勢主義」。所謂因勢主義，一為因人之情，一為以勢服眾。慎到云：

> 天道因則大，化則細。因也者、因人之情也。人莫不自為也。化而使之為我，則莫可得而用矣。是故先王見不受祿者不臣，祿不厚者不與入難。人不得其所以自為也，則上不取用焉。故用人之自為，不用人之為我，則莫不可得而用矣。此之謂因。〈因循〉
>
> 故騰蛇遊霧，飛龍乘雲；雲罷霧霽，與蚯蚓同，則失其所乘也。故賢而屈於不肖者，權輕也。不肖而服賢者，位尊也。堯為匹夫，不能使其鄰家，至南面而王，則令行禁止。由此觀之，賢不足以服不肖，而勢位足以屈賢者矣。〈威德〉

可見慎到所謂因人之情，乃係利用人人趨利避害之「自為心」，使其趨向於國家獎賞之途；而君人者則憑其勢位（統治權）之運用，透過「誅賞予奪」之標準法，而達成齊民使眾之目的。《荀子・解蔽》之所以批評慎到「蔽於法而不知賢」，即無異證明慎到之極端重視「勢」之作用。惟是法家如慎到一派，雖主張尊君抑臣，強調統治權之運用，然非倡導君主憑其勢位以圖私利。故《慎子・威德》有云：「古者、立天子而貴之者，非以利一人也。曰：天下無一貴，則理無由通，通理以為天下也。故立天子以為天下，非立天下以為天子也。立國君以為國，非立國以為君也。立官長以為官，非立官以為長也。」

今按慎到於法家理論，雖不廢法，卻極重勢。此可能基於齊威王初年情形，有感而發。故其所謂之法，僅為賞罰之標準法，而有異於商鞅在秦推行之法。宜乎後世以法家尚勢派之宗師視之。韓非學說中對勢之問題，亦極看重，除散見於〈內外儲說〉、〈人主〉、〈心度〉、〈姦劫弒臣〉等篇之外，並以專篇為慎到辯護（見〈難勢〉）。可見韓非學說深受慎到之影響，第亦如其對商、申學說之有所通盤調整改進而已（說詳第四章、第五章）。

第二節　次要淵源

韓非學說之次要淵源，雖包括有儒、道、墨、名各家理論之一部，但韓非並不贊成各家之主張，甚而根本反對。必其合於法家旨趣者，始取而化之以為用。茲分述如次：

一、儒家

儒家政治理論與法家相反。儒家之基本立場為家族主義，人生態度持中庸主義，政治主張尚人治主義，實行方法重感化主義。法家之基本立場為國家主義，人生態度持積極主義，政治主張尚法治主義，實行方法重干涉主義。兩家之思想學說既然相反，故《韓子》書中處處以破儒為立法之旨歸。觀乎〈顯學〉、〈五蠹〉兩篇之論旨，以及散見其他各篇之主張，可以不言而喻。惟韓非曾從荀子受業，而荀子復為儒家大師，自不能不多少受其影響。

按荀子雖為繼起之儒家大師，然其立說則與孔孟有別。孔子言仁，孟子言仁義，荀子言禮義。孔孟謂人性本善，荀子謂人性本惡。孔孟法先王，荀子法後王。孔子政治哲學重在泛論政治道理，兼有恢復封建政治意味，故主尊君；孟子政治哲學雖亦泛論政治道理，卻兼有反君主政治意味，故倡民貴君輕之說；荀子政治哲學則多論君主政治道理，雜有法家權力意味，故不僅尊君，且主張以君權統一制度與言論。孔、孟、荀三子固均標榜賢人政治，然以上述之種種不同，故實行方法亦異。孔孟採用德治主義，以教育輔之，教育之目的在充實善性，回復良知；荀子採用禮治主義，輔以教育之外，以刑罰威之，教育之作用則在於變化惡性，積累善行。韓愈從孔孟之觀點以論荀子，故有大醇而小疵之說（見《韓昌黎集》〈原道〉與〈讀荀子〉），倘吾人以漢代至清代，長期實行君主政治制度之情況而言，在學術上固多推崇孔孟，在實際政治上則多取法荀子。論者

有謂：「漢後制度，多襲秦制；漢後儒學，多襲荀子。」非無見地也。❼

荀子生年，據梁啟超〈先秦學術年表〉及其關於荀卿年代行歷之考證，顯已進入戰國末期。彼曾游齊，三為祭酒；入秦、與昭王及應侯論事；歸趙、列為上卿；後入楚，為蘭陵令。先秦諸子除韓非外，如非前輩，即為同輩；故能一面就其觀察體會之所得，作深刻之分析；一面批評諸子之學術，建立自己之哲學。其立說既受時代環境之影響。故主張性惡說、法後王論、嚴刑論、及以禮治國之說（分見《荀子》〈性惡〉、〈非相〉、〈正名〉、〈正論〉、〈王制〉等篇）。

近人陳千鈞以韓非非儉（〈外儲說左下〉）、本於《荀子‧富國》，說難本於〈非相〉，嚴刑本於〈王制〉，參驗本於〈大略〉。雖未必盡是，亦不能謂其絕無影響。惟韓非接受荀子性惡說、法後王論、嚴刑論，並將荀子所謂之「禮」，易之以「法」；而成其「自為之心理觀」、「變古之歷史觀」、以及「任勢」「任法」主張之一部；要堪認定（說詳第四章第一節、第三節）。然無論如何韓非終是法家，而非儒家，故韓非亦反對荀子一派之儒家（見〈顯學〉）。因之，韓非學說雖曾多少受到儒家中荀子之影響，亦僅能以次要淵源視之。

❼漢後儒學以經為重，而五經皆傳自荀子之後學；汪中述學《荀卿子通論考》之綦詳。又漢後儒家分為兩派，一派專務修己治人，一派則顧亭林所譏明心見性之儒。修己治人一派則出自荀子；章太炎《國學略說》曾詳言之。若就漢後歷代實際政治之措施而言，尤處處不離荀子之論旨；已成公論，毋庸贅注。

二、道家

世人於韓非學說，多有誤認出於黃、老之學者。此蓋由於《史記》將韓非與老、莊合傳，並標明其歸本於黃老；❽而《韓子》全書中、復有專門解釋《老子》之篇目，及以道家思想立論之篇目所致（見《史記・老子韓非列傳》，《韓非子》〈解老〉、〈喻老〉、〈主道〉、〈揚搉〉等篇）。惟查《韓子》全書雜有他人言論在內，並非悉出於韓非之手；而韓非以前之法家，如申不害、慎到等，亦未嘗不將道家思想滲入彼等學說之中；加之，漢初道家得勢，其將法家亦推原於道家，而藉此以為道家張目，要亦為人之常情。實則韓非本人極端反對所謂「恬淡之學」、「恍惚之言」、「迂深閎大之論」，及所謂「輕物重生之士」（見〈顯學〉、〈外儲說左上〉、〈忠孝〉等篇）。按恬淡恍

❽ 黃老並稱，實始於漢初，史遷蓋襲時言以論韓非之學耳。《漢志・道家》，列〈黃帝經〉四篇，〈黃帝銘〉六篇、〈黃帝君臣〉十篇（自注云：「起六國時，與老子相似也。」）、〈雜黃帝〉五十八篇（自注云：「六國時賢所作。」），今俱亡佚。考之《史記・五帝本紀》曰：「百家言黃帝，其文不雅馴。」《漢書・司馬遷傳・贊》有云：「唐虞以前，雖有遺文，其語不經，故言黃帝、顓頊之事未可明也。」是史遷之以諸子所引黃帝之言，即非偽造，亦是得之傳聞，而謂之為「不雅馴」；班氏之以《黃帝經》等書，為戰國時人依託之作，而著錄於《鶡冠子》與《孫子》之間；皆非無故也（說詳梁啟超《漢書藝文志諸子略考釋》、蔣伯潛《諸子著述考》、林尹《中國學術思想大綱》等書）。

惚、指老子一派之道家，迂深閎大、指莊周、魏牟一派之道家，輕物重生、則指楊朱一派之道家；韓非悉舉而非之，即可見道家之主張與法家不合。

雖然，韓非學說實亦有受道家之影響者也。〈難三〉引老子「以智治國，國之賊也」之言，以評鄭子產多事；即其一證。而韓非學說受道家影響最大處，則為「無為」之說，與「絕聖棄智」之論。按「無為」為道之體，「絕聖棄智」為返本於樸，即道之用。老子以為：人治天下，本欲以有為，然以有為而求有所為，往往弄巧成拙，反不足以有為。故主張以「天道無為而無不為」為法。在無為而治之下，君人者排除作為之野心，無為無造，順其自然，不尚人力，故聖智無所用，仁義無所施，巧利亦無益於天下。故又主張「絕聖棄智」、「絕仁棄義」、「絕巧棄利」之說，而藉此實現「其政悶悶，其民淳淳」之理想政治社會（分見《老子》第三、第十九、第二十九、第三十七、第三十八、第五十七、第五十八、第六十四、第七十三、第七十五等章）。莊周沿老子之學，亦主張無為而治。無為者，順自然之情，守無私之教，不以人事干涉天行之謂也。故「帝王之德，以天地為宗，以道德為主，以無為為常。」「無欲而天下足，無為而萬物化，淵靜而百姓定。」蓋莊周以為：天下之事甚多，若君主必皆自為之，姑無論其不能有此萬能之全才，即令有之，而顧此失彼，顧彼則失此。一人之精力時間有限，而天下之事無窮，此所以「有為也，則為天下用而不足」。帝王之德，必以無為為常者，在此。倘能以「用人群之道」，一切事皆使人為之，則人盡其能而無廢事。故君人者雖以無為為治，而其「無為也，則用天下而有餘」矣。至「絕聖棄智」之說，莊周本其對於政治歷史、政治現狀及政治人物之觀察與批評，較老子更為堅持。彼認為天下之所以禍亂不已，端在於利用仁義之名，排除異己，以成其私者過多之故。「世俗所謂知者，有不為大盜積者乎？所謂聖者，有不為大盜守者乎？……何以知其然邪？彼竊鉤者誅，竊國者為諸侯。諸侯之門，而仁義存焉，則是非竊仁義聖知邪？」在此情形下，唯一匡救之法，殆為使君人之「帝道」、與君人者立身之「聖道」，均合於「天道」，而有如天道之順物自然，而無容私。無容私、則運而無積，成而無有。「天道運而無所積，故萬物成。帝道運而無所積，故天下歸。聖道運而無所積，故海內服。」君人者本身無私，雖無為、而無不為。君人者任臣下自為，則人盡其能而無廢事。天下返本於樸，各行其所安，則政治上統治實質之有無，均非重要。復何君人者必須顯其才能出眾之有！莊周雖否定政治，且認時代愈古，愈近於道，而無所謂政治；但時代不可復，事實上已不能無政治。故惟有以無為為治，並提出「五變而形名可舉，九變而賞罰可言」之說，以為君人者「用人群之道」。所謂九變，依序為：「明天」、「道德」、「仁義」、「分守」、「形名」、「因任」、「原省」、「是非」、「賞罰」。自四變分守而下，至於九變賞罰，則與法家「用人行政」之旨趣相符（分見《莊子》〈天地〉、〈天道〉、〈胠篋〉、〈盜跖〉、〈人間世〉、〈應帝王〉、〈在宥〉、〈天運〉、〈秋水〉、〈徐无鬼〉等篇）。顯見老子、莊子雖均主「無為」「絕聖棄智」，然莊子學說則又更進一層矣（說詳第七章第二節）。

韓非以前之法家，如申不害、慎到，均嘗有取於道家「無為」與「絕聖棄智」之說，或建立其君人之術，或建立其任法之旨、因勢之論。韓非承道家之學，師其意而落實之，以「法」代「道」，作為衡量一切之標準；並採申、慎之說，主張君主「抱法、處勢、用術」。至韓非之歷史進化論，固受荀子觀念之啟發，商鞅、慎到學說之影響，然亦不能謂為與道家「適應時變」之說無關。《莊子．天運》云：「禮義法度者，應時而變者也。」〈秋水〉云：「堯、舜讓而帝，之、噲讓而絕；湯、武爭而王，白公爭而滅。由此觀之，爭讓之禮，堯桀之行，貴賤有時，未可以為常者也。」總之，韓非學說雖曾多少受有道家之影響，但其本人終是法家而非道家，何況韓非極端反對所謂「恬淡之學」、「恍惚之言」、「迂深閎大之論」，及所謂「輕物重生之士」；故道家思想僅能稱為韓非學說次要淵源之一。

三、墨家

墨家之創始人物墨子，據後人考證，約生於孔子晚年，而卒於孟子生前。「墨子初亦學儒者之業，受孔子之術，繼以為其禮煩擾、厚葬靡財、久服傷生，乃始背棄，自倡新義，而有非儒。惟儒者所習，皆當時貴族相沿守遵行之成法，而墨子乃非禮樂、尚功用，而大儉約，其衣食操行，一以刑人苦力之生活為準。儒者有譏之曰：此非吾先王文武周公所傳之道也。墨之徒則曰：此古者大禹之道矣。」（見錢穆《先秦諸子繫年考》）《墨子．貴義》云：「子墨子南游於楚，獻書惠王。王受而讀之曰：『良書也。』不用，使穆賀以老辭。」墨子所獻「良書」，其內容如何，已不可考。現存《墨子》五十三篇，雖多有為其門徒記述推演之作，然墨家學說悉存於是。墨學在戰國時代與儒學並稱為顯學，秦漢而後，傳授久絕，治其書者亦少，書中既多古言古字，又包有名家、兵家、及今所謂實用科學等專門之言，遂至幾不可讀。清人畢沅始為之校注，其後治《墨子》者漸多，以孫詒讓能集其成，而有《墨子閒詁》之作。民國而還，梁啟超、胡適等益為之闡明。方授楚集前人之說，以〈魯問〉「子墨子曰：凡入國必擇務而從事焉。國家昏亂，則語之尚賢、尚同。國家貧，則語之節用、節葬。國家憙音沉湎，則語之非樂、非命。國家淫僻無禮，則語之尊天、事鬼。國家務奪侵凌，則語之兼愛、非攻。故曰：擇務而從事焉」之言為據，加上〈非儒〉之論旨，謂墨子學說有其消極與積極之兩面。消極方面反對貴族專政、非攻、非樂、非命，其結果必然非儒。積極方面主張尚賢、尚同、兼愛、節用、節葬、尊天、事鬼，其結果亦必然建立自己學說（詳方著《墨學源流》）。陳啟天之論墨子政治哲學也，亦以〈魯問〉為據，謂其為墨子政治哲學之十大綱領，亦為墨子對於政治之根本主張。進而析論墨子之政治哲學，不過四大要點：一為尊天、事鬼，可稱之為「神權政治論」；二為尚賢，可稱之為「賢人政治論」；三為尚同，可稱之為「專制政治論」；四為兼愛、非攻、節用、節葬、非樂、非命，可合稱之為「大同政治論」（詳見《中國政治哲學概論》）。

按墨子富有宗教思想，故以天志為其學說之總綱，兼愛為其根本之觀念。其哲學體系既以神意為旨歸，世界為範圍，則其建立之道德哲學，自必屬於利他主義，亦即兼愛主義無疑。而循此利他主義之道德哲學，以建立政治哲學，又必然採取世界主義。何以言之？蓋墨子雖言道德，其觀點與孔子異。孔子所言之道德，為對待的、倫理的、有其等差；墨子之所言者則為非對待的、非倫理的、且無等差之分。孔子言道德與功利分離，故「子罕言利」（語見《論語》）。墨子言道德則與功利合一，認定道德即是功利；惟此種功利須合於社會之功利，亦即愛人利人之功利，利天下之功利。故墨子道德哲學之要旨，可以「兼相愛、交相利」六字觀之。人與人如此，國與國亦應如此，因而又主張非攻。為推行此種利他主義之道德觀念，故採取苦行主義。運用此種道德上之利他主義，而以天志為本；不拘於人為之國限，以討論政治；自然成為世界主義之政治哲學。

戰國之世，墨家與儒家並稱顯學。墨家主張兼愛、非攻、尚賢、尚同、尊天、事鬼等，固多與法家思想衝突；而以武犯禁之俠者或帶劍者，更為言法治者之所不許。故韓非根本反對墨家，並處處以破墨為立說之前提（見〈顯學〉、〈五蠹〉、〈問辯〉等篇）。惟是墨家若干觀念亦有為韓非取以轉化為用者：㈠墨子主張尚同於天，韓非取以為尚同於法，法之於天雖異，其尚同一也。㈡墨子大倡功利，以為「義、利也」。其節用、節葬、非樂等主張，無不以利之一字為其立言之根本。〈非命上〉云：「言必有三表。何謂三表？墨子曰：有本之者，有原之者，有用之者。於何本之？上本之於古者聖王之事。於何原之？下原察百姓耳目之實。於何用之？發以為刑政，觀其中國家百姓人民之利。」〈兼愛下〉云：「用而不可，雖我亦將非之，且焉有善而不可用者。」韓非取以為一切言行均須責其功用之法家主張。㈢《墨子》〈尚賢〉〈非命〉二篇，主張勞力以生。

韓非取以為盡地利、利民萌之理由，並主張以力致富，以事致貴。㈣墨子倡兼愛之說，用以打破儒家之「親親」觀念。韓非取以轉化為刑過不避大臣，賞善不遺匹夫之「法律地位平等論」。㈤墨子認定貴賤無常，故有非命強力之說，此在墨子僅為教育之宣傳。韓非則發展為實際運動之政策，將個人轉化為國家，而極力主張「明君務力」。

總之，韓非思想雖有淵源於墨家，且較墨家更為徹底之處；然韓非終是法家而非墨家。況《韓子》書中又以破儒、破墨為建立其學說之前提。因之，韓非縱有採取墨家理論以入法家，並轉化為用之處，要亦僅能以次要淵源視之。

四、名家

名家為專究名學之學派。所謂名學、本為各學派皆有之論辯術，亦其用以整理思想之方法，相當於印度之因明學與西洋之理則學(Logic)。故孔子主正名，孟子稱好辯，荀子特具〈正名〉一篇。老子雖主無名，莊子卻有〈齊物論〉，並以大辯說明辯之無用。《墨子》書中有三表之法，大取、小取、則為專論名學。至於惠施、公孫龍之徒，第不過專以辯論著稱而已。胡適謂：「名學為整理思想之方法，各家各皆有其名學，不能以『名』專立一家。」此種觀點，自一方言之，頗含真理，自他方言之，則無以標明惠施、公孫龍一派之特色。梁啟超以「惠施、公孫龍一派，不僅以辯論名實為治學之手段，而實以為彼宗最終之目的，此所以異於他家也。故此派不能隸屬或合併於任何一派，祇能別指目之曰名家。」（見《諸子考釋》）今按梁說是也。

司馬談「論六家之要旨」云：「名家使人儉而善失真；然其正名實，不可不察也。……名家苛察繳繞，使人不得反其意，專決於名而失人情，故曰使人儉而善失真。若夫控名責實，參伍不失，此不可不察也。」（見《史記・太史公自序》）苛察繳繞者，詭辯之謂也。控名責實者，正名之謂也。故名家之長，在正名存真；名家之短，在詭辯失情。

《漢書・藝文志》著錄名家，以鄧析、尹文居首，次以公孫龍、成公生、惠施、黃公、毛公，合共七人，書三十六篇。今傳《鄧析子》二篇，實乃偽書；❾《尹文子》二篇，雖為先秦古籍，毫無可疑，其確否為尹文之學說，仍待考定。❿成公生、惠子、黃公、毛公、今俱失傳。惟〈公

❾ 梁啟超《漢書藝文志諸子略考釋》謂今本〈鄧析子〉為偽書。並云：鄧析有無著書，本屬疑問，疑原書已屬戰國末年人偽託，今本又偽中出偽也。錢穆《先秦諸子繫年考》，贊同梁說，惟認定鄧析未嘗著書，原書為戰國晚世桓團辨者之徒所偽託，今傳本亦非戰國晚世之真。

❿ 錢穆、蔣伯潛等均稱《尹文子》為後世所編之偽書。呂思勉《經子解題》則據《群書治要》，論定今本《尹文子》定於唐後，上篇有人改寫，下篇有人附益。梁啟超則斷定今本《尹文子》為先秦古籍毫無疑義，但指為尹文作，或尹文學說則非是。又謂卷首一序，疑魏晉人所偽託仲長統以自重，其書則本先秦名家言，編者不得其主名，遂歸諸尹文。愚按：呂、梁兩說較洽。茲從之，以其書為先秦古籍，後人略有改動文字，至是否確為尹文之學，仍待考定。

孫龍子〉尚殘存六篇，雖殘卻不偽耳。吾人試以今傳本《尹文子》、〈公孫龍子〉為據，參以〈莊子》〈天下〉、〈秋水〉，《荀子》〈非十二子〉、〈不苟〉，《呂氏春秋》〈正名〉、〈離謂〉、〈不苟〉，及《戰國策・魏策》等關於惠施、尹文、公孫龍、鄧析之言行記載，不難看出春秋而後，論辯之風盛行，其所論辯之中心，固亦有涉及宇宙論、知識論者；然以研討名實問題為主者居其泰半。研討名實問題，旨在明是非、別異同，而以論理為主。遠近取譬，有時或亦涉及現實政治。迨入戰國末期，辯士尤眾，或作學術之談，或倡怪異之論，或以名亂實，或以實亂名，其詭辯之辭，往往反乎常情。故韓非對於名家之流於詭辯，以難知為察，以博文為辯者，大加反對（見〈問辯〉、〈外儲說左上〉等篇）。

韓非雖反對名家末流之詭辯學派，但於名家之學，仍非無所擇取。遠在韓非之前，申不害已運用名家之形名學於實際政治，而成為君術之一。韓非於申不害之術，既富有淵源；司馬遷又稱其喜形名法術之學，引繩墨、切事情、明是非（見《史記・老子韓非列傳》），更非深有得於名家之學莫辦（說詳第七章第四節）。證之《韓子》全書，諸如「形名參同」、「按實考形」、「審合形名」、「言、事、功、須相當」、「使中主守法術，則萬不失矣」之說，以及乘勢用術以御群臣，而「術不欲見」等主張（見〈二柄〉、〈難三〉、〈用人〉等篇）；固均與《鄧析子》之「覈名實」、「重威勢」，及《尹文子》之「檢形名」、「守法度」、「專勢術」，並無若何之不同。《鄧析子》雖係偽託之書，然《尹文子》則確為先秦古籍，韓非生於戰國終局之前不久，不能謂無見之。故名家之學，應為其學說之次要淵源。

五、其他

先秦學派，司馬談釐為陰陽、儒、墨、名、法、道德六家，劉歆敘錄諸子，益以縱橫、雜、農、小說四家，而成為十家。班固據之，並稱「諸子十家，其可觀者九家而已。」今則小說家之書失傳，餘外九家之書，揆其與政治哲學有關者，殆僅儒、道、墨、法、名、陰陽、及雜家。雜家之書，本無獨有之思想體系，可以不論；儒、道、墨、名、與韓非學說之關係，已見前述次要淵源。所餘陰陽一家之學，韓非一無所取，且於〈飾邪〉中力表反對。該篇首段，迭以史事證明陰陽家之言不可信，並以「龜、筮、鬼神，不可以舉勝；左右背鄉，不足以專戰。然而恃之，愚莫大焉」，作為結論。按陰陽家之專長在星曆，假星象卜筮以立說，初亦僅在使人拘而多所畏而已。戰國之末，迷信之風大盛，國家大事多決於卜筮。荀卿於國君之「不遂大道，而營於巫祝，信機祥」者，固已深嫉之（語見《史記・荀卿列傳》）。韓非更以舍人事而信鬼神，為推行法治之大障礙，爰有〈飾邪〉之作。

縱橫家之所長者為游說方法。韓非似亦略有所取，觀其所著〈說難〉、〈難言〉二篇，可以知之。惟韓非認定「治強不可責於外，內政之有也」，故於當日侈談外事，假力自重，及虛言浮說之言談者，不惟深惡痛絕之，並稱之為國家五蠹之一（見〈五蠹〉等篇）。故縱橫家於韓非學說之構成，並無淵源可言。

《漢書・藝文志・諸子略》不著兵家，另以〈兵書略〉著錄孫子、吳子，而名之曰兵權謀家。故吾人慣稱之九流十家，並無兵家在內。惟兵家精神，本與法家相通，吳起在魏以兵家名，奔楚後之言行則合於法家旨趣，可資參證。蓋法家之終極目的，在求安內攘外，富國強兵；而攘外強兵，即為兵家之本務。故《韓子》全書中稱引兵家之言者多見（見〈說林〉、〈內外儲說〉及〈難篇〉）；所不同者，兵家專重軍事，以克敵制勝為主，而論及用兵教戰之道；韓非僅採其精神以利治國而已。故兵家之學，尚難與儒道墨名四家相提並論，俱以韓非學說之次要淵源視之。

要之，韓非學說以管仲以來之法家思想為主要淵源，並以儒、道、墨、名各家理論之一部，為其次要淵源；洵堪認定。⓫外則兵家之學，在構成韓非思想體系方面，亦有關係。其與韓非學說毫無淵源者為陰陽家、縱橫家。吾人就先秦整個學術而言，韓非實集各家學說之大成，而不同於各家；如僅就先秦法家思想而言，韓非實集前此法家各派學說之大成，而勝於各派。

⓫ 在此數家之中，因儒家學說人皆知之，故引述從簡。

第四章　韓非政治哲學之基礎

韓非學說之本質，在我國古代學術中為一種純粹之法家學說。其不同於其他各法家學說者，在於韓非能採用綜合調整之法，予以通盤研究，而集諸家之大成。法家學說為「帝王之學」，講「形名」、重「法術」，並為適應春秋戰國以來之時勢需要，而逐漸完成者。故其涉及之問題與提供解決之道，莫不均含有政治意味。以今人眼光視之，殆為純粹之政治學說無疑。是以研究韓非學說，必須從政治觀點出發，並就其政治哲學之建立基礎，先獲得充分瞭解，而後始能論及其學說之內容。

任何學術思想，均有其理論體系之建立基礎，易言之：即為該學者對歷史、社會及人性所持之根本看法。此於政治學說之建立，尤為顯然。韓非之政治哲學，奠基於「變古之歷史觀」、「務力之社會觀」及「自為之人性觀」。韓非認定歷史演進之結果，使今日必須變古；社會改變之結果，使今日必須崇尚權力與勢力；而人群心理受歷史與社會因素交互影響之結果，更使今日成為人人自計其利之現象。因而古先聖王之一切，均不足以適用於當今。凡此，或源於荀卿、商鞅、慎到等人之學說，又或出於其本人對時代社會之體認與觀察。

韓非之政治哲學基礎如是，故其建立之政治學說，自然不同於儒家之兼有倫理意味，道家之兼有自然意味，墨家之兼有神權意味或宗教意味。吾人綜合《韓子》全書之內容，不難發現其政治學說之精神，端在集中一國之統治權力（勢），運用有效之統治工具（法與術），作為富國強兵、齊民使眾之前提；並在「勢」「法」「術」三者兼而用之之下，實現其理想中之政治制度，亦即以君主為中心之專制政治制度。

按照韓非看法，國家乃人群之結合，而人則分為三類。一為統治者，即君主；一為被統治者，即人民；一為介乎君民之間者，即群臣。❶「勢」為君主統治國家之權力，「術」為君主督責群臣之方法，「法」為君主處理政事之依據，亦為齊民使眾之張本。「法」雖為君所生，惟一經制定公布，舉國上下均應遵守，故「法」又為治國之唯一準繩。君主之大利，在於國家富強；臣民之大利，在於既富且貴。君主守法責成，群臣忠法立功，人民遵法得賞。在以法治國，而非以私治國，且又在「動無非法」之情況下，君主雖然集權，亦不至於橫暴。故韓非雖以君主專制政治為其理想中之政治制度，顧所謂專制也者，係與封建制度下君權分散之情形相對而言。吾人不能以

❶ 法家均認定國家乃人群之政治組織體，非家族之聯合與擴大，亦非倫理與政治之混合體。但從政治運作之分工，以論君臣民非階級之別，而係各有其職分，其正常狀態為君仰成，臣事事，雜處之民各盡其能者，則自慎子始。韓子從之，而有人主守法責成，人臣奉法行事，人民遵法立功之說。

後世之盲目伸張君權，絕對尊君，或以泰西國家出現之君主絕對專制政治，與之相提並論。❷

茲就韓非政治哲學之基礎，分別析論如次。至其據此基礎而建立之「勢論」、「法論」與「術論」，容另以專章討論之。

第一節　變古之歷史觀

歷史觀，為學者對歷史所持之根本看法。通常就歷史演變之現象及其過程，加以分析研究，獲致某項意義之結論，作為其立說之張本。政治哲學家除此而外，尚須以其觀點，針對現實政治，提出振衰起弊之道。先秦諸子對於春秋戰國之政治社會狀況，均表不滿，咸思有以拯救之者。惟各家之歷史觀點不同，其提出之改革主張亦異。

儒家祖述堯舜，憲章文武；墨者背周道而用夏政；道家託始於黃帝。是三家者，蓋均以為歷史演變之方向，為退化而非進化；故古之世也治，今之世也亂；古之民、安且樂，今之民、困且苦。誠欲撥亂返治，改革現狀，則非以古為法不可。故儒家主張法周，墨家主張法夏，道家主張以上古為法，而法自然。顧儒道墨三家雖以法古為口號，其間仍多少含有託古改制之成分，❸在

❷ 參見本書第八章第一節。

❸ 見康有為《孔子改制考》、言孔子託古改制立教。梁啟超《先秦政治思想史》更謂：「古代著述家，每

學術上固多貢獻，以之用於實際政治，終不能十分切合時勢。法家則不然。法家以為歷史演變之方向，為進化而非退化。在進化過程中，儘管有若干問題出現，但其解決之道，貴在因時以制宜，論事以為之備。此所以管子相齊，行霸者之政；子產治鄭，以「吾為救世也」為由，而初鑄刑書；商鞅輔秦，更以「治世不一道，便國不必法古」為口號，而實行徹底變法。迨至韓非，遂集諸家理論之大成，而奠定其變古之歷史觀。

韓非之歷史觀，見於〈五蠹〉、〈南面〉等篇。首先認定歷史演變之方向，為進化而非退化；故聖人治國，多不法古。其次認定惟有變古，乃能適應時勢需要，而變與不變，端在「常古之可與不可」。〈五蠹〉云：

上古之世，人民少而禽獸眾，人民不勝禽獸蛇蟲。有聖人作，搆木為巢以避群害，而民悅之，使王天下，號之曰有巢氏。……民多疾病。有聖人作，鑽燧取火以化腥臊，而民悅之，使王天下，號之曰燧人氏。中古之世，天下大水，而鯀、禹決瀆。近古之世，桀、紂暴亂，

將其理想託諸古人以自重。孟子稱：有為神農之言者許行。豈惟許行，實亦可謂有為堯舜之言者孔丘、孟軻，有為大禹之言者墨翟，有為黃帝之言者莊周也。」他如馮友蘭、胡適等人之哲學史著作中亦多有云及託古改制者。呂思勉《經子解題》持相同觀點，解釋老子之學必始於五帝時，蓋夏時男權已盛，顧其託諸黃帝，乃啟人疑。

> 而湯、武征伐。今有搆木鑽燧於夏后氏之世者，必為鯀、禹笑矣；有決瀆於殷、周之世者，必為湯、武笑矣。然則今有美堯、舜、禹、湯、武之道於當今之世者，必為新聖笑矣。是以聖人不期修古，不法常可，論世之事，因為之備。……故事因於世，而備適於事。……故曰：「世異則事異」。……故曰：「事異則備變」。上古競於道德，中世逐於智謀，當今爭於氣力。……夫古今異俗，新故異備，如欲以寬緩之政，治急世之民，猶無轡策而御駻馬，此不知之患也。❹

前文上古之世，謂遠古時期；中古之世，謂堯舜時期；近古之世，謂夏殷時期。民生困苦不同，聖人處理方法亦異。後文上古競於道德，指唐虞禪讓之傳說而言；中世逐於智謀，指春秋之朝覲會同而言；當今爭於氣力，則指戰國之攻戰而言。政治社會環境不同，故用以霸王天下之道亦異。顯見韓非認定歷史為演變的，而非固定的，因有演變，故「世異則事異」；為求適應，故「事異則備變」。整個歷史即在「世異」、「事異」、「備變」，異之又異，變之又變之下，向前演進而非退化。是故〈南面〉云：

---

❹ 原文長達千餘言，分為四段，以物質經濟生活條件之演進為基礎，而論及人類文明後政治社會產生之新問題，舉凡生活需求，人口多寡，財物羨絀，權勢厚薄等，均可影響人類行為，而構成歷史演進之動力。另則民智開發，欲望增加，亦為因素之一（見〈忠孝〉、〈心度〉等篇）。

不知治者，必曰：「無變古，無易常。」變與不變，聖人不聽，正治而已。然則古之無變，常之無易，在常古之可與不可。伊尹毋變殷，太公毋變周，則湯、武不王矣。管仲毋易齊，郭偃毋更晉，則桓、文不霸矣。

正治，即期於治之意，亦謂治得其宜也。伊尹從湯言素王、九主之事，湯舉任以國政。載於《史記・殷本紀》。司馬貞《索隱》於素王、九主之解釋，雖未必正確，但伊尹曾變法於殷，則可斷言。《史記・周本紀》云：「文王改法度，制正朔。」〈齊世家〉則云：「呂尚為文、武之師，西伯昌之脫羑里歸，與呂尚陰謀修德以傾商政。」是太公變周之事，自非韓非虛構。管仲易齊政俗，史書多載。郭偃曾否更晉，史籍不備。惟郭偃即卜偃，為晉大夫。《商君書・更法》及《戰國策・趙策》均提及「郭偃之法」。則其必曾變法於晉，而非韓非虛構，當可憑信。韓非舉伊尹、太公、管仲、郭偃為例，說明唯有變古，乃可適應時勢之需，亦唯有變古，乃可成王霸之業。但亦提出「常古之可與不可」，作為「變與不變」之前提，而歸結於「正治而已」四字。故韓非雖以變古之歷史觀為其政治哲學基礎之一，但在實際政治上仍保留其運用彈性。

按韓非此種觀念，實深受荀子之啟發，及商鞅、慎到等人之影響。❺荀子雖為儒家，但反對

---

❺ 按道家思想亦為韓非學說次要淵源之一。莊子「適應時變」之說，於韓非此種歷史觀之形成，自亦不無關係。惟道家之無為說影響於韓非之君術者最大，且莊子之說在本書第三章第二節已有敘明，故此處僅

儒家法先王之說。其言曰：

> 聖人有百，吾孰法焉？曰：文久而息，節族久而絕；守法數之有司，極禮而褫。故曰：欲觀聖王之迹，則於其粲然者矣，後王是也。彼後王者，天下之君也。舍後王而道上古，譬之是猶舍己之君而事人之君也。故曰：欲觀千歲，則數今日；欲知億萬，則審一二；欲知上世，則審周道；欲知周道，則審其人，所貴君子。（《荀子・非相》）

此荀子法後王之主張也。蓋以先王時代，與現世距離太遠，一切法令制度，多已湮沒，無從稽考；不若後王之世，距離現世較近，其一切均易於察知也。故〈非相〉有云：

> 五帝之外無傳人，非無賢人也，久故也。五帝之中無傳政，非無善政也，久故也。禹、湯有傳政，而不若周之察也，非無善政也，久故也。傳者久，則論略，近則論詳。略則舉大，詳則舉小。愚者聞其略而不知其詳，聞其細而不知其大也，是以文久而息，節族久而絕。

荀子所指後王之法，實即周道。此與孔子之擁護周制，自一方言之，並無不同；自他方言之，則仍有所出入。因孔子於憲章文武之外，並託為堯舜之言以自重。荀子則認定堯、舜、禹、湯之道，文久而息，節族久而絕，縱有傳政，亦遠不如周制之「粲然」可考。從而主張法後王，以法文、

以荀、商、慎為言。

武之政為已足，前此聖人均可不必師法。荀子在〈非相〉中，並堅持「古今一度也」之說，對於主張「古今異情，其所以治亂者異道」之流，均斥之為妄人；顯又見其不承認歷史進化論。歷史演變之結果，既未進化，則後王之法自亦可運用於當今之戰國時期。此所以荀子雖主張性惡說、嚴刑論、及以禮治國之說（見〈性惡〉、〈正名〉、〈正論〉、〈王制〉等篇），終其極祇能為儒家之革新學派。惟是荀子至少承認時代有所演變，後王之法，亦由先王之道，積累改進而成。後王於先王之道既有所因革損益，足見先王之道不足以適用於後王之世。韓非即承此師說，再加研究，益以商鞅、慎到等人之論見，而認定不惟堯、舜、禹、湯之道，不足以適用於當今；即文武之道，亦不足以適用於戰國之急世。社會環境有變，時代即在改變，歷史即循此改變而演進不已。從而後世言治，殊難以古為法，必斟酌實際需要，變通而用之。故韓非之歷史進化論，及其據此而建立之「變古之歷史觀」，雖與荀子有異；然其受荀子觀點之啟發，則允無疑問。

其次，商鞅相秦，力主變法。推行之始，曾與大夫甘龍等辯論必須變法之理由。其主要依據，即為時移世轉，治道應隨之而異。商鞅曾將自古迄今之歷史，劃分為上中下三世。其言曰：

天地設而民生之。當此之時也，民知其母而不知其父。其道親親而愛私。親親則別，愛私則險，民眾而以別險為務，則民亂。當此時也，民務勝而力征。務勝則爭，力征則訟，訟而無正，則莫得其性也。故賢者立中正、設無私，而民說仁。當此時也，親親廢，上賢立矣。凡仁者以愛為務，而賢者以相出為道。民眾而無制，久而相出為道，則有亂。故聖人承之，作為土地、貨財、男女之分。分定而無制，不可，故立禁。禁立而莫之司，不可，故立官。官設而莫之一，不可，故立君。既立君，則上賢廢而貴貴立矣。然則上世親親而愛私，中世上賢而說仁，下世貴貴而尊官。上賢者，以道相出也；而立君者，使賢無用也。親親者，以私為道也；而中正者，使私無行也。此三者，非事相反也。民道弊而所重易也，世事變而行道異也。《商君書・開塞》

商鞅所謂上世、中世、下世，自人類學及社會學之觀點言，雖不盡恰當；然若以之解說春秋戰國時代之歷史，則正可說明其演變之過程。春秋之初，為貴族政治時期；其時即「上世親親而愛私」之時也。及後平民階級得勢，儒墨二家皆主「尊賢使能」，「汎愛眾而親仁」；其時即「中世上賢而說仁」之時也。國君或國中之一二貴族，以尚賢之故，得賢能之輔，削異己而定一尊。而賢者又復以材智互爭雄長，「以相出為道」。「久而相出為道，則有亂」；君主惡而又制裁之。戰國之末期，即「下世貴貴而尊官」之時也。「立君者，使賢無用也」，此為尚賢之弊之反動，而戰國末期之現實政治，即依此趨勢進行。《開塞》下文接云：

民愚則知可以王，世知則力可以王。民愚則力有餘而知不足，世知則巧有餘而力不足。民之生，不知則學，力盡而服。故神農教耕而王，天下師其知也。湯武致強而征，諸侯服其力也。夫民愚不懷知而問，世知無餘力而服。故以王天下者并刑，力征諸侯者退德。聖人不法古，不修今。法古則後於時，修今則塞於勢。周不法商，夏不法虞，三代異勢而皆可以王。故興王有道，而持之異理。武王逆取而貴順，爭天下而上讓，其取之以力，持之以義。今世強國事兼并，弱國務力守。上不及虞、夏之時，而下不修湯、武。湯、武塞，故萬乘莫不戰，千乘莫不守，此道之塞久矣，而世主莫之能廢也。故三代不四，非明主莫有能聽也。今日願啟之以效。古之民樸以厚，今之民巧以僞。故效於古者，先德而治；效於今者，前刑而法。此俗之所惑也。

「民愚」演進為「世智」，「樸厚」轉變為「巧僞」，其結果必然「民道弊而所重易，世事變而行道異」。是以夏不法虞，周不法殷，而皆可以王。今則時勢演變益劇，自應如聖人之「不法古，不修今」，以免後於時代，塞於情勢。故商鞅駁杜摯之議云：

前世不同教，何古之法？帝王不相復，何禮之循？伏羲、神農，教而不誅；黃帝、堯、舜，誅而不怒；及至文、武，各當時而立法，因事而制禮。禮法以時而定，制令各順其宜，兵甲器備各便其用。臣故曰：治世不一道，便國不必法古。湯、武之王也，不修古而興；殷、夏之滅也，不易禮而亡。然則反古者未必可非，循禮者，未足多是也。（《商君書・更法》）

綜上所述，顯見「民道弊而所重易」，「世事變而行道異」，「禮法以時而定」，「制令各順其宜」，實為「聖人不法古，不修今」之所由本，亦即商鞅自政治觀點以研究歷史演變，而獲致之基本認識。至其據此基本認識，而提出「治世不一道，便國不必法古」之結論，不惟使秦國得因其兩度變法，而躍居富強之首邦，且使韓非資以為建立變古之歷史哲學之前提。蓋韓非所謂「論世之事，因為之備」，「世異則事異」，「事異則備變」，揆其旨意，正為商鞅言論之進一步說明也。

復次，慎到雖未明言歷史之演變為進化，而非退化，然亦說明賞罰之運用，歷代有所不同。今傳本《慎子・逸文》有云：「孔子云：『有虞氏不賞不罰，夏后氏賞而不罰，殷人罰而不賞，周人賞且罰。』罰、禁也，賞、使也。」本文引自《御覽》八百三十卷。宋王應麟嘗謂「《御覽》所引，皆在亡篇。」準此，則本文當係慎到引孔子言以為之論者也，獨惜全篇不能復見而已。按慎到立論，雖不廢法，卻極重勢，道德之為刑名，以其論說為轉關。而勢之中，則以賞罰權最為重要，故其引用他人之言以入論，或就他人言之合我意者而引用之，均屬信所難免。本文既說明賞罰之運用，歷代有所不同，而其演變之過程，則又自無賞無罰，而至於有賞且罰；足見時勢在動變中，而時勢動變之結果，顯然導致後世之治國，初不必以古為法。此種觀點，在韓非接受慎到勢論之際，定有所審酌。因之，自不能謂於韓非歷史哲學之建立，毫無影響。

韓非之歷史哲學，為變古之歷史觀。所謂「變古」，並非「疑古」、「反古」，而係「不必以古為法」。蓋治國之道，經緯萬端，而扶急世之道，尤貴在明察時勢，因革損益為用。商鞅所謂「治世不一道，便國不必法古，」「反古者未必可非，循禮者未足多是也」；韓非所謂「變與不變，聖人不聽，正治而已。然則古之無變，常之無易，在常古之可與不可」均正足以說明此種觀點。惟是戰國時代，儒墨並稱顯學。法家主張之因世而變之歷史哲學，自與一般儒家之主張法先王之道，發生根本衝突。墨家雖未以「祖述堯舜，憲章文武」為立說之唯一宗旨，然仍盛道先王，自亦與法家之觀點，水火不相容。韓非欲建立其進化之歷史觀與急世之法治論，勢不能不批評儒墨之所言者，均與時代需要背道而馳。最有效之辦法，莫如併儒墨而攻訐之；而攻訐之道，又莫如以參驗主義、即實驗或實證之方法，破除儒墨明據先王之說。故於〈顯學〉云：

世之顯學，儒、墨也。儒之所至，孔丘也。墨之所至，墨翟也。……孔墨之後，儒分為八，墨離為三，取舍相反不同，而皆自謂真孔墨；孔墨不可復生，將誰使定後世之學乎？孔子墨子俱道堯舜，而取舍不同，皆自謂真堯舜；堯舜不復生，將誰使定儒墨之誠乎？虞夏七百餘歲，殷周二千餘歲，而不能定儒墨之真；今乃欲審堯舜之道於三千歲之前，意者其不可必乎！無參驗而必之者愚也，弗能必而據之者誣也。故明據先王，必定堯舜者，非愚則誣也。愚誣之學，雜反之行，明主弗受也。

韓非對法古論者給予之批評甚多，毋庸一一贅引。總之，韓非根據其研究歷史發展之結果，認定先王之道縱使著效於當年，要亦為適合當年情勢需要之故。倘今世之為政者，仍一味則古稱先，因襲不變，以先王之道為治，正有如宋人守株待兔、鄭人買履取度、及嬰兒塵塗為戲之類（見〈五蠹〉及〈外儲說左上〉），其不切實際，明矣。

抑有進者，韓非不僅認定禮樂仁政之道不適於戰國之世，即使採用法治主義，以法度賞罰為治國之準繩，仍非因應時勢需要，作適度之更張不可。故於〈心度〉云：「治民無常，唯法為治。法與時轉則治，治與世宜則有功。故民樸、而禁之以名則治，世智、而維之以刑則從。時移而法不易者亂，能眾而禁不變者削。故聖人之治民也，法與時移，而禁與能變。」凡此，具見韓非認定歷史之演變方向，為進化而非退化；惟有持變古之歷史觀，乃可順應時代潮流，謀得國家之富強。

第二節 務力之社會觀

「社會」為近代通行之術語。社會為一種群體組織。在此組織內之各個體間，通常具有一定之關係，與共通之利益；非循此合作，即不能達成某種一定之目的。所謂一定之關係，或指同職業、同身分之人而言，又或指居住同地域之人而言。其基於經濟原因而結合者，為經濟社會；基於政治因素而結合者，自為政治社會。先秦諸子莫不重人我關係，由人我關係演為群己關係，即個體與群體間之關係，更推及於一國與列國之關係。此種觀念，與今日所稱之社會或社會組織，在基本上洵無二致。為便立說，故亦以「社會」稱之。

法家一切言論，均以國家利益為出發點，故其眼中之「社會」，實含有雙重意義。自國家之對外關係言，與今日所稱之國際社會相當；自國家之對內關係言，則為今日泛指之國內社會。此在韓非學說中，尤為顯然。蓋韓非以為：國家為國內社會之最高組織，亦為國際社會之根本組織。故國家對外須以「勢力」去求發展，對內須以「權力」去求統治。因而所謂「務力」也者，即任何國家必須崇尚權力與勢力，而後乃可內求統一，外求自保。章太炎有言：「韓非有見於國，無見於人；有見於群，無見於孑。」（見《國故論衡・原道下》）正足以說明韓非所持之社會觀，殆為國家主義下之產物，其本質絕非指一般所謂之社會哲學。此則吾人研究韓非學說時，首須瞭解者也。

茲先言韓非對於國際社會所持之根本看法：

韓非根據其檢討已往史實之結果，參以商鞅之論據，遂認定國與國間只有利害關係；既無所謂互惠，更無所謂仁義禮讓。任何國家欲謀生存，求發展，非憑藉其本身之實力，不足以言功。韓非生當戰國之末，已瀕臨戰國即將演為帝國之前夕；而我國歷史上變動最劇烈之時期，則又為春秋戰國之世。考諸史乘，春秋之初，前此之封建制度雖然名存實亡，猶以諸侯為一國之主。其後諸侯失勢，政歸大夫，乃至陪臣執國命，以其強力，互相攻伐；三家分晉，田氏篡齊；天下紛擾不休，禍亂層出不絕。進入戰國七雄並峙之局，封建制度已然瓦解，貴族政治轉趨於君主中央集權。七雄之主，競謀富國強兵，爭霸天下，國際間祇論強權，所謂仁義禮讓之說，早已棄置而不顧矣。此所以《史記・六國年表序》云：

陪臣執政，大夫世祿，六卿擅晉權，征伐會盟，威重於諸侯。及田常殺簡公而相齊國，天下晏然弗討，海內爭於戰功矣。三國終之卒分晉，田和亦滅齊而有之，六國之盛，自此始。務在強兵並敵，謀詐用，而縱橫短長之說起，矯稱蠭出，誓盟不信，雖置質剖符，猶不能約束也。秦始小國僻遠，諸夏賓之，比於戎翟。至獻公之後，常雄諸侯。論秦之德義，不如魯、衛之暴戾者；量秦之兵，不如三晉之強也。然卒併天下，非必險固便、形勢利也，蓋若天所助焉。

顧亭林論春秋戰國之政情，更不禁慨言之曰：

春秋時，猶尊禮重信，而七國則絕不言禮與信矣。春秋時、猶宗周王，而七國則絕不言王矣。春秋時、猶嚴祭祀，重聘享，而七國則無其事矣。春秋時、猶論宗姓氏族，而七國則無一言及之矣。春秋時、猶宴會賦詩，而七國則不聞矣。春秋時、猶有赴告策書，而七國則無有矣。邦無定交，士無定主，此皆變於一百三十三年之間，史之闕文，而後人可以意推者也。不待始皇之一并天下，而文武之道盡矣。（《日知錄・周末風俗》）

據上引文，顯見戰國之世，為吾人今日所稱之弱肉強食時代，國之無力以圖生存發展者，惟有俯首受人宰割而已。即使仰事大國，憑藉外援，亦終難以自保。此在《韓子》全書中，多所舉證發論。如云：

昔者、秦之攻宜陽，韓氏急，公仲朋謂韓君曰：「與國不可恃也，豈如因張儀為和於秦哉？因賂以名都，而南與伐楚，是患解於秦，而害交於楚也。」公曰：「善。」乃警公仲之行，將西和秦。楚王聞之懼，召陳軫而告之，曰：「韓朋將西和秦，今將奈何？」陳軫曰：「秦得韓之都一，驅其練甲，秦韓為一，以南鄉楚，此秦王之所以廟祠而求也，其為楚害必矣。王其趣發信臣，多其車，重其幣，以奉韓曰：不穀之國雖小，卒已悉起，願大國之信意於秦也。因願大國令使者入境視楚之起卒也。」韓使人之楚，楚王因發車騎陳之下路，謂韓使者曰：「報韓君言敝邑之兵，今將入境矣。」使者還報韓君，韓君大悅，止公仲。公仲曰：「不可。夫以實告我者秦也，以名救我者楚也；聽楚之虛言，而輕誣強秦之實禍，則危國之本也。」韓君弗聽，公仲怒而歸，十日不朝。宜陽益急，韓君令使者趣卒於楚，冠蓋相望，而卒無至者。宜陽果拔，為諸侯笑。故曰：內不量力，外恃諸侯者，則國削之患也。（〈十過〉）

故恃鬼神者慢於法，恃諸侯者危其國。曹恃齊而不聽宋，齊攻荊而宋滅曹。邢恃吳而不聽

齊，越伐吳而齊滅邢。許恃荊而不聽魏，荊攻宋而魏滅許。鄭恃魏而不聽韓，魏攻荊而韓滅鄭。（〈飾邪〉）

晉人伐邢，齊桓公將救之。鮑叔曰：「太蚤。邢不亡，晉不敝；晉不敝，齊不重。且夫持危之功，不如存亡之德大。君不如晚救之以敝晉，其實利；待邢亡而復存之，其名美。」桓公乃弗救。（〈說林上〉）

齊攻宋，宋使臧孫子南求救於荊。荊大說，許救之，甚勸。臧孫子憂而反。其御曰：「索救而得，今子有憂色，何也？」臧孫子曰：「宋小而齊大，夫救小宋而惡於大齊，此人之所以憂也；而荊王說，必以堅我也。我堅而齊敝，荊之所利也。」臧孫子乃歸，齊人拔五城於宋，而荊救不至。（〈說林上〉）

徐偃王處漢東，地方五百里，行仁義，割地而朝者三十有六國。荊文王恐其害己也，舉兵伐徐，遂滅之。……齊將攻魯，魯使子貢說之。齊人曰：「子言非不辯也，吾所欲者土地也，非斯言所謂也。」遂舉兵伐魯，去門十里以為界。故偃王仁義而徐亡，子貢辯智而魯削。（〈五蠹〉）

此韓非根據其檢討已往史實之結果，認定國與國間，無所謂互惠，無所謂仁義禮讓，僅存有利害關係之說明也。至其受到商鞅言論影響之處，則為《商君書・慎法》所云：

千乘能以守者，自存也；萬乘能以戰者，自完也；雖桀為主，不肯詘半辭以下其敵。外不能戰，內不能守，雖堯為主，不能以不臣諧所謂不若之國。自此觀之，國之所以重，主之所以尊者，力也。

蓋商鞅變法以富國強兵為唯一要務，富強之本，曰農曰戰，故其一切措施均以強大國家勢力為主。商鞅言論中，如云：「國之所以興者，農戰也。」「國不農，則與諸侯爭權不能自持也，則眾力不足也。」(《農戰》)「能生不能殺，曰自攻之國；必削。能生能殺，曰攻敵之國；必強。」(《去彊》)「國好力，曰：以難攻。」(《說民》)「湯、武致強而征，諸侯服其力也。」(《開塞》)「故兵無敵而令行於天下。」(《賞刑》)「不勝而王，不敗而亡者，自古及今，未嘗有也。」(《畫策》)「今夫人眾兵強，此帝王之大資也。」(《弱民》)「故出戰而強，入休而富者，王也。」(《外內》)凡此，皆為商鞅認為唯有重視國家勢力，乃可爭霸天下之例證，可與上引〈愼法〉文字併觀之。

韓非接受商鞅之說，擴而充之，並實以其本人檢討史實之心得，遂建立其務力之社會觀。其言曰：

上古競於道德，中世逐於智謀，當今爭於氣力。……以是言之：夫仁義辯智，非所以持國

也。去偃王之仁，息子貢之智，循徐、魯之力，使敵萬乘；則齊、荊之欲，不得行於二國矣。（〈五蠹〉）

皆曰：「外事、大可以王，小可以安。」夫王者，能攻人者也；而安，則不可攻也；強者，能攻人者也；而治，則不可攻也。治強不可責於外，內政之有也。今不行法術於內，而事智於外，則不至於治強矣。……故周去秦為從，期年而舉；衛離魏為衡，半歲而亡。是周滅於從，衛亡於衡也。使周、衛緩其從衡之計，而嚴其境內之治；明其法禁，必其賞罰；盡其地力，以多其積；致其民死，以堅其城守。天下得其地則其利少，攻其國則其傷大，萬乘之國，莫敢自頓於堅城之下，而使強敵裁其弊也。此必不亡之術也。舍必不亡之術，而道必滅之事，治國者之過也。智困於外，而政亂於內，則亡不可振也。（〈五蠹〉）

古人亟於德，中世逐於智，當今爭於力。……處多事之時，用寡事之器，非智者之備也。當大爭之世，而循揖讓之軌，非聖人之治也。（〈八說〉）

君人者，國小則事大國，兵弱則畏強兵。大國之所索，小國必聽；強兵之所加，弱兵必服。（〈八姦〉）

敵國之君王，雖說吾義，吾弗入貢而臣；關內之侯，雖非吾行，吾必使執禽而朝。是故力多則人朝，力寡則朝於人；故明君務力。（〈顯學〉）

明主堅內，故不外失。（〈安危〉）

恃交援而簡近鄰，怙強大之救，而侮所迫之國者，可亡也。（〈亡徵〉）

歸納韓非意旨，顯然認定戰國時代環境，與上世、中世迥異；處此多事之時，大爭之世，不惟德、謀、仁、義、辯、智，一無用處，即使仰事大國，憑其奧援，亦難以生存於國際社會。外交既不足恃，而外來之禍患，又與日俱增，自惟有加強國內建設，力求國富兵強。欲富國，則須實行重農主義，以增加生產；欲強兵，則須實行軍國主義，以增加戰鬥人員。易言之：即全國人民均須趨於耕戰一途。凡無益於耕戰之學說與事項，皆為無用之物，皆在反對之列。此種觀點在商鞅時代即已形成，並見諸行事。至韓非，更於理論上加以盡量發揮。因而除前述篇目外，在〈六反〉、〈詭使〉等篇，亦均有此種出於務力觀之極端言論。

茲再言韓非對於國內社會所持之根本看法：

韓非環顧當時國際情勢，認定：「治強不可責於外，內政之有也」（〈五蠹〉）；「內不量力，外恃諸侯，則削國之患也」（〈十過〉）；基此觀點，故主張「治內以裁外」，並提出「明主堅內，故不外失」之說（俱見〈安危〉）。如何「治內」「堅內」？固在於國家政策之能否因事制宜，因時制宜；尤貴在國家能有充分之權力以推動既定政策，而使其如期完成。倘能使「境內之民，其言談者必軌於法，動作者歸之於功，為勇者盡之於軍」（〈五蠹〉），無事則國富，有事則兵強；即不難屹立於戰國之急世，小可以安，大可以王矣。

誠欲達上述之目的，則非重視權力關係，不足以言功。其故有三：第一、國家為國內社會之最高組織，其本身即含有權力運用之政治特質。惟有在統治權充分運用之下，始能令則行、禁則止。故君主必須掌握實權，乃可言治。故韓非云：

> 君執柄以處勢，故令行禁止。〈八經〉
>
> 威者、所以行令也。〈詭使〉
>
> 夫國之所以強者，政也。主之所以尊者，權也。〈心度〉
>
> 萬乘之主，千乘之君，所以能制天下而征諸侯者，以其威勢也。〈人主〉
>
> 凡人主之國小而家大，權輕而臣重者，可亡也。〈亡徵〉
>
> 權勢不可以借人，上失其一，下以為百。故臣得借則力多，力多則內外為用，內外為用則人主壅。〈內儲說下〉

第二、惟有憑藉權力，乃可使臣民居於服從地位，一其意志，競赴事功。舍權力而侈言德義，殊不足以禁暴止亂，而維持國家之統一與秩序。故韓非又云：

> 夫嚴家無悍虜，慈母有敗子，吾以此知威勢之可以禁暴，而德厚之不足以止亂也。……為治者用眾而舍寡，故不務德而務法。〈顯學〉

民者、固服於勢，寡能懷於義。仲尼、天下聖人也，修行明道，以遊海內，海內說其仁、美其義，而為服役者七十人。蓋貴仁者寡，能義者難也。故以天下之大，而為服役者七十人，而仁義者一人。魯哀公、下主也，南面君國，境內之民，莫敢不臣。民者固服於勢，勢誠易以服人。故仲尼反為臣，而哀公顧為君。仲尼非懷其義，服其勢也。故以義，則仲尼不服於哀公；乘勢，則哀公臣仲尼。(〈五蠹〉)

今有不才之子，父母怒之弗為改，鄉人譙之弗為動，師長教之弗為變。夫以父母之愛，鄉人之行，師長之智，三美加焉，而不動其脛毛。州部之吏，操官兵、推公法，而求索姦人，然後恐懼，變其節，易其行矣。故父母之愛，不足以教子，必待州部之嚴刑者，民固驕於愛，聽於威矣。(〈五蠹〉)

堯教於隸屬，而民不聽；至於南面而王天下，令則行，禁則止。(〈難勢〉)

勢者、勝眾之資也。(〈八經〉)

明主之所道制其臣者，二柄而已矣。二柄者、刑德也。何謂刑德？曰：「殺戮之謂刑，慶賞之謂德。」為人臣者、畏誅罰而利慶賞，故人主自用其刑德，則群臣畏其威而歸其利矣。(〈二柄〉)

第三、根據人性分析結果，人人均有自私自利之傾向，亦即「自為」之心理（說詳下節自為之人性觀）。欲其賢不肖俱能竭力以為國用，顯非採用獎懲之道不可；而毀譽刑賞之能否收效，則又視統治權力大小、及其支配情形以為斷（說詳第五章第四節）。綜上各項理由，韓非認為君臣之間、君民之間，均應建立於權力關係之上；君主憑此權力以強制臣民服從。

韓非學說中，一再主張「明君務力」。所謂「務力」，即崇尚權力與實力。蓋自春秋以來，時勢劇變，攻戰頻仍，滅絕篡奪之事，不絕如縷。有國者、欲圖生存於多事之時，大爭之世，舍堅內裁外而外，已無他途。堅內、即求得國內之統一，使統治實權掌握於君主手中，使國內各階級人士均屈服於君權之下。裁外、即求取國外之發展，使鄰近各國不敢輕啟寇犯之心，使國際事務有容我左右之勢。故國之強弱，係於力之多寡；統治權力大，則內無所憂；軍事實力強，則外無所懼；此為管仲、商鞅治國之所本，亦為韓非當日各國大勢之所趨。韓非既認定國家為政治社會之組織體，自然主張以權力支配國內社會，以實力應付國際社會。其務力之社會觀，亦即循此理論之發展而建立。

第三節　自為之人性觀

韓非根據其研究人群心理現象並加分析結果，認為人人皆有自私自利之心，其所以避重就輕、爭名奪利、乃至於不擇手段以達成目的者，皆係「自為心」作祟之故。君人者欲實現國家之最大利益，必須瞭解此一心理因素，或使之調和為用，又或齊之以刑，壹之以法，而後乃可統御臣民，以竟事功。韓非政治哲學之以「自為之人性觀」作為基礎之一者，殆由於此。

在韓非之前，各家學派大多主張人性本善之說，其唯一主張性惡者為荀子。荀子雖為儒家，然其立說與孔、孟有別；而導致不同之原因，主要在於人性問題之看法相異。孔子僅云：「性相近也，習相遠也。」（《論語・陽貨》）對性之為善為惡，並無明確之學說。孟子主張性善，謂人皆有仁義禮智之四「端」（詳見《孟子・公孫丑上》「人皆有不忍人之心章」），若能擴而充之，則為聖人。故人之有不善，非其本性與善人殊，只其未能就此四「端」，擴而充之而已。且人之所以異於禽獸者，全在於人有此四「端」。人性中既有此四「端」之存在，故人性本善；充實其善性，自然人人皆可為堯、舜。荀子則不然。其言曰：

人之性惡，其善者偽也。今人之性，生而有好利焉；順是，故爭奪生而辭讓亡焉。生而有疾惡焉；順是，故殘賊生而忠信亡焉。生而有耳目之欲，有好聲色焉；順是，故淫亂生而禮義文理亡焉。然則從人之性，順人之情，必出於爭奪，合於犯分亂理，而歸於暴。是故必將有師法之化，禮義之道，然後出於辭讓，合於文理，而歸於治。用此觀之，然則人之性惡明矣，其善者偽也。……古者聖王以人之性惡，以為偏險而不正，悖亂而不治。是以為之起禮義、制法度，以矯飾人之情性而正之，以擾化人之情性而導之也，使皆出於治，合於道者也。今之人化師法、積文學、道禮義者為君子；縱性情、安恣睢、而違禮義者為小人。用此觀之，然則人之性惡明矣，其善者偽也。……凡人之欲為善者，為性惡也。夫薄願厚、惡願美、狹願廣、貧願富、賤願貴。苟無之中者，必求於外。故富而不願財，貴而不願勢。苟有之中者，必不及於外。用此觀之，人之欲為善者，為性惡也。今人之性，固無禮義，故強學而求有之也。性不知禮義，故思慮而求之也。然則生而已，則人無禮義，不知禮義；人無禮義則亂，不知禮義則悖。然則生而已，則悖亂在己。用此觀之，人之性惡明矣，其善者偽也。（《荀子・性惡》）

何謂性？何謂偽？根據荀子所為之解釋，性、出自天生，偽、來自人為。故又云：

凡性者、天之就也；不可學、不可事。禮義者、聖人之所生也；人之所學而能，所事而成者也。不可學不可事而在人者，謂之性。可學而能可事而成之在人者，謂之偽。（〈性惡〉）

生之所以然者，謂之性。性之和所生，精合感應，不事而自然，謂之性。性之好惡喜怒哀樂，謂之情。情然而心為之擇，謂之慮。心慮而能為之動，謂之偽。慮積焉能習焉而後成，謂之偽。（〈正名〉）

生之所以然者，謂之性。性者、天之就也。據此、可見性乃屬於天者。天既自有其「常」，且無意志、無理想，亦無道德之原理（見〈天論〉）；則性之中、自亦不能有道德原理之存在。道德乃人之所為，故其為偽。人何以必須為之？蓋無此道德之原理，則不足以止爭奪而興辭讓、止殘賊而興忠信、止淫亂而興禮義文理。顧所謂爭奪、殘賊、淫亂也者，則又來自好利、疾惡與好聲色之人性。可見人之性本惡，其善者偽也。亦可見人之欲為善者，為性惡也。荀子雖本此見解，主張性惡，認定人性中非僅無孟子所謂之善端，且有好利之心、耳目之欲之種種惡端存在；然卻承認人有優秀之聰明才力，可憑藉教育之作用，矯正惡端，而有別於禽獸。「堯、舜之與桀、跖，其性一也；君子之與小人，其性一也。」（〈性惡〉）其性雖同，其行則迴異者，無他；堯舜、君子、能以禮義為化性導欲之道，矯正本性，化惡為善而已。故荀子又主張以「學」及「禮」來潛移人之本性。且謂聖人之所以為聖人，皆由於積學既久，成為習慣，積之而後高，盡之而後聖。故人人皆可為聖人。其所以仍有聖人凡人之分，君子小人之別者，則又「可以而不可使」之故也。非不能也，實不為也，積善未能高而盡之也（以上參見《荀子》〈勸學〉、〈修身〉、〈儒效〉、〈正論〉、〈性惡〉等篇）。總之，荀子認定人性本惡，生來即有情欲；故須立君上、明禮義、使其限於一定之範圍，而不致有爭奪之患、淫亂之虞。倘禮義法度不能矯飾人之情性而正之，不能擾化人之情性而導之；則惟有採用嚴刑重罰以制裁人之天性。

韓非雖未如荀子之明言「人性惡」，❻但卻用此以描寫政治及社會情況，而認定人人皆有自

❻ 人性善惡存乎內心，無法證明，若就行事而論善與不善，亦難有絕對之標準。孟子論矢人與函人之仁與

私自利之心，或簡稱為「自為心」。此種自為心，或出於人之一種自然傾向，或由於政治野心之所助長，又或其間與人衝突至巨而難以調和。韓非云：

> 故王良愛馬，越王勾踐愛人，為戰與馳。醫者吮人之傷，含人之血，非骨肉之親也，利所加也。故輿人成輿，則欲人之富貴；匠人成棺，則欲人之夭死也。非輿人仁而匠人賊也。人不貴，則輿不售。人不死，則棺不買；情非憎人也，利在人之死也。（〈備內〉）
>
> 利之所在，民歸之。名之所彰，士死之。（〈外儲說左上〉）
>
> 夫耕之用力也勞，而民為之者，曰：可得以富也。戰之為事也危，而民為之者，曰：可得以貴也。（〈五蠹〉）
>
> 夫民之性，喜其亂而不親其法。……夫民之性，惡勞而樂佚。（〈心度〉）

此自為心出於人之一種自然傾向之說明也。韓非又云：

> 臣聞千乘之君無備，必有百乘之臣在其側，以徙其民而傾其國。萬乘之君無備，必有千乘

不仁，亦僅能概言「故術不可不慎」者以此。何況善惡乃道德問題，而政治所重者端在行為表現。行為之是與非，與人之心性善惡，初無必然之關係。故韓非不問人性之究為善抑惡，而從不同之行為表現，以推定人群心理之共同傾向，並將之落實於政治問題之討論。

之家在其側，以徙其威而傾其國。是以姦臣蕃息，主道衰亡。（〈愛臣〉）

臣主之利，與相異者也。何以明之哉？曰：主利在有能而任官，臣利在無能而得事。主利在有勞而爵祿，臣利在無功而富貴。主利在豪傑使能，臣利在朋黨用私。是以國地削而私家富，主上卑而大臣重。故主失勢而臣得國，主更稱蕃臣，而相室剖符，此人臣之所以譎主便私也。（〈孤憤〉）

人臣之於其君，非有骨肉之親也，縛於勢而不得不事也。故為人臣者，窺覘其君心也，無須臾之休，而人主怠慠處其上，此世之所以有劫君弒主也。為人主而大信其子，則姦臣得乘於子以成其私，故李兌傅趙王而餓主父。為人主而大信其妻，則姦臣得乘於妻以成其私，故優施傅驪姬，殺申生而立奚齊。……利君死者眾，則人主危。……故后妃夫人太子之黨成，而欲君之死也；君不死，則勢不重。情非憎君也，利在君之死也。故人主不可不加心於利己死者。（〈備內〉）

此自為心由於政治野心之所助長之說明也。韓非又云：

君臣之利異，故人臣莫忠。故臣利立而主利滅。是以姦臣召敵兵以內除，舉外事以眩主，苟成其私利，不顧國患。（〈內儲說下〉）

夫君之直臣，父之暴子也。……夫父之孝子，君之背臣也。故令尹誅而楚姦不上聞，仲尼

賞而魯民易降北。上下之利，若是其異也。〈五蠹〉

匹夫有私便，人主有公利。不作而養足，不仕而名顯，此私便也。息文學而明法度，塞私便而一功勞，此公利也。〈八說〉

凡此，則又為自為心與人衝突至巨而難以調和之說明也。抑有進者，韓非認為：古往今來祇有少數人之自為心，有其止境，而絕大多數人之自為心，則難有止境可言。此種情形，雖帝王亦不例外。如〈六反〉云：「老聃有言：『知足不辱，知止不殆。』夫以殆辱之故，而不求於足之外者，老聃也。今以為足民而可以為治，是以民皆如老聃也。故桀為天子，而不足於尊；富有四海之內，而不足於寶。君人者、雖足民，不能足使為天子，而桀未必以天子為足也；則雖足民，何可以為治也。」此為人之欲望無窮，而自為心亦永無止境之最佳說明也。

在通常情形之下，自為心亦非不可調和致用。然此必出之於各取所需，兩得其利。〈外儲說左上〉云：「夫賣庸而播耕者，主人費家而美食，調錢布求易者，非愛庸客也，曰：『如是，耕者且深，耨者且熟』云也。庸客致力而疾耘耕，盡功而正畦陌者，非愛主人也，曰：『如是，羹且美，錢布且易』云也。此其養功力，有父子之澤矣，而必周於用者，皆挾自為心也。故人行事施予，以利之為心，則越人易和；以害之為心，則父子離且怨。」〈六反〉云：「且父母之於子也，產男則相賀，產女則殺之。此俱出父母之懷衽，然男子受賀，女子殺之者，慮其後便，計之長利也。故父母之於子也，猶用計算之心以相待也，而況無父子之澤乎。」故韓非以為：君人者必須瞭解人皆有自為心，更須瞭解臣民之自為心，縱其與國家之公利相背，亦未嘗不可設法調和為用。

按照韓非看法，君臣之間，原本處於「計合」之態勢。人君之目的，在求國家富強，其自為心之出發點為「公利」。臣下之目的，在求個人富貴，其自為心之出發點為「私利」。其言曰：

> 人臣之情，非必能愛君也，為重利之故也。（〈二柄〉）
>
> 故君臣異心，君以計蓄臣，臣以計事君。君臣之交計也，害身而利國，臣弗為也；害國而利臣，君弗為也。臣之情，害身無利；君之情，害國無親。君臣也者，以計合者也。（〈飾邪〉）
>
> 臣盡死力，以與君市；君垂爵祿，以與臣市。君臣之際，非父子之親也，計數之所出也。（〈難一〉）

君臣之間，既處於此種計合之態勢；而臣下之自為心，又往往由於政治野心之所助長，而與君主之利益衝突至巨，甚至難以調和；則君人者必須在心理上先有一種認識。此即〈八經〉所云：「知臣主之利異者王，以為同者劫，與共事者殺。」

如上所述，顯見韓非採取荀子之說，變通而用之，雖未認定好利、疾惡與好聲色之人性為惡端，亦未進一步說明人性之究為善抑為惡；然卻據此推斷人生一切行為，皆出於利己之動機，亦即挾自為心以為用之所表現，至於人類間之同情心等，則絕不承認。故利之所在，醫者吮人之傷，而不得謂之慈；棺者欲人之死，而不得謂之忍。即君臣、父子、夫婦、昆弟之間，亦無不由利益之觀念相結合。以此推之，舉世無可信賴之人，人人以利害為衡，互相殘殺競競，有如英國政治學家霍布士(Hobbes)所謂：「人與人相遇，如遇狼。」故韓非為顧全國家之最大利益起見，主張宗室宜除、左右宜防、妻子亦不足信。觀其「數披其木，毋使枝大本小」；「愛臣太親，必危其身，人臣太貴，必易主位」；「李兌傅趙王而餓主父；優施傅驪姬，殺申生而立奚齊」之言（分見〈揚搉〉、〈愛臣〉、〈備內〉各篇），實不難想見韓非對於人性觀察之應用於一般。

韓非既認定君主政治下之君臣關係，非血統關係，而係權力關係；並又認定彼此之間，復因自為心出發點之不同，而不得不處於計合之態勢；則惟有利用人類好利惡害之自為心，來實行賞罰，來達成國家之公利。易言之：即個人言行須符合國家利益，而後乃可遠離刑毀，得到賞譽，並滿足其富貴榮華之私欲。故〈八經〉云：「凡治天下，必因人情。人情有好惡，故賞罰可用。賞罰可用，則禁令可立，而治道具矣。

此種利用人性弱點之主張，並不始於韓非。儒家論政之主張因勢利導，或言因民之所利而利之，在實際作用上，亦未嘗非利用對方心理之辦法。惟儒家尚德治，標榜仁義道德，故在名稱方面言之有異而已。法家中則以慎到之言，最為顯明。《慎子・因循》云：

天道因則大，化則細。因也者，因人之情也。人莫不自為也。化而使之為我，則莫可得而用矣。是故先王見不受祿者不臣，祿不厚者，不與入難。人不得其所以自為也，則上不取用焉。故用人之自為，不用人之為我，則莫不可得而用矣。此之謂因。

慎到此種主張，與今日世界各國採用獎勵之道，誘使人民產生強烈之追求欲與滿足感，而投向於企業之開創經營，間接求得國家經濟富足之方略，在原理上並無二致。韓非本人亦深明人類自為心之難以根絕，故亦採用因勢利導之法，用人之自為，轉化而為完成國家公利之動力。如〈六反〉云：

民用官治則國富，國富則兵強，而霸王之業成矣。霸王者、人主之大利也。人主挾大利以聽治，故其任官者當能，其賞罰無私，使士民明焉，盡力致死，則功伐可立而爵祿可致。爵祿致，而富貴之業成矣。富貴者、人臣之大利也。人臣挾大利以從事，故其行危至死，其力盡而不望。

韓非之人性觀，雖非全以人類之政治行為為據，然其觀察分析之目的，既以建立政治哲學基礎為前提，自然一切論點落實於政治問題之上。故不問人性之究為善為惡？亦不論其人之品流如何？而歸其極致，顯均可以「自計其利」之原則概括之。人人既均有此自計其利之「自為心」，則在政治問題之實際處理上，勢必以如何滿足不同立場之人之自為心，為考慮之首要條件。韓非此種觀點，與今世政治學者之專從政治行為學或行為科學立論，而冀求國家針對需要，調和各方利益、迎合群眾心理，以為施政之本者，應無所謂不同之處。祇以韓非生當戰國末期，又值君主政治演為帝國政治行將完成之時，故其立說不若今人之帶有民主精神也。

第五章 勢論

第一節 勢之觀念

勢，在《韓子》全書中，或稱為「勢位」「威勢」，又或稱之為「權」「重」「柄」。其涵義相當於近代所謂之主權或統治權(Sovereignty or Sovereign Power)。近代政治學者於主權之特性，析論綦詳，而歸其極致，則可以國家之最高權力四字概括言之，亦即國家對內有絕對性之支配權力，對外有絕對性之排除制約之權力。前者或稱之為統治權，後者或稱之為獨立自主權。❶當韓非之

❶ 近代政治學者公認國家有對外維持獨立與對內執行公道原則之特性。若其外受他國干涉，不問此一干涉源自武力侵略，或條約束縛，或國際政黨之控制，皆失其自我之主宰，無以維持真正之獨立。若其對內執行公道，而受限於時地事物，或僅及於一部份人，他部份人不能享有同等待遇，則事實上不復有公道可言。國家用以對外維持獨立與對內執行公道之力量，學者通稱為主權或主權之作用。

日，君主政治之國家形態已大體完成，國家之主權與君主之統治權實合而為一。韓非立說之目的，既以富國強兵為急務；故其關於勢論之主張，不若今人之專從學術觀點而言。易言之：即韓非之討論重點，多集中於勢之重要性及其實際運用一面。

勢之觀念，並不起於韓非。首先提出此一觀念者為管仲，亦有主張為慎到者。此蓋由於《管子》一書大皆出於後人之依託，不若《慎子》一書之較為可信也。考之戰國時代，管子之法甚為流行，故韓非於〈五蠹篇〉云：「今境內之民皆言治，藏管、商之法者家有之。」可見《管子》一書縱有他人之依託者在內，其在戰國時代已極流行，而他人之所以能依託管仲者，亦無非因管仲之事功言行有可以依託之處也。按今傳《管子》七十六篇中，「稱經言者九篇、稱外言者八篇、稱內言者九篇、稱短語者十九篇、稱區言者五篇、稱雜篇者十一篇、稱管子解者五篇、稱管子輕重者十九篇；其中孰為手撰：孰為記其緒言，如語錄之類；孰為述其軼事，如家傳之類；孰為推其義旨，如箋疏之類；當時必有分別。觀其五篇明題管子解者，可以類推。必由後人混而一之，致滋疑竇耳。」（見《四庫提要》）因之，姑不論《管子》一書中，有多少確為管仲手撰，或如章學誠所云：「春秋之時，管子嘗有書矣。然載一時之典章政教，則猶周公之有官禮也。記管子之言行，則習管氏法者所綴輯，而非管仲所著述。」（《文史通義・詩教上》）終不能不認為韓非確曾見管子之書，而於管子所謂之勢，亦多所留意。故〈外儲說左下・經二〉有云：「恃勢而不恃信，故東郭牙議管仲。」「傳二」引東郭牙之言曰：「若智、能謀天下，斷、敢行大事，君因專

屬之以國柄焉；以管仲之能，乘公之勢，以治齊國，得無危乎？」顯見其時已開始論「勢」。即不得謂勢之觀念不起於管仲。❷

繼管子而提出勢之理論者，為慎到。慎到為法家尚勢一派之主要人物，早已成為定論，毋待贅言。惟管、慎二人之論旨，則不盡相同。《管子・明法解》云：

明主在上位，有必治之勢，則群臣不敢為非。是故群臣之不敢欺主者，非愛主也，以畏主之威勢也。百姓之爭用，非以愛主也，以畏主之法令也。故明主操必勝之數，以治必用之民；處必尊之勢，以制必服之臣。故令行禁止，主尊而臣卑。故明法曰：尊君卑臣，非計親也，以勢勝也。

《慎子・威德》云：

騰蛇遊霧，飛龍乘雲；雲罷霧霽，與蚯蚓同，則失其所乘也。故賢而屈於不肖者，權輕也；不肖而能服賢者，位尊也。堯為匹夫，不能使其鄰家，至南面而王，則令行禁止。由此觀之，賢不足以服不肖，而勢位足以屈賢矣。故無名而斷者，權重也。弩弱而矰高者，乘於風也。身不肖而令行者，得助於眾也。❸

❷ 近人陳啟天等均主是說。

比較二人論旨，管子僅言及國君有勢乃可驅使臣下；慎子則進而言及「任勢」較「任賢」為重要矣。慎到此一觀念，在我國古代政治思想發達史上極為重要。按儒家論政之所以始終不能脫離人治觀念，端在於將君主與政治權力混同而言。所謂「徒法不能以自行」，「惟仁者宜在高位」，殆均為人治觀念下不能不有之主張。誠然徒法不能以自行；但法之所以能行，乃為政治權力（勢位）之運用，非必全在君主。慎到深明於此，爰將行政執法所賴之政治權力，與君主個人之賢愚仁暴，加以截然區分。易言之：即使其人為聖賢者流，在未踐登君主之位，或雖已為君主而無統治之實權，則仍無以驅使臣下，而收令行禁止之效。反之，衹要身為君主，憑藉政治權力之運用，無論其人賢愚仁暴，均不難使政令得以遂行。故法之所以能行，政之所以能舉，與「人」之關係不大，而貴在如何善用「政治權力」。慎到之所以主張「任賢」不如「任勢」者，實基於此。胡適認為：「慎子的意思，要使政權（勢位）全在法度，使君主『棄知去己』，做一種『虛君立憲』制度。君主成了『虛君』，故不一定要有賢智的君主。」（見《中國古代哲學史》）此種說法，雖非盡洽，❹但其認定慎子哲學為推翻人治主義之第一步，則為平允精闢之言。

❸《韓非子・難勢》引文，與此略異。

❹同乎胡適主張者，在近人中國政治思想史或先秦諸子學中，亦偶見之。大抵以慎子曾言：「君臣之道：臣事事，而君無事。君逸樂而臣任勞。臣盡智力以善其事，而君無與焉，仰成而已；故事無不治，治之

按時代社會進展至某一階段，必有某種學說應運而生。就政治學說而論，若非對既存政治現象，加以理論上之解說；即係對未來政治制度，提出理論上之依據。以泰西國家為例，如英國政治哲學家霍布士 (Thomas Hobbes, 1588–1679) 之《國家論》，即為擁護君主專制，對既存之政治現象，而加以理論上之辯解。洛克 (John Locke, 1632–1704) 之《政府論》，則為當日擬實行君主立憲制度之故，而提出理論上之依據。至若法人盧騷 (J. J. Rousseau, 1712–1778) 之《民約論》，不僅成為法國大革命之導火線，抑且為近代民權學說之所本。是三人者，生年相距不遠，而學說內容迥異。可見任何學說之產生，與時代社會之演變關係至大。其在我國，漢代而後，政治社會經濟之演進，並無全盤性之急劇變化，加以君權基礎日益鞏固，學術思想定於一尊，故始終難有劃時代之新政治學說出現；偶有所謂新政治學說者，亦不過為君權張目而已，所謂三綱五常之類，咸出於此。惟在先秦時期，由於政治、社會及經濟制度，自平王東遷而後，均有顯著之改變，且為全盤性、根本性之急劇變動；故應運而生之政治學說，與日俱多。西周初年盛行之封建政治，歷春

正道然也。」「是以人君自任而躬事，則臣不事事，是君臣易位也，謂之倒逆。倒逆則亂矣。人君苟任臣而勿自躬，則臣皆事事矣。是君臣之順，治亂之分，不可不察也。」（《慎子・民雜》）惟慎子之本意，在於君主之智能未必最賢於眾，即使其最賢，亦必因勞倦而衰，故為君主治國利便計，採用道家無為之說，以濟其窮，俾臣有其勞，君有其成功也。其出發點，蓋純為君道；如釋之為彼主張虛君立憲制度，則失之穿鑿附會矣。

秋而入戰國，早為君主政治所取代，前此賴以立國之血統關係與名分關係，亦早已失其憑藉之基礎。世官制度，蕩然無存；布衣卿相，列國皆有。君臣之間既無血統關係之必然存在，則惟有以權力關係，維持上下分際，而謀求國家之富強。❺慎到生年，據近人考證約在商鞅相秦、申不害相韓之時；其游齊之稷下，在齊宣王年間，去齊威王之收回政權、修明賞罰、重振國威，亦不過二三十年而已；❻其能針對「勢」之重要，而提出嶄新觀念也固宜。

韓非生時較晚，且已進入戰國末期。國際情勢之動變，較以慎到當年，更為劇烈。此時若無堅強無比之政治領導中心，非僅不足以言爭霸天下，即求其苟延殘喘於強國之間亦非易事。韓非既以宗國之安危為念，自然接受慎到之學說。惟慎到之勢論，重在說明「任賢」不如「任勢」，於「勢」之內涵如何？及如何善用此「勢」始不致流於苛暴？則均缺乏進一步之說明。從而韓非本其研究心得，採取綜合調整之法，以建立完善之勢論。❼

❺ 參見本書第一章第一節、第四章第三節。

❻ 見梁啟超《先秦學術年表》，《史記》〈田敬仲完世家〉、〈孟荀列傳〉。

❼ 採慎子之說而修正之。認為「任賢不如任勢」之「勢」，乃「人設之勢」、「抱法處勢」之「勢」，而非「自然之勢」。此一論旨專為中材之主而設，非以堯舜桀紂之兩極人物為對象。說詳下節。

第二節　勢之定義及分類

《韓子》全書中，並未將勢之全部涵義，釐為明確而完整之定義。但吾人仍不難撮要言之。並歸納其所言之勢，相當於今日所謂之主權或統治權。亦即國家為實現統治之目的而具有之最高權威。〈八經〉云：

> 君執柄以處勢，故令行禁止。柄者、殺生之制也；勢者，勝眾之資也。

勢為勝眾之資，即人君以勢為統治眾人之工具。無勢、不足以言推行法術。有勢、則可進而制馭天下。故〈人主〉又云：「夫馬之所以能任重引車致遠道者，以筋力也。萬乘之主，千乘之君，所以制天下而征諸侯者，以其威勢也。威勢者、人主之筋力也。」〈難勢〉云：

> 勢之為道也，無不禁。

所謂無不禁也者，即言勢之運用，有其普偏之強制力也。有此普偏之強制力，自然可以禁暴止亂，而使舉國之內，臣服於君主統治之下。故〈顯學〉云：「吾以此知威勢之足以禁暴，而德厚之不足以止亂也。」〈五蠹〉又云：「民者固服於勢，勢誠易以服人。……故以義，則仲尼不服於哀公；乘勢，則哀公臣仲尼。」〈愛臣〉云：

萬物莫如身之至貴也，位之至尊也，主威之重，主勢之隆也。

威重勢隆，即具有唯一最高性之謂。易言之：一國之內，祇有君主之政治權力，居於至高無上；君主即憑此至高無上之政治權力，以實行統治。故〈心度〉云：「主之所以尊者權也。……明君操權而上重。」〈喻老〉且曰：「勢重者、人君之淵也。君人者、勢重於人臣之間，失則不可復得也。」

統上三義，顯見韓非所謂之「勢」，為統治眾人之工具，具有普徧之強制力，更有其唯一之最高性；言勢則必有位，用勢則必有威，執柄則有生殺之權，勢重前可至尊無上。故《韓子》全書中，舉凡勢位、威勢、權勢、權、重、柄等，其涵義均與「勢」無別。故「勢」也者，為國家實現統治目的而具有之最高權威。如就國家言，相當於今世所稱之「主權」；如就君主言，則相當於近代所謂之「統治權」。

按泰西國家之有主權觀念，第不過三四百年而已，❽我國遠在戰國時代，即深知其為立國要

❽ 近代主權觀念，產生於哥倫布發現新大陸之後，其時歐洲各國商人均趨向於海外貿易，為謀社會秩序安定，一般人民均需要政府之集權。加之，各國君主，亦莫不欲消滅封建諸侯，以完成其大權獨攬之目的。因而一般學者均倡主權論，以適應時代需要。其中，集諸說之大成而自成系統者，當推布丹(Tean Bodin,

素之一，寧非人類政治社會史上之一件大事？惟我國古代法家雖有此精到見解，尚未能如近代人士將主權予以細密區分。近代關於主權，或分為對外主權與對內主權。自其對外之性質言：為排除制約之權力，用以實現國家之獨立與自主。自其對內之性質言：則為絕對支配之權力，用以維持國家之統一與富強。故對內主權亦有名之為統治權者。統治權在近代觀念中，更有細分之為立法權、行政權與司法權者。在韓非學說中，凡所謂勢、權、重、柄等，固均為與主權或統治權有關，第以當日之時代環境所限，自不能不特重司法權中之賞罰權；更欲憑賞罰之運用，表現君主之權威，冀能以此實現富國強兵之目的，而使韓國得以生存於戰國之急世。

韓非將勢分為自然之勢與人設之勢。蓋以為慎到所言者，無非「自然之勢」而已，徒以自然之勢，尚不足以為大用；必其以法與術、運用此自然之勢，而成為不可違抗之「人設之勢」，乃可收治強之功，而建霸王之業。何謂自然之勢？〈難勢〉云：

> 夫堯、舜生而在上位，雖有十桀、紂不能亂者，則勢治也。桀、紂亦生而在上位，雖有十

1530–1596)、格老秀斯(Hugo Grotius, 1583–1645)。其後，霍布士、盧騷、奧斯丁(John Austin, 1790–1859)等人再加以發揮，乃確定主權之七大特性。即永久性、排斥性、普遍性、不可讓棄性、非時效性、不可分割性、不可限制性。撮言其要，仍不外國家內部應有一種至高無上之唯一權威，而在國際關係上應彼此處於平等獨立之地位而已。

> 堯、舜而亦不能治者，則勢亂也。故曰：「勢治者則不可亂，而勢亂者則不可治也。」此自然之勢也，非人之所得設也。

顯見韓非所謂自然之勢，殆指承襲先人之王位者而言。此種「生而在上位」而具有之權勢，原本出諸自然，業經確定；其人賢智，則國必治，而亂臣無由興；其人不肖，則國必亂，而良臣難有為。慎到所謂「吾以此知勢位之足恃，而賢智之不足慕也」，以及「賢智未足以服眾，而勢位足以詘賢者也」，殆均指此自然之勢而已。宜乎韓非故設儒家言以非難之曰：「夫勢者、非必能使賢者用己，而不肖者不用己也。賢者用之，則天下治；不肖者用之，則天下亂。人之情性，賢者寡，而不肖者眾。而以威勢之利，濟亂世之不肖人，則是以勢亂天下者多矣，以勢治天下者寡矣。……今以國為車，以勢為馬，以號令為轡銜，以刑罰為鞭筴，使堯、舜御之，則天下治，使桀、紂御之，則天下亂，則賢不肖相去遠矣。」（語見〈難勢〉）

韓非既認定慎到之勢論為有缺失，乃主張「人設之勢」，並以此為建立其勢論之中心課題。首先，韓非以為：「夫勢者、名一而變無數者也。勢必於自然，則無為言於勢矣。」（〈難勢〉）蓋勢之所以為勢，原可自多方觀察之，其名稱雖一，其涵義則夥。倘僅指勢位之傳襲出於自然者而言，則其業經確定，莫可如何；自無須多論。其次，韓非以為：古今人君類皆中材之主，上不及堯舜，而下亦不為桀紂。如何使此中材之主、善用其勢以治國？則惟有以「慶賞之勸、刑罰之威」，抱法處勢而形成之一種無不禁之政治權力，以輔成之；斯則所謂人設之勢。故〈難勢〉又云：

> 吾所為言勢者，言人之所設也。今曰：「堯、舜得勢而治，桀、紂得勢而亂」，吾非以堯、舜為不然也。雖然，非人之所得設也。……若吾所言，謂人之所得設也而已矣，賢何事焉？……夫賢之為勢不可禁，而勢之為道也無不禁；以不可禁之賢與無不禁之勢，此矛楯之說也。夫賢勢之不相容，亦明矣。且夫堯、舜、桀、紂，千世而一出，是比肩隨踵而生也。世之治者，不絕於中，吾所以為言勢者，中也。中者，上不及堯、舜，而下亦不為桀紂，抱法處勢則治，背法去勢則亂。今廢勢背法而待堯、舜，堯、舜至乃治，是千世亂而一治也。抱法處勢而待桀、紂，桀、紂至乃亂，是千世治而一亂也。且夫治千而亂一，與治一而亂千也，是猶乘驥、駬而分馳也，相去亦遠矣。

觀此，足見韓非之所討論者，端在人設之勢。蓋以人類之歷史計之，上智與下愚均居少數，而中人則居多數。且世之所以得治者，以有多數中材之主相繼主持，使不至絕。故吾人言治，須為此多數中材之主設想，而不可拘泥於少數極端之例。惟是「勢」之本身即含有強制性，尤以在運用之際為然，故不能不有完美客觀之法則，為其運用之前提。從而韓非提出「抱法處勢」之說，以彰明「慶賞之勸、刑罰之威」。俾使中材之主亦有以形成一種無不禁之勢，而得以驅使臣下，令則行、禁則止。縱不幸而遇桀紂之主，要亦為治千而亂一也。此種以法術配合勢位而形成之政治

權力，自有異於因承襲君位而來之「自然之勢」，故韓非特以「人設之勢」名之。❾

第三節　任勢與集權

韓非以「法」「術」為帝王之具，二者不可一無（見〈定法〉）；然僅有法術、而無「勢」以濟之，仍不足以駕馭臣下，以圖事功。此種觀點，除見之於〈難勢〉外，在〈八經〉、〈有度〉、〈守道〉等篇，均有類似之說明，並以〈八經〉所言者，最為扼要。其言曰：

> 勢者、勝眾之資也。……故明主之行制也天，其用人也鬼。天則不非，鬼則不因。勢行、教嚴而不違，毀譽一行而不議。……然後一行其法。

「明主之行制也天」，言其執行殺生之制，如天之無所偏私也。「其用人也鬼」，言其御人有術，隱密而不可測也。賞罰無所偏私，自無可誹之處。隱密不示好惡，臣下焉能因之。勢行、謂統治權之行使；教嚴、謂督責之嚴厲。毀譽一行、謂毀譽賞罰相同，有毀定有罰，有賞必有譽。故勢

❾ 按韓子之勢論雖源於管慎，卻更認定君之所以治，有賴於法律上之位與實際上之力，而權力之操存，則有賴於所處之地位。人民承認君主之政治地位，君則憑此權力以號令人民。為防止中材之主成為下材之桀紂，故不重「自然之勢」而專言「人設之勢」。拙著《法家哲學》對此有所析論。

行、教嚴，人莫或敢違之。賞罰毀譽所加，均非出於私議。明主之行如此，則其設政施治，必然令行禁止，舉國之內、無有不屈服於其勢之下者矣。可見用術、行法、任勢，三者息息相關。❿而勢也者、更為用術行法之動力。

統治國家、必須依賴權力之運用，尚賢、任人，均不足恃；此為慎到之卓見，並為韓非之所深信而不疑者。故韓非除在〈難勢〉引用慎子之言，以明「任勢」較「任賢」為重要之外，並於〈姦劫弒臣〉提出「善任勢者國安，不知因其勢者國危」之主張。同時為期「任勢」之結果，不致流為君主濫權，及成為絕對專制之政局起見，故又於〈詭使〉提出利、威、名三者並用之說，以輔其在〈難勢〉中「抱法處勢則治」之說之不備。其言曰：

聖人之治國也，固有使人不得不為我之道，而不恃人之以愛為我也。恃人之以愛為我者危矣，恃吾不可不為者安矣。……明主知之，故設利害之道，以示天下而已矣。……故善任勢者國安，不知因其勢者國危。又云：「操法術之數，行重罰嚴誅，則可以致霸王之功。治國之有法術賞罰，猶若陸行之有犀車良馬也，水行之有輕舟便檝也，乘之者遂得其成。」（〈姦劫弒臣〉）

聖人之所以為治道者三：一曰『利』，二曰『威』，三曰『名』。夫利者、所以得民也；威

❿ 參見本書第八章第一節。

> 者、所以行令也；名者、上下之所同道也。非此三者，雖有、不急矣。……夫立名號，所以為尊也；……設爵位，所以為賤貴基也，……威、利，所以行令也，……法令，所以為治也；……官爵，所以勸民也；……刑罰，所以擅威也。（〈詭使〉）

以利得民，以威行令，令行而民有利，名亦隨之。三者俱備，自然使人「不得不為我」矣。故明主只須設利害之道以示天下，即可達成設政施治之目的。操法術之數，謂以法治國，以術御臣；行重罰嚴誅，謂以勢輔此二者之推動。基於「抱法處勢」之大前提，則所謂利、威、名也者，均必受「法」之約束。法與勢結合為一，而勢又足以責效防姦，以杜絕臣僚之不法；斯誠所謂「善任勢」者矣。若是，則國家小之得以安，而大之得以致霸王之功，亦昭昭矣。

由上觀之，韓非誠然主張「任勢」而不「任賢」，但仍標榜「法」之重要性，即不啻以客觀公正而明確之「法」，代替可以因人而異之「賢智之行」。良以法家論政，重在如何實現國富兵強之目的，及如何補救「人存政舉，人亡政息」之弊失。欲期國富兵強，勢必鞏固政治領導者之權位，以求得國家之一統，與政令之貫徹，乃至臣民絕對擁戴之忠誠。欲期國富兵強之政，得以維繫而不墜，則惟有以客觀公正而完美之法制，以約束濫權之人君或中材之君主。故韓非除同意慎子之說，堅信惟有「任勢」乃能治國之外，再擴充其旨意，廣其論說，而輔之以客觀完美之法制，使中材之主亦可「量法治民」。誠如是，則人君之賢愚，於治國無關宏旨，而治國之必須依賴權力之運用，極為顯然。

平心言之，慎子之主「任勢」，未盡其說，似嫌極端，不無引人疑慮；而韓非之主張「抱法處勢」，則較慎子為勝一籌。故治國不可不任勢，惟有任勢，乃可以人設之勢，實現國家長治久安之目的。此與近代國家之力主維護主權或統治權之說；及民主國家選舉之元首亦能藉權力與法制，以治理其國家之事例；在理論上、並無二致。

茲宜討論者：為此種藉以統治國家之權勢，究應「集中」抑或「分散」之問題。在近代國家，則倡導分權之說，通常將國家之統治權分為立法、行政、司法三類，並分由不相隸屬之三部門行使。但此為法國大革命以後之現象，距今尚不及二百年。在此之前，國家之統治權固均一統於君主者也。遠在韓非時代，非僅無後世泰西各國之君主絕對專制政體；抑且其時以君主為中心之集權政治，仍在繼續發展完成階段。因而韓非於主張「任勢」之外，並力主「集權」。

按封建政治之下，凡擁有土地者，均在其管轄範圍之內，具有統治之實權。周以土地封其子弟勳戚為諸侯，諸侯以土地分其子弟卿大夫為食邑，卿大夫復以土地分其子弟為圭田。由於土地一封再封之結果，乃形成國內統治實權分散之現象。各國諸侯僅能在其保有之土地內，有直接統治之實權，於其分封卿大夫之土地，則始終居於間接統治之地位。⓫此種情形在西周時代，因天子武力超越諸侯，尚可憑其王權，以干涉諸侯之內政；而諸侯亦以有天子武力故，不虞卿大夫之

⓫ 參見張金鑑《中國政治制度史》，陶希聖《中國政治思想史》，各有關周代政治社會部份。

篡奪，亦不憂他國之侵淩。惟東周而後，王室衰微。強大諸侯既可目中無王，壯大之卿大夫自亦可目中無主。春秋戰國時期之所以外則攻伐頻仍，內則姦劫不止者，實皆由於權力不能集中人君之手之所致。⑫蓋以「君臣之利異，故人臣莫忠。故臣利立，而主利滅。是以姦臣者，召敵兵以內除，舉外事以眩主；苟成其私利，不顧國患。」（〈內儲說下〉）我國古代法家既主張以君主政治代替封建政治，自然主張政治應由君主集權。《商君書・修權》云：

> 國之所以治者三：一曰法，二曰信，三曰權。法者、君臣之所共操也。信者、君臣之所共立也。權者、君之所獨制也。人主失守則危，君臣釋法任私必亂，故立法明分，而不以私害法則治；權制獨斷於君則威。

可見商鞅在日，固已提倡君主集權之說矣。韓非更引申而言之曰：

> 夫國之所以強者，政也。主之所以尊者，權也。故明君有權有政，亂君亦有權有政。積而不同，其所以立，異也。故明君操權而上重，一政而國治。（〈心度〉）
>
> 有主名而無實，臣專法而行之，周天子是也。偏借其權勢，則上下易位矣。此言人臣之不可借權勢也。（〈備內〉）

⑫ 同上。並參見本書第一章第一節、第二章第二節、第四章第二節、第三節。

權勢不可以借人；上失其一，下以為百。故臣得借則力多，力多則內外為用，內外為用則人主壅。（〈內儲說下〉）

凡人主之國小而家大，權輕而臣重者，可亡也。（〈亡徵〉）

人主之所以身危國亡者，大臣太貴，左右太威也。所謂貴者，無法而擅行，操國柄而便私者也。所謂威者，擅權勢而輕重者也。此二者、不可不察也。夫馬之所以能任重、引車、致遠道者，以筋力也。萬乘之主，千乘之君，所以制天下而征諸侯者，以其威勢也。威勢者、人主之筋力也。今大臣得威，左右擅勢，是人主失力；人主失力，而能有國者，千無一人。（〈人主〉）

惡自治之勞憚，使群臣輻湊用事，因傳柄移籍，使殺生之機，奪予之要，在大臣，如是者侵。……則劫殺之徵也。（〈三守〉）

勢重者、人君之淵也。君人者，勢重於人臣之間，失則不可復得也。（〈喻老〉）

其中，或言勢猶人主之筋力，失力之後果，將使臣下擅專以危其身，且有劫殺亡國之患；或言人主之所以為主，在其操權而上重，倘傳柄移籍，則必上下易位，有君之名，無君之實。故勢必操之於君。此種勢必操於君主之集權論，顯又與近代主權在君之說相同。

第四節　賞罰權及其行使

在古代法家眼光中，政治上最重要之活動，莫過於賞罰權之行使。賞罰為「勢」之有力表現，故必須操之於君。惟君主不可濫用賞罰，否則有害無益。易言之，即賞罰之施行，必有其固定之標準；而賞罰之收效，尤有其必循之方針。韓非既堅持「抱法處勢則治」之主張，故於人君之如何善用其勢，曾提出四項基本看法。㈠君固握之，㈡信賞必罰，㈢厚賞重罰，㈣賞罰與譽毀相應。茲分論如下：

㈠君固握之　賞罰權何以必操之於君？殆為當日環境之所使然。《韓子》全書中曾舉出春秋戰國以來，臣下夤緣以成姦之種種事例，⓭類皆由於君主未能固操賞罰大權；小則為權臣姦邪所蒙蔽、所劫持，大則且不免遭受殺身亡國之禍。如〈二柄〉云：

人主者、以刑德制臣者也；今君人者釋其刑德而使臣用之，則君反制於臣矣。故田常上請爵祿而行之群臣，下大斗斛而施於百姓，此簡公失德而田常用之也，故簡公見弒。子罕謂

⓭ 分詳〈八姦〉、〈備內〉、〈姦劫弒臣〉、〈主道〉、〈揚搉〉、〈南面〉、〈八經〉、〈內外儲說〉、〈二柄〉、〈亡徵〉、〈難篇〉等篇；並參見本書第七章。

宋君曰：「夫慶賞賜予者、民之所喜也，君自行之；殺戮刑罰者、民之所惡也，臣請當之。」於是宋君失刑，而子罕用之，故宋君見劫。田常徒用德，而簡公弒；子罕徒用刑，而宋君劫。故今世為人臣者，兼刑德而用之，則是世主之危甚於簡公、宋君也。故劫殺壅蔽之主，兼失刑德，而使臣用之，而不危亡者，則未嘗有也。⓮

為救其弊，韓非乃提出賞罰權必須操於人君之主張。如云：

夫賞罰之為道，利器也，君固握之，不可以示人。(〈內儲說上〉)

賞罰者、利器也，君操之以制臣，臣得之以壅主。故君先見所賞，則臣鬻之以為德；君先見所罰，則臣鬻之以為威。故曰：「國之利器，不可以示人。」(〈內儲說下〉)

賞罰下共，則威分。(〈八經〉)

賞罰共，則禁令不行。(〈外儲說右下〉)

賞罰者、邦之利器也，在君則制臣，在臣則勝君。(〈喻老〉)

明主之所道制其臣者，二柄而已矣。二柄者、刑德也。何謂刑德？曰：殺戮之謂刑，慶賞之謂德。

⓮ 刑德二字，屢見於《左傳》、《論語》，其為春秋時之習用語，無疑。流傳至戰國時代，亦成為人之常談，故法家取之以代賞罰二字。惟儒家主張先德後刑，刑乃不得已而用之，故言德刑。法家則刑重於德，德不足以勸眾，惟刑可以齊民，故言刑德。

之謂德。為人臣者，畏誅罰而利慶賞，故人主自用其刑德，則群臣畏其威而歸其利矣。（〈二柄〉）

何謂民萌？曰：為臣者，散公財以說民人，行小惠以取百姓，使朝廷市井皆勸譽己，以塞其主，而成其所欲，此之謂民萌。……明君之於內也，……其於德施也，縱禁財，發墳倉，利於民者，必出於君，不使人臣私其德。（〈八姦〉）

基於上述，故韓非主張人君乘威嚴之勢，以困姦邪之臣。更主張「善持勢者，早絕其姦萌」（見〈外儲說右上〉）。此雖已涉及「術論」之範圍，然亦為任勢必須集權之理論之一部，故併言之。

(二)信賞必罰　賞罰為君之二柄，足以固勢；賞罰權必須操之於君，不可旁落；已見前述。惟君主獨擅賞罰權之後，必須善加運用，始能發生「固勢」之正面效果，切忌濫權枉法。故韓非云：「喜淫刑而不周於法者，可亡也。」（〈亡徵〉）

善用之道，莫如一切賞罰，以法為準，信賞必罰，不因其人地位之高下，或其與人君關係之親疏遠近而有不同。此種法律之前人人地位平等之刑賞政策，在《商君書》中，名為「壹刑壹賞」。⑮韓非推原其意，主張「刑過不避大臣，賞善不遺匹夫。」（〈有度〉）並以「法之不行，自上犯之」（〈商鞅語，見《史記》本傳〉），故又希望人君懍於「治強生於法，弱亂生於阿」（〈外儲說右下〉）

⑮ 見《商君書·賞刑》。

之道理，而善用刑賞以為治。

所謂「信賞必罰」，自一方言之：為應賞即賞，應罰即罰；自他方言之：則為不可濫賞濫罰，不可偷賞赦罰；而歸其極致，則又為一切賞罰均應依其客觀公正之具體標準行之。《韓子》全書中，關於「信賞必罰」之論旨，發揮至多。錄其要者如下：

用賞過者失民，用刑過者民不畏。有賞不足以勸，有刑不足以禁，則國雖大必危。……賞刑明，則民盡死；民盡死，則兵強主尊。刑賞不察，則民無功而求得，有罪而幸免，則兵弱主卑。(〈飾邪〉)

二曰、必罰明威，三曰、信賞盡能，……愛多者、則法不立，威寡者、則下侵上。是以刑罰不必，則禁令不行。(〈內儲說上〉)

小信成則大信立，故明主積於信。賞罰不信，則禁令不行。(〈外儲說左上〉)

故有術之主，信賞以盡能，必罰以禁邪，雖有駮行，必得所利。(〈外儲說左下〉)

不赦死，不宥刑。赦死宥刑，是謂威淫，社稷將危，國家偏威。(〈愛臣〉)

明君無偷賞，無赦罰。偷賞，則功臣墮其業；赦罰，則姦臣易為非。(〈主道〉)

有道之君，……簡令謹誅，必盡其罰。(〈揚搉〉)

士無幸賞，無踰行，殺必當，罪不赦，則姦邪無所容其私矣。(〈備內〉)

此即言人君不可濫行賞罰，亦不可偷賞赦罰；而必須賞所當賞，罰所應罰。必如此、乃可收賞罰之實效，乃可「明其法禁」，使一切政治設施推行無阻。

聖人之治也，審於法禁，法禁明著則官治；必於賞罰，賞罰不阿則民用。（〈六反〉）

寄治亂於法術，託是非於賞罰，屬輕重於權衡。……不引繩之外，不推繩之內；不急法之外，不緩法之內。（〈大體〉）

利之所在，民歸之；名之所彰，士死之。是以功外於法而賞加焉，則上不能得所利於下；名外於法而譽加焉，則士勸名而不畜於君。（〈外儲說左上〉）

治強生於法，弱亂生於阿；……爵祿生於功，誅罰生於罪。（〈外儲說右下〉）

今有功者必賞，賞者不德君，力之所致也；有罪者必誅，誅者不怨上，罪之所生也。（〈難三〉）

夫賞無功，則民偷幸而望於上；不誅過，則民不懲而易為非。此亂之本也。（〈難二〉）

賞不加於無功，罰不加於無罪。（〈難一〉）

聖人之治國也，賞不加於無功，而誅必行於有罪者也。（〈姦劫弒臣〉）

功當其事，事當其言，則賞；功不當其事，事不當其言，則罰。（〈二柄〉）

符契之所合，賞罰之所生也。故群臣陳言，君以其言授其事，以其事責其功。功當其事，

> 事當其言，則賞；功不當其事，事不當其言，則誅。〈主道〉

此言賞罰之執行，須以法禁為準、功罪為憑、及以人臣之言與事為斷也。蓋「信賞必罰」、既為勢所必須，而賞罰之為道，又貴在客觀而公平，故不能出之於君人者之私議。所謂以法禁為準、功罪為憑、及言與事為斷者，皆在使賞罰限於某種特定之範圍，以防君人者之私賞私罰或濫賞濫罰也。

按信賞必罰之目的，固在於伸張法紀，亦在於明主上之威。明威所以立信，立信則不能有貴族平民待遇之不同。故韓非不獨強調人主實行賞罰時，應排除親疏貴賤等觀念，尤其主張不應受到一時喜怒好惡之影響，否則將有失刑賞之公正立場。因而〈主道〉又云：「誠有功，則雖疏賤必賞；誠有過，則雖近愛必誅。」〈用人〉且謂：「釋法制而妄怒，雖殺戮而姦人不恐。罪生甲，禍歸乙，伏怨乃結。故至治之國，有賞罰而無喜怒。」可見韓非所謂之「信賞必罰」，乃指一切賞罰必須依照規定標準嚴格執行而言。

㈢厚賞重罰　韓非根據其政治哲學之基本觀點，認定人人皆有趨利避害之自為心；此種人人自計其利之自為心理，於大利大害當前之下，尤為顯然。因之，誠欲賞罰權之行使，能收到必然之顯著效果，則須以「厚賞重罰」政策，作為「信賞必罰」之前提。重刑政策，韓非以前之法家均作如此主張，並以商鞅治秦，行之最力。厚賞政策，則經韓非加以檢討修正；[16]蓋其認為：

惟有「厚賞」「重罰」相對並論，而後勸禁之功效，始克相輔以成也。

按儒家論政，以「仁」為出發點，故認定刑罰為不得已而後施之，自以儘可能採用輕刑為是。同時更本於宗法社會下之倫理關係，主張刑罰有差。如「刑不上大夫」，「禮以別貴族，刑以治庶人」等之言，即為例證。法家不惟主張法律之前，人人地位平等，王子犯法，與庶民同罪；抑且於主張信賞必罰之同時，提出厚賞重罰之說。自表面觀察，兩家論旨似乎絕對相反，而揆其終極之目的則仍無二致。蓋儒家倡導德化主義，予人以自新之路，其採用輕刑政策也固宜；至於不得而用死刑，所持「辟以止辟」之辯解，亦猶乎「刑期無刑」之義。法家倡行法治主義，重在必收效果，以明勸禁；雖採用重刑政策，亦以「明刑不戮」為依歸，而非濫用刑罰以傷民虐民。茲試引商鞅言論以辯明之：

> 夫利天下之民者，莫大於治。而治、莫康於立君；立君之道，莫廣於勝法；勝法之務，莫急於去姦；去姦之本，莫深於嚴刑。故王者以賞禁、以刑勸；求過不求善，藉刑以去刑。（《商君書．開塞》）
>
> 是故興國，罰行則民親，賞行則民利。行罰、重其輕者，輕者不至，重者不來，此謂以刑

⑯ 論者或謂商鞅亦行厚賞政策，顧其行賞之範圍，限於軍功與告姦。與韓非主張厚賞重罰為「一事之兩面」，而等量齊觀之者，仍不盡同。說詳下述。

> 去刑，刑去事成；輕其重者，罪重刑輕，刑至事生，此謂以刑致刑，其國必削。《商君書・靳令》

> 所謂壹刑者，刑無等級，自卿相將軍以至大夫庶人，有不從王令、犯國禁、亂上制者，罪死不赦。有功於前，有敗於後，不為損刑。有善於前，有過於後，不為虧法。忠臣孝子有過，必以其數斷。守法守職之吏，有不行王法者，罪死不赦，刑及三族；同官之人，知而訐之上者，自免於罪；無貴賤、尸襲其官長之官爵田祿。故曰：重刑連其罪，則民不敢試。民不敢試，故無刑也。夫先王之禁刺殺，斷人之足，黥人之面，非求傷民也，以禁姦止過也。故禁姦止過，莫若重刑，刑重而必得，則民不敢試。故國無刑民。國無刑民，故曰：明刑不戮。《商君書・賞刑》

商鞅為我國歷史上有名之重刑主義論者，而其言論如是。可見法家之主重刑，與儒家之主輕刑，在方法上雖有不同，就其治國之終極目的言，堪稱殊途同歸。儒家「刑期無刑」「辟以止辟」之義，正猶乎法家「明刑不戮」「以刑去刑」之說也。

然則法家何以必須採用重刑政策？韓非又何以主張「厚賞」與「重罰」相輔而行？按周代實行封建政治，其基礎建立於土地分封與奴隸耕作二者之上，為求穩定貴族間之相互關係，及維持奴隸對貴族之馴順服從起見，首將土地分封與貴族，分別建立其「國」或「家」；繼而以嫡長繼承制及政治倫常化，為支持宗法政治組織之骨幹；再透過等級服從之禮制，與刑罰之威嚇鎮壓，以為行使其統治權之有力工具。且為使刑罰充分發揮其威嚇鎮壓之作用，除採用烹刑、梟首、肆刑、醢刑、轘刑（磔刑）等殘酷之死刑外，並保持刑罰之秘密性。⑰故其刑罰之處置，並無一定之客觀條文或標準，祇憑執刑者之主觀意見決定；又或雖有法條可援，亦從不先向民眾公布。此觀乎晉國貴族叔向之致書鄭子產，極力反對子產之鑄刑書；及其後二十三年，晉趙鞅鑄刑鼎以錄范宣子所為刑書，孔子亦痛加批評，稱其「貴賤無序，何以為國」！可以不言而喻。顧此種周初以來之辦法，自平王東遷而後，王權不振，漸失支持，迨至戰國，更由於政治社會經濟之急劇變化，封建政治制度形同瓦解，以君主為中心之新政體，亦復將近完成。法家因應此種情勢，除主張集權於人君之手，及主張以平等法、成文法、公布法，代替已往之階級法、習慣法、秘密法而外；為維持國家之統一秩序，仍繼續已往之刑罰主義，採取重刑政策。故法家之重刑政策，實為已往威嚇鎮壓政策之延長。第不過改進為罪刑法定主義之重刑政策而已。⑱

韓非何以主張「厚賞」與「重罰」相輔而行？此蓋由於時勢演變，異於商鞅；而韓國又處於危急時期之故。商鞅面臨之秦國，在求發展，而非圖存，故祇須維持法治社會，轉移民力對外即

⑰ 見張金鑑《中國政治制度史》第三章第三節。

⑱ 詳見本書第六章第二節。鄭之刑書，晉之刑鼎，即為採取罪刑法定主義之始。李悝之《法經》，則由實體法擴及程序法，亦持法定主義。

可。商鞅雖亦重賞，但行賞之範圍，限於軍功與告姦，而賞與刑之比重則為「刑九而賞一」。其言曰：

> 治國刑多而賞少。故王者刑九而賞一，削國賞九而刑一。夫過有厚薄，則刑有輕重；善有大小，則賞有多少。此二者、世之常用也。刑加於罪所終，則姦不去；賞施於民所義，則過不止。刑不能去姦，而賞不能止過者，必亂。故王者刑用於將過，則大邪不生；賞施於告姦，則細過不失。治民能使大邪不生，細過不失，則國治。國治必強。（《商君書．開塞》）

證以《史記．商鞅列傳》云：「不告姦者腰斬，告姦者，與斬敵首同賞，匿姦者、與降敵同罰。……有軍功者，各以率受上爵。」可見其行賞之範圍，限於軍功與告姦。論者或以《韓非子．定法》云：「公孫鞅之治秦也，設告坐而責其實，連什伍而同其罪。賞厚而信，刑重而必。是以其民用力勞而不休，逐敵危而不卻；故國富而兵強。」遂據「賞厚而信」四字，謂商鞅亦主張刑賞並重之政策。然而揆以同書〈姦劫弒臣〉，則商鞅仍僅重賞告姦之人而已。〈姦劫弒臣〉云：「商君說秦孝公以變法易俗而明公道，賞告姦，困末作而利本事。當此之時，秦民習故俗之有罪可以得免，無功可以得尊顯也，故輕犯新法。於是犯之者，其誅重而必；告之者，其賞厚而信。……是以國治而兵強，地廣而主尊。此其所以然者，匿罪之罰重，而告姦之賞厚也。」故無論如何，其在商鞅之世，縱有所謂厚賞也者，仍難與韓非主張「厚賞」「重罰」相輔而行之說，等量齊觀之。蓋韓非所言之厚賞範圍，為重罰範圍之相對，非僅以重賞軍功與告姦之事為限也。

韓非之言「重罰」也，每與「厚賞」並提。蓋其以為賞罰之作用，在使賢、不肖俱能為國事而盡力，亦即人人均能在國家現階段政策及其措施之下，齊一目標，努力以赴。其不違反國策政令而戮力為之者，則賞之；否則即予以懲罰。因之，惟有在一面示之以賞，另面示之以罰之下，人人始能本其自計其利之自為心，作必然之選擇；且賞之愈厚、罰之愈重，愈能收令行禁止之必然效果。故韓非所言之厚賞，並不如商鞅之以軍功及告姦者為限。其有關厚賞重罰之論旨，分見於〈姦劫弒臣〉、〈內外儲說〉、〈守道〉、〈五蠹〉、〈心度〉、〈制分〉、〈六反〉等篇，並以〈六反篇〉之論說為最詳。其言曰：

> 聖人者、審於是非之實，察於治亂之情也。故其治國也，正明法，陳嚴刑，將以救群生之亂，去天下之禍，使強不凌弱，眾不暴寡，耆老得遂，幼孤得長，邊境不侵，君臣相親，父子相保，而無死亡繫虜之患，此亦功之至厚者也。愚人不知，顧以為暴。……夫嚴刑重罰者、民之所惡也，而國之所以治也；哀憐百姓，輕刑罰者，民之所喜也，而國之所以危也。聖人為法於國者，必逆於世，而順於道德。知之者，同於義而異於俗；弗知之者，異於義而同於俗。天下知之者少，則義非矣。又云：「夫嚴刑者、民之所畏也；重罰者、民之所惡也。故聖人陳其所畏，以禁其衺；設其所惡，以防其姦，是以國安、而暴亂不起。

……故善為主者，明賞設利以勸之，……嚴刑重罰以禁之。……操法術之數，行重罰嚴誅，則可以致霸王之功。」（〈姦劫弒臣〉）

信賞。賞譽薄而謾者，下不用；賞譽厚而信者，下輕死。（〈內儲說上〉）

古之善守者，以其所重，禁其所輕；以其所難，止其所易。故君子與小人俱正，盜跖與曾參俱廉。（〈守道〉）

賞莫如厚而信，使民利之；罰莫如重而必，使民畏之。（〈五蠹〉）

明主之治國也，明賞則民勸功，嚴刑則民親法。勸功則公事不犯，親法則姦無所萌。（〈心度〉）

夫凡國博君尊者，未嘗非法重而可以至乎令行禁止於下者也。是以君人者，分爵制祿，則法必嚴以重之。夫國治則民安，事亂則邦危。法重者得人情，禁輕者失事實。且夫死力者、民之所有者也，人情莫不出其死力以致其所欲；而好惡者、上之所制也。民者好利祿而惡刑罰，上掌好惡以御民力，事實不宜失矣。然而禁輕事失者，刑賞失也。其治民不秉法為善也，如是則是無法也。故治亂之理，宜務分刑賞為急。（〈制分〉）

故法之為道，前苦而長利；仁之為道，偷樂而後窮。聖人權其輕重，出其大利，故用法之相忍，而棄仁之相憐也。學者之言，皆曰「輕刑」，此亂亡之術也。凡賞罰之必者，勸、禁也。賞厚、則所欲之得也疾；罰重、則所惡之禁也急。……是故欲治甚者，其賞必厚矣；

> 惡亂甚者，其罰必重矣。今取於輕刑者，其惡亂不甚也，其欲治又不甚也。此非特無術也，又乃無行。是故決賢不肖、愚智之筴，在賞罰之輕重。且夫重刑者，非為罪「人」也，明「主」之法也。……故曰：重一姦之罪，而止境內之邪，此所以為治也。重罰者盜賊也，而悼懼者良民也，欲治者奚疑於重刑！若夫厚賞者，非獨賞功也，又勸一國。受賞者甘利，未賞者慕業，是報一人之功，而勸境內之民也，欲治者奚疑於厚賞！……所謂重刑者，姦之所利者細，而上之所加焉者大也。民不以小利蒙大害，故姦必止也。所謂輕刑者，姦之所利者大，上之所加焉者小也。民慕其利而傲其罪，故姦不止也。……今輕刑罰，民必易之。犯而不誅，是驅國而棄之也；犯而誅之，是為民設陷也。……是以輕罪之為道也，非亂國也，則設民陷也，此則可謂傷民矣。⑲（〈六反〉）

蓋韓非以為聖人治國之終極目的，在求天下長治久安，故以通權達變為為政之前提；而其必以厚賞重罰政策相輔而行者，端在於人皆有自計其利之自為心，以求其大利。所謂大利：自一方言之，為慕厚賞；自他方言之，則為不以小姦而蒙大害。倘能報一人之功，以勸境內之眾；或能重一姦

---

⑲ 此段論旨，除採罪刑法定主義及刑事政策之威嚇主義而外，兼有犯罪心理學之應用。賞罰之對象為「有功之人」或「犯罪之人」，並非「一般之人」。基於維護國家社會之整體利益，故又主張擴大賞罰之影響作用。

之罪，以止境內之邪；則為政施治，又何難之有?況重刑可止者，輕刑無用；而刑之輕重，不在於刑之本身，全在於作姦者之感受。則刑罰雖重，於一般守法之民，仍無絲毫之害處也。故韓非堅信：唯有厚賞重罰相輔以行，乃能官治民用，國富兵強。

㈣賞罰與譽毀相應　韓非以為：賞罰須與譽毀相應，以免是非混淆，民無所適從。否則縱使採用厚賞重罰政策，而能達到信賞必罰之地步，仍難以言治。蓋當時之君人者，兼禮乎亂法犯禁之士，⓴又往往形成譽毀與賞罰相反；其結果、國當罰者，而世譽之；國當賞者，而世毀之。名、賞既在於私、惡當罪之民，而毀、害又在於公、善宜賞之士；宜乎人臣以私術成姦，而人君莫之能禁也。在此情況之下，焉能求得國家之富強。此所以韓非於〈六反〉首段慨乎言之曰：

姦偽無益之民六，而世譽之如彼；耕戰有益之民六，而世毀之如此；此之謂「六反」。布衣循私利而譽之，世主聽虛聲而禮之；禮之所在，利必加焉。百姓循私害而訾之，世主壅於俗而賤之；賤之所在，害必加焉。故名、賞在乎私、惡當罪之民，而毀、害在乎公、善宜賞之士，索國之富強，不可得也。

此種觀點，在〈八經〉、〈五蠹〉、〈外儲說〉等篇中，並有更深入之說明。如云：

⓴ 見〈顯學〉、〈五蠹〉等篇。

> 爵祿、所以賞也；民重所以賞也，則國治。刑之煩也，名之繆也，賞譽不當，則民疑。民之重名與其重賞也均。賞者有誹焉，不足以勸；罰者有譽焉，不足以禁。明主之道，賞必出乎公利，名必在乎為上。賞譽同軌，非誅俱行，然則民無榮於賞之內。有重罰者，必有惡名，故民畏。罰、所以禁也；民畏所以禁，則國治矣。（〈八經〉）

> 今則不然。以其有功也爵之，而卑其士官也；以其耕作也賞之，而少其家業也；以其不收也外之，而高其輕世也；以其犯禁也罪之，而多其有勇也。毀譽賞罰之所加者，相與悖謬也，故法禁壞而民愈亂。（〈五蠹〉）

> 譽所罪，毀所賞，雖堯不治。（〈外儲說左下〉）

> 古之治人亦然矣。夫賞、所以勸之，而毀存焉；罰、所以禁之，而譽加焉。民中立而不知所由。（〈外儲說右下〉）

因而韓非認定：欲使賞罰確收勸禁之效，非賞罰與毀譽一致不可。

綜上四點以觀，君人者倘能抱法處勢、善用其勢，定可憑賞罰權之運用，實現國富兵強之目的。故〈五蠹〉有云：「賞莫如厚而信，使民利之；罰莫如重而必，使民畏之；法莫如一而固，使民知之。故主施賞不遷，行誅無赦，譽輔其賞，毀隨其罰，則賢不肖俱盡其力矣。」賢不肖俱能為國盡力，國焉有不富強者乎？

抑有進者，韓非等古代法家，均認為治國之標準在「法」，依法推行政務，依法決定獎懲，故一切賞罰均為臣民行事所應得之結果，與君主本人之仁暴寬嚴無關。瞭解及此，則臣非忠於君，而係忠於法；君非仁於下，而係依法以明獎懲。以故，儒家所謂之君仁臣忠，在法家眼光中均無適用之餘地。此所以韓非又云：「今有功者必賞，賞者不德君，力之所致也。有罪者必誅，誅者不怨上，罪之所生也。民知誅賞之皆起於身也，故習功利於業，而不受賜於君。」（〈難三〉）「治強生於法，弱亂生於阿；君明於此，則正賞罰而非仁下也。爵祿生於功，誅罰生於罪；臣明於此，則盡死力而非忠君也。君通於不仁，臣通於不忠，則可以王矣。」（〈外儲說右下〉）㉑

㉑ 在〈六反〉亦有「此謂君不仁、君不忠，則可以霸王矣」之論，可以互參。

第六章 法論

第一節 法之重要

先秦諸子中之法家，按照胡適見解，應稱之為法理學家或法治學說家。❶章太炎則謂「法家者流，則猶通俗所謂政治家也，非膠於刑律而已」。❷故法家所謂之法，並非吾人今日所謂之「刑法」，亦非泛指一般法律，而是基於如何實現國家富強政策，並在因應情勢需要之下，用以齊民使眾、設政施治之客觀標準。就其內容言，包括民、財、建、教、軍事之類；就其精神言，則猶之我國為因應當前時勢與國策之需要，而策定之各種法律及其措施。因而彼等所倡之法論，實為以法治國之理論，既非純粹之法理論，亦非純粹之政治論，而是參合法理於政治之中，以適應戰

❶ 見胡適《中國古代哲學史》第十二篇第二章，及本書臺北版〈自記〉。

❷ 見章太炎《檢論・卷九・商鞅篇》。

國時勢之一種新理論。近人陳啟天即首持此種觀點，以闡明韓非學說，要為灼見。❸以法治國之觀念，遠在春秋時代，管仲已然有之。《管子・明法解》云：

明主者，一度量，立表儀，而堅守之。故令下而民從。法者，天下之程式也，萬事之儀表也；吏者，民之懸命也。故明主之治也，當於法者誅之。故以法誅罪，則民就死而不怨；以法量功，則民受賞而無德也。此以法舉錯之功也。故〈明法〉曰：「以法治國，則舉錯而已。」明主者有法度之制，故群臣皆出於方正之治，而不敢為姦。百姓知主之從事於法也，故吏所使者有法，則民從之；無法，則止。民以法與吏相距，下以法與上從事，故作偽之人不得欺其主，嫉妬之人不得用其賊心，讒諛之人不得施其巧；千里之外，不敢擅為非。故〈明法〉曰：「有法度之制者，不可巧以詐偽。」

《管子》一書雖多有偽託在內，但法家言之所以能依託管仲者，即因其事功已含有法家之意味；況戰國時代藏管、商之法者家有之，而〈明法〉一篇復有解以行世；是「以法治國，則舉錯而已」之言，尚難謂為絕非管仲所提出。惟是管仲治齊，並非以法為治國之唯一標準；揆其事功言論，仍多少雜有賢人政治之意味。與管仲時代相近之鄭相子產，雖曾鑄刑書以反對前此之法律秘密主義，並又告誡其繼任人游吉「必以嚴莅人」；然觀其臨終時戒子太叔之言：「唯有德者，能以寬

❸ 見陳啟天《中國政治哲學概論》第十章，《韓非子校釋》附錄〈韓非及其政治學〉第七節。

服民，其次莫如猛」，亦可見其尚未至以法為治國唯一標準之程度。且管仲、子產二人所謂之法，不無限於刑律之範圍，亦所以輔德治之不足而已。此則與荀子之主張「法而議」，❹以求情理與法並重者，容或近之。惟自商鞅相秦，嚴格以法為治，使秦得以日趨富強以來，法為治國之唯一標準，乃成為一般法家所公認之基本觀念。蓋商鞅嚴格推行者，為其兩度變法之法，雖以刑律之威以輔其行，然非僅以刑律之範圍為限。故商鞅之法，為國策與時勢配合之法，為政治與法理結合之法，其範疇包括「政」與「刑」；❺國家之設政施治，一切仰賴於是，宜其嚴格推行之結果，能使秦國日趨於富強也。

法家之法，何以能為治國之唯一標準？端在其所謂之法，有客觀性、明確性與平等性，無論布政施治、量功課能、明賞決罰，均有既定之軌跡可循；遠勝於以人為治，悉憑其人之賢智愚暴、或一時之喜怒好惡而為之。良以人皆有所私，雖賢智者流亦不例外。舉凡私意、私詞、私惠、私欲，皆為私之表現。此在承平之時，已難免於國家社會不亂，倘在非常時期，尤足以危及國家之命運。人治既難以為準，而賢智又不易求，自惟有採用比較客觀公正而又明確之法，以為治國之唯一標準。故《韓非子・用人》云：

---

❹ 見《荀子・王制》。

❺ 詳本章第二節。

釋法術而任心治，堯不能正一國。去規矩而妄意度，奚仲不能成一輪。廢尺寸而差短長，王爾不能半中。使中主守法術，拙匠執規矩尺寸，則萬不失矣。君人者能去賢巧之所不能，守中拙之所萬不失，則人力盡而功名立。

惟是以法治國，必須做到「動無非法」之地步。動無非法，在韓非學說中名為「任法」。〈有度〉所謂「不遊意於法之外，不為惠於法之內」，及〈大體〉所謂「不引繩之外，不推繩之內，不急法之外，不緩法之內」，皆為動無非法或任法之最佳說明。惟當時在實際政治上、貴族官吏等之任私行為，積習難改；而政治理論上、儒家等之任人主義，勢力仍強。韓非為確立其以法治國之任法主張，除於法之界說、法之制定、法之內容與法之推行各者，發揮其精湛之論見外，並力言「法」與「私」之不並容，作為治國惟有任法之論據。如云：

夫立法者，所以廢私也；法令行，而私道廢矣。私者，所以亂法也。……故本言曰：「所以治者，法也；所以亂者，私也。法立，則莫得為私矣。」故曰：「道私者亂，道法者治。」上無其道，則智者有私詞，賢者有私意。上有私惠，下有私欲。……以非法措於上，……是教下不聽上，不從法也。（〈詭使〉）

法，所以禁過外私也。……故繩直而枉木斷，準夷而高科削，權衡懸而重益輕，斗石設而多益少。故以法治國，舉措而已矣。法不阿貴，繩不撓曲。……故矯上之失，詰下之邪，

治亂決繆，絀羨齊非，一民之軌，莫如法。……人主釋法用私，則上下不別矣。（〈有度〉）

必行明主之道，必明於公私之分，明法制，去私恩。夫令必行，禁必止，人主之公義也。必行其私，信於朋友，不可為賞勸，不可為罰沮，人臣之私義也。私義行則亂，公義行則治，故公私有分。人臣有私心，有公義：修身潔白而行公行正，居官無私，人臣之公義也；汙行從欲，安身利家，人臣之私心也。明主在上，則人臣去私心，行公義，……至夫臨難必死，盡智竭力，為法為之。故先王明賞以勸之，嚴刑以威之。賞刑明，則民盡死；民盡死，則兵強主尊。刑賞不察，則民無功而求得，有罪而幸免，則兵弱主卑。故先王賢佐盡力竭智。故曰：公私不可不明，法禁不可不審，先王知之矣。（〈飾邪〉）

按韓非所謂私詞、私意、私惠、私欲，皆為個人憑其主觀見解所為之言行。其動機未必即不善良，其用心亦未必不為國家利益著想。然而治國之道，貴在全國上下有共同遵守之言行標準，必如此、乃能齊一意志，集中力量，以赴事功。此種全國共守之標準，既以國家之最大利益為前提，其性質在於為公而非為私；而標準之具體表現，則為制定公布之「法」，故法為「公法」。「公法」與「私行」既不能並容，故凡反於法之私詞、私意、私惠、私欲，均應在所禁止。而去私之有效辦法，莫如厲行法令，以法治國，動無非法。故韓非又云：

明法者強，慢法者弱。（〈飾邪〉）

國無常強，無常弱。奉法者強，則國強；奉法者弱，則國弱。……故當今之時，能去私曲，就公法者，民安而國治；能去私行，行公法者，則兵強而敵弱。〈有度〉

以法治國，動無非法之結果，既然民安兵強，則法之應為治國之唯一標準也明矣。

第二節　法之界說

法家所謂之法，為政治與法理結合之法，國策與時勢配合之法，而非僅限於刑律之範圍，故能作為治國之唯一標準，已見上述。但何者始得稱之為「法」？自不能不有明確之定義或界說。

「法」與「刑」，本質不同，範圍亦異。「法」為設政施治齊民使眾之客觀標準，「刑」為輔行此種客觀標準之一種工具。然刑罰不可濫施，必有律條以為之限制，因而「刑」也者，在某種意義上，自又成為「法」之一部。❻

考諸史實，刑罰在遠古時代即已有之，而「法」之觀念，雖萌芽於春秋時代，卻遲至戰國末

❻ 按商鞅將法之範疇，由原來狹義的「刑」，推展至「一切之政」，使「法」為治國之唯一準繩之後，法之觀念即演進為「政」與「刑」之總稱，包括對事與對人。本書於此處仍從習慣說法，用「法」與「刑」相比論。

棄，始予確立。周代實行封建政治制度，以等級服從之禮制、及刑罰之威嚇鎮壓，作為行使統治權之有力工具。❼所謂「禮不下庶人，刑不上大夫」即為當日治國標準之最佳說明。「禮」、尚有典章服飾等明確規範，可以遵循；「刑」、則遇事而議，輕重漫無標準，因其人之親疏遠近關係，或對其人之喜怒好惡，而有等差。此原為封建時代，基於維護貴族利益，以統治平民之一種辦法。故當日所謂之「刑」，非僅為貴族鎮壓平民之工具，且可由貴族自由擅斷，平民無從先知其內容。因而「刑」之本質，自始即含有階級性與秘密性。惟是東周而後，王綱不振，封建制度漸次動搖，勢非打破「刑」之秘密性，無以取信於民，而藉以為治。子產鑄刑書、晉鑄刑鼎、鄧析作竹刑，皆為因應時勢需要而不得不然。《左傳・昭公六年》（西元前五三六年），鄭鑄刑書，晉國叔向致函子產，大加反對，有云：「……民知爭端矣，將棄『禮』而徵於書，錐刀之末，將盡爭之。亂獄滋豐，賄賂並行，終子之世，鄭其敗乎！」子產則以「僑不才，不能及子孫，吾以救世也」作答。然而二十三年後，叔向之母國亦鑄刑鼎，將范宣子所作刑書鑄於鼎上。孔子當時亦極不贊成，曰：「晉其亡乎！失其度矣。……民在鼎矣，何以尊『貴』？『貴』、何業之守？」（見《左傳・昭公二十九年》）從《左傳》之記載，不難看出刑律原在貴族掌握之中，可以自由運用；刑書公布後，民知有避，貴族失其掌管刑律之「業」；故孔子深以為憂。同時亦不難看出刑罰之由秘密性，變為公開性，殆亦為因應時勢需要，而不得不然。其後，李悝在魏，編定《法經》；商鞅在

❼ 參見張金鑑《中國政治制度史》第三章第三節。

秦，實行變法；更為因應時勢之需要，進而將階級性之秘密法，變為平等性之公布法。❽

此種情形，在泰西國家亦然。如西元前四五一年間，羅馬帝國《十二銅版法》(Tweleve Tables of Laws) 之制定，與懸之於講壇 (Forum)，即為當時十大臣因防止貴族專權之故，將從前之秘密法變為公布法，不成文法變為成文法，用以取信於民，並維護人民之權益。又如西元後五百三十年左右，東羅馬帝國《查士丁尼法典》之編定，即為查士丁尼大帝 (Justinian the Great) 為期民事案件之審理，能有一致之準則起見，特蒐集古來法律學說加以編纂而成。故泰西學者認為《十二銅版法》為成文法之始，並以《查士丁尼法典》為後世民法之導源。今按《十二銅版法》訂頒時間，相當於我國周貞定王十九年，即三家分晉之次年；後於刑書、刑鼎之鑄作，約百年之久，故我國應為世界上最先採用成文法之國家。至《查士丁尼法典》之編纂時間，則相當於我國梁武帝時代，其去李悝《法經》之編定，更晚在九百年以上。所不同者，李悝《法經》為刑法之彙編，《查士丁尼法典》為民法之纂定而已。❾

韓非生時較晚，自然接受商鞅等已往法家之觀念，從而法之定義或界說，亦愈臻於明確。在

---

❽ 見胡適《中國古代哲學史》第十二編第三章，陳啟天《中國政治哲學概論》第十章，楊鴻烈《中國法律思想史》第三章。

❾ 《十二銅版法》另譯作《十二銅表法》。其與《查士丁尼法典》之編訂經過，在任何一種西洋通史及西洋法律思想史之著作中，均有敘及。故不多作說明。

韓非學說中，最能釋明法之涵義及性質者，如下：

法者、編著之圖籍，設之於官府，而布之於百姓者也。……故法莫如顯。……是以明主言法，則境內卑賤莫不聞知也。（〈難三〉）

法者、憲令著於官府，賞罰必於民心，賞存乎慎法，而罰加乎姦令者也。（〈定法〉）

法不阿貴，繩不撓曲。法之所加，智者弗能辭，勇者不敢爭。刑過不避大臣，賞善不遺匹夫。故矯上之失，詰下之邪，治亂決繆，絀羨齊非，一民之軌，莫如法。（〈有度〉）

上引文字，言簡意賅，遠較散見其他篇目者為完整，吾人自可據此以探索其精義所在。法之本身，具有公正性、強制性、普徧性。公正云者，「不阿貴」、「不撓曲」是也。強制云者，「智者弗能辭，勇者弗敢爭」是也。普徧云者，可以「矯上之失，詰下之邪」，並又為「一民之軌」是也。法之性質如是，而如何表現於外，使之成為設政施治、齊民使眾之唯一標準，則有賴下述條件以完成之：

第一、法要用文字寫定。即「編著之圖籍」。故法為成文法。無條文可據者，不得稱之為法。

第二、法要頒布出來。即「設之於官府，而布之於百姓」，與「憲令著於官府」。故法為公布法。未經公布周知者，不得稱之為法。

第三、法要獎懲兼備，祇論守法與否，不問身分如何。此即「賞存乎慎法，而罰加乎姦令，」

與「刑過不避大臣，賞善不遺匹夫」。故法又為平等法。不以平等觀點定賞罰者，不得稱之為法。

統此三義，顯見韓非主張之「法」，與封建政治下之習慣法、秘密法、階級法，迥然不同。法何以必須成文？有成文以為據，則標準確定。法何以必須公布？能公布周知，則人民乃知所適從。法何以必須平等？人人地位平等，則法律之威權始得確立。此數者不僅為法理上之一大進步，抑且為政治上之一大進步。雖時至今日，世界各國之言法律者，仍持成文法、公布法、平等法之基本觀念。祇不過近代於法律，每就其形式與實質加以區分，而將此三者名之為形式條件而已。

第三節　法之制定

治國之道，貴在實事求是，不可徒託空言，亦不可懸的過高。儒家認定：「人皆可以為堯舜」，「舜何人也，予何人也，有為者亦若是。」此在理論上可以如是，而揆諸事實則未必皆能也。儒家又謂：「君子之德，風；小人之德，草。草上之風必偃。」草上之風必偃，信無疑矣；然而君子之德，被諸小人，能否若風之所至，有草皆偃，則仍大有疑問也。此所以法家論政，用眾而舍寡，以凡民之所易知而能行者為鵠的，而不強求人人皆能成為聖賢者流。況戰國之世，海內爭於戰攻，務在強兵並敵；力征爭取，勝者為右。當此情勢之下，尤不能陳義過高。以故，韓非根據其檢討時勢，及對人性觀察之結果，認定德化既不足以防幽隱之行，亦不足以收齊民使眾之效，惟有以「法」代「仁」，先求人人不得為非，進而求其遵令行事，為國盡力。故云：

聖人之治國，不恃人之為吾善也，而用其不得為非也。恃人之為吾善也，境內不什數；用人不得為非，一國可使齊。為治者用眾而舍寡，故不務德而務法。……不恃賞罰，而恃自善之民，明主弗貴也。何則？國法不可失，而所治非一人也。故有術之君，不隨適然之善，而行必然之道。（〈顯學〉）

且夫以法行刑，而君為之流涕，此以效仁，非以為治也。夫垂泣不欲刑者，仁也；然而不可不刑者，法也。先王勝其法，不聽其泣，則仁之不可以為治，亦明矣。（〈五蠹〉）

聖人之治也，審於法禁，法禁明著則官治；必於賞罰，賞罰不阿則民用。民用官治則國富，國富則兵強，而霸王之業成矣。……夫姦、必知則備，必誅則止；不知則肆，不誅則行。夫陳輕貨於幽隱，雖曾、史可疑也；懸百金於市，雖大盜不取也。不知，則曾、史可疑於幽隱；必知，則大盜不取懸金於市。故明主之治國也，眾其守而重其罪，使民以法禁，而不以廉止。……故法之為道，前苦而長利；仁之為道，偷樂而後窮。聖人權其輕重，出其大利，故用法之相忍，而棄仁之相憐也。（〈六反〉）

韓非以為：法之制定目的，不僅在於「國富兵強，民用官治」；更在於透過法律之強制作用，以保障大多數人之權益，而使其得以生活於安定富足之國家社會，斯即所謂前苦而長利。故立法之目的，及以法治國之目的，皆在於「愛民」、「利民」，而非「惡民」。〈姦劫弒臣〉有云：

聖人者、審於是非之實，察於治亂之情也。故其治國也，正明法，陳嚴刑，將以救群生之亂，去天下之禍，使強不陵弱，眾不暴寡，耆老得遂，幼孤得長，邊境不侵，君臣相親，父子相保，而無死亡繫虜之患，此亦功之至厚者也。愚人不知，顧以為暴。

〈心度〉更明言曰：

聖人之治民，度於本，不從其欲，期於利民而已。故其與之刑，非所以惡民，愛之本也。……夫民之性，喜其亂，而不親其法。故明主之治國也，明賞則民勸功，嚴刑則民親法；勸功則公事不犯，親法則姦無所萌。……夫國事務先而一民心，專舉公而私不從，賞告而姦不生，明法而治不煩。能用四者強，不能用四者弱。……一政而國治。故法者、王之本也，刑者、愛之自也。

綜上所述，顯見韓非主張制定法律，並以之為治國唯一標準，固為時勢所趨，不得不然；但其終極目的，則在於藉此以實現其理想中之國家社會，而有如儒家標榜之〈禮運大同〉所云者。惟一般治韓非學說者，多未注意於此。

就法之制定原則而言：韓非雖一如商鞅之主張嚴刑峻法以為治，並又於〈五蠹篇〉明言：「故明主峭其法而嚴其刑也」；然此猶之今人主張立法從嚴之義，非謂立法時可以任憑君主一人一時之喜怒好惡而為之也。在《韓子》全書中標榜之立法原則，約有四端：㈠必須切合時勢需要，㈡必須人民易知易行，㈢必以利多於弊為前提，㈣必以統一穩定為要務。分述如次：

㈠法何以必須切合時勢需要？此為韓非本其「論世之事，因為之備」、「世異則事異」、「事異則備變」之歷史哲學而提出者。尤其韓非懍於國家將亡，更不能不主張一切立法皆須以適應時勢為先決因素。故云：

> 治民無常，唯法為治。法與時轉則治，治與世宜則有功。故民樸，而禁之以名則治，世智，而維之以刑則從。時移而法不易者亂，能眾而禁不變者削。故聖人之治民也，法與時移，而禁與能變。（〈心度〉）⑩

---

⑩ 王先慎《集解》謂：能眾即下能耕能戰是也。解殊不洽。蓋此二者乃法家者流朝夕獎勵之事，自非為禁之對象。故陳啟天《校釋》本以上文為據，將「能眾」改作「世變」。茲按陳奇猷《集釋》本，以〈主道〉、〈有度〉及〈二柄〉之所謂「能」為據，並釋云：「能者，智巧多端，飾善以成其姦邪，原有之禁令不足以禁，故宜變其禁令以禁之。」此說雖有未盡，要亦釋明「能」字涵義之一部份。《校釋》本改作「世變」，自無必要。

顯見韓非主張之法，不僅在其制定時，必須切合時勢需要，即在其公布實施後，倘時勢有所變異，亦應隨之而作修正。

㈡法何以必須人民易知易行？蓋法之所加者，為舉國之民眾，欲其奉公守法，則惟有法之內容為人民所易知；法之規定，為人民所易行。否則絕無以收令行禁止之效。考諸史實，春秋以前，學在王官，惟貴族子弟乃有接受教育之機會。春秋而後，王官失守，學術流入民間，平民、奴隸始得習聞其「世業」以外之學識。寖假而至戰國，民眾受教機會益多。然無論如何，一國之內仍以智識淺陋之民眾，居其絕大多數。法家論政之第一信條，為用眾而舍寡，自然主張以平實可行之法，作為治國之準繩。韓非於此，曾有詳細之說明。如云：

> 察士然後知之，不可以為令，夫民不盡察。賢者然後能行之，不可以為法，夫民不盡賢。（〈八說〉）
>
> 所謂智者，微妙之言也。微妙之言，上智之所難知也。今為眾人法，而以上智之所難知，則民無從識之矣。（〈五蠹〉）
>
> 明主之表易見，故約立；其教易知，故言用；其法易為，故令行。三者立，而上無私心，則下得循法而治，望表而動，隨繩而斷，因箭而縫。如此，則上無私威之毒，而下無愚拙之謀。（〈用人〉）

故法莫如顯。……是以明主言法，則境內卑賤莫不聞知也。〈難三〉

此即言法貴平實可行，不可好高騖遠，以強民所難也。同時為期人民於易知之後，真能力行起見，故又主張：「明主立可為之賞，沒可避之罰。」〈用人〉　蓋惟有使民趨賞避罰，並開其免罰之門，而後人民乃無動輒得咎之慼。總之，韓非以為政治之目的，不僅在於富國強兵，尤在於為大多數人謀求幸福，使其得以生活於安定環境中。所謂重罰嚴刑，殆為達到維持秩序與消弭罪惡之目的，而必採之手段而已。〈問田〉云：「竊以為立法術、設度數，所以利民萌、便眾庶之道也。」〈姦劫弒臣〉云：「使強不陵弱，眾不暴寡，耆老得遂，幼孤得長。」〈心度〉云：「聖人之治民，度其其本，不從其欲，期於利民而已。」皆為韓非此種觀念之最佳說明。因之，其所主張之「法」，在制定時，除須切合時勢需要外，尤應掌握人民易知易行之原則。

㈢法何以必以利多於弊為前提？按法家所謂之法，原為設政施治、齊民使眾之唯一準繩，故法為「公利」之所在。法之內容既以國家利益為前提，自難免不與個人之私利發生衝突。因而制定法律之際，必須考慮其得失利弊如何，並權衡其輕重，以能就其小害而致其大利為依歸。韓非有言曰：

法、所以制事，事、所以名功也。法立而有難，權其難而事成，則立之。事成而有害，權其害而功多，則為之。無難之法，無害之功，天下無有也。是以拔千丈之都，敗十萬之眾，

死傷者軍之垂；甲兵折挫，士卒死傷，而賀戰勝得地者，出其小害，計其大利也。（〈八說〉）

此即說明任何一種法律，均係利害參乘，其須否制定，端在其施行之效果，是否為利多於弊而已。此種觀念，在其他篇目中亦有提及者：如〈顯學〉所舉「嬰兒不剔首則腹痛，不揊痤則浸益」之例。及〈六反〉所謂「古者有諺曰：『為政，猶沐也，雖有棄髮，必為之。』愛棄髮之費，而忘長髮之利，不知權者也。夫彈痤者痛，飲藥者苦。為苦憊之故，不彈痤，不飲藥，則身不治，病不已矣。」亦均足以說明天下事有利則有弊，有弊亦有利。故法之制定，在儘可能求其利益最大，害處最小，不得已而求其次，亦須利多於弊。

㈣法何以必以統一穩定為要務？「統一」之反義為「紛歧」，「穩定」之反義為「輕變」。法如紛歧，則執法者可以上下其手，任意援用。法如輕變，則守法者將無所適從，甚而觀望取巧。〈定法〉云：

申不害、韓昭侯之佐也。韓者、晉之別國也。晉之故法未息，而韓之新法又生；先君之令未收，而後君之令又下。申不害不擅其法，不一其憲令，則姦多。故利在故法前令，則道之；利在新法後令，則道之。新故相反，前後相悖，則申不害雖十使昭侯用術，而姦臣猶有所譎其辭矣。故託萬乘之勁韓，十七年而不致於霸王者，雖用術於上，法不勤飾於官之患也。

此即法令紛歧，未加整理統一所導致之後果也。惟是法令雖經整理統一，倘缺乏穩定性，輕易修改，變動頻仍，要亦為治國之大忌。故韓非又云：

好以智矯法，時以私雜公，法禁變易，號令數下者，可亡也。〈〈亡徵〉〉

法、莫如一而固，使民知之。〈〈五蠹〉〉

凡法令更，則利害易；利害易，則民務變。民務變之謂變業。故以理觀之，事大眾而數搖之，則少成功；藏大器而數徙之，則多敗傷；烹小鮮而數撓之，則賊其澤；治大國而數變法，則民苦之。是以有道之君，貴虛靜而重變法。〈〈解老〉〉

法能統一穩定，不紛歧，不輕變，則人民瞭解內容之後，必不敢存有觀望取巧心理，亦不虞執法者之妄加援用。

近代言法律之制定原則者，每強調其適時性、明確性、統一性與穩定性，其在民主國家更主張以符合絕大多數民眾之利益為旨歸。為濟其窮，復有特別法優於普通法，後法優於前法之適用原則，以及命令與法律抵觸者無效之基本觀念。韓非所處時代不同，雖未能就法之制定權問題作深入之討論，⓫但其所論法之制定原則，則與近代相似。此誠可貴者也。

⓫ 梁啟超《先秦政治思想史》有云：「法家之最大缺點在立法權不能正本清源。」故此非韓非一人問題，

第四節　法之內容

韓非所謂之「法」，內容如何？昔人治《韓非子》者，恒少論及；今人則以蔡元培、劉咸炘、陳啟天之論，最為提要鉤玄，並較他人言之為早。茲擇錄如下：

蔡元培曰：「韓非集儒道法三家之成，以法治主義為中堅，襲商君而益詳其條理。於儒、道皆得其粗而遺其精。雖總攬三家，實商君之嫡系。」（《中國倫理學史》）

劉咸炘曰：「世皆讀韓非書，不知其書非非一人之旨也。世皆以與申、商並稱，不知其異於申、商也。皆謂刑名出於黃老，不知黃老之至刑名，凡經幾變，而非一人備歷之也。……大抵其初雜申慎，語尚有純者，如〈功名篇〉稱堯舜，〈有度篇〉言先王，皆管慎申之所同。其後之自為說者，大氐宗商而棄慎，用申之術而去其無為自然法之說，純為嚴刑立法，密術察姦矣。極詆私行私意，以尊公功，尊主威，則商鞅之本旨也。總而觀之，於商極近，而於申稍遠焉。」又曰：「非最類商鞅。……故韓非者，歸於商，而啟於荀者也。」（《子疏》）

而係當時環境尚無深入討論之必要也。

陳啟天曰：「韓非所謂法，只是商鞅之法。在《韓非子》書中，凡提到商鞅的處所，幾無一不加以推崇；凡提到商鞅的處所，幾無一不加以贊歎。至於泛論的處所，更多與商鞅之法暗合。因此可以斷言韓非所說法的內容，多以商鞅所行法的條目為標本。」（《韓非及其政治學》）

是三人者，立論雖不盡同，旨歸則一。吾人欲明韓非主張之法之內容，非先討論商鞅之法不可。亦惟有在釋明商鞅之法之性質與內容後，始可擷取韓非之言以證實之。

按法家所謂之法，均依據政策之需要而制定，不能以吾人今日所謂「刑法」視之。舉凡國家設政施治之一切有關法規，或因應時勢需要而制定之各種律令，均在其範疇之內。根據《史記·商君列傳》之記載，其前後兩次變法之內容，實包括社會、經濟、政治三方面之改革。

一、社會方面　如「令民為什伍，而相收司連坐。不告姦者、腰斬；告姦者、與斬敵首同賞；匿姦者、與降敵同罰。」此即後世實行保甲連坐法之前驅。又如「民有二男以上不分異者，倍其賦。」「令民父子兄弟同室內息者，為禁。」此即以強制手段實行小家庭制度。

二、經濟方面　如「僇力本業，耕織致粟帛多者，復其身。事末利，及怠而貧者，舉以為收孥」，此為實行重農主義，獎勵生產，並明定農奴之解放條件。方之今日，殆為視佃農努力生產之成績，而決定其可否取得承租土地之所有權。又如「為田開阡陌封疆，而賦稅平」，此即實行人民私有土地制度，並含有後世所謂屯田、墾荒，及近世所謂土地重劃、土地開發之意義在內。

三、政治方面　如「有軍功者，各以率受上爵；為私鬬者，各以輕重被刑大小。……宗室非有軍功，論不得為屬籍。明尊卑爵秩等級，各以差次。名田宅臣妾衣服以家次。有功者顯榮，無功者雖富無所芬華。」此即以獎勵軍功為目的，而兼收裁抑貴族之效，對於後世平民地位之提高，關係匪淺。又如「集小都鄉邑聚為縣，置令丞，凡三十一縣」，此即明定廢除封建制度，採行郡縣制度。此不僅為地方政治之一大改革，且奠定日後我國二千年來之地方政府組織基礎。

此外，如「築冀闕宮庭於咸陽，秦自雍徙都之」、「平斗斛、權衡、丈尺」等，則為兼有經濟與政治之雙重目的，非僅徒為國家發展之需要，或僅為平息紛爭而統一之也。如上所述，顯見商鞅所行之法，在性質上為戰國時代立國之要道，在內容上則為配合國策之需要而制定。惟是當日封建社會之殘餘勢力，仍然極力反對此種措施，而若干所謂「橫議處士」之「明據先王，必定堯舜」者，自亦大加反對不已。商鞅為貫徹其主張起見，自不能不採取極端嚴厲手段，以制裁不從法者流。秦國雖因此而致富強，商鞅卻成為「刻薄寡恩」之代表人物。

韓非主張之法，就其內容而言，與商鞅在秦實行者大同小異。惟韓非稱之為「不亡之術」。其所以異於商鞅之稱為「強國之術」者，殆二人所處之國情有異也。〈五蠹〉云：

> 使周、衛緩其從衡之計，而嚴其境內之治：明其法禁，必其賞罰；盡其地力，以多其積；

致其民死，以堅其城守。天下得其地，則其利少；攻其國，則其傷大；萬乘之國莫敢自頓於堅城之下，而使強敵裁其弊也。此必不亡之術也。

按「明其法禁，必其賞罰」，為實行法治主義。「盡其地力，以多其積」，為實行重農主義。「致其民死，以堅其城守」，為實行軍國主義。此三者與上文所引商鞅變法內容，在基本精神上並無二致。〈和氏〉云：

官行法，則浮萌趨於耕農，而游士危於戰陳。……昔者、吳起教楚悼王以楚國之俗，曰：「大臣太重，封君太眾，若此，則上偪主，而下虐民，此貧國弱兵之道也。不若使封君之子孫，三世而收爵祿，裁減百吏之祿秩，損不急之枝官，以奉選練之士。」悼王行之期年而薨矣，吳起枝解於楚。商君教秦孝公以連什伍，設告坐之過；燔《詩》《書》而明法令；塞私門之請，而遂公家之勞；禁游宦之民，而顯耕戰之士。孝公行之，主以尊安，國以富強。……楚不用吳起而削亂，秦行商君法而富強。

本篇所謂「浮萌趨於耕農」、「游士危於戰陳」，即為以法獎勵耕戰，使全國人民平時努力增產，戰時奮勇殺敵；前者為重農主義，後者為軍國主義，此兩者自然最適於戰國時代之國際生存競爭。方之今日，則為提倡實業與武力。可見國家富強之道，舍此實無他途。是以韓非有云：「國無常強，無常弱。奉法者強則國強，奉法者弱則國弱。」（〈有度〉）「國有常法，雖危不亡。」（〈飾邪〉）其所謂「法」，即為因應時勢需要而制定之各種律令，舉凡國家設政施治之一切有關法規，均包括其中。其所謂「法」，實以商鞅在秦所推行者為張本。按吳起之法，在精神上，與商鞅之法極為近似；然而吳起不行於楚，商鞅見用於秦，二人際遇不同，其成就之大小亦迥異。吾人認為韓非主張之法，乃以商鞅之法為其主要內容者，以此。⓬

第五節　法之推行

先秦法家均認定「法為君主治國之唯一準繩」，故堅持「以法治國」而非「以私治國」之法治主義。法既立，則全國上下皆須遵守，任何人不得以私意變更之。此種觀念，在《管子》書中亦有提及。如〈任法〉云：

> 法不一，則有國者不祥。……故曰：法者、不可不恒也。存亡治亂之所從出，聖君所以為天下大儀也。……萬物百事，非在法之中者，不能動也。故法者、天下之至道也，聖君之實用也。……有生法、有守法、有法於法。夫生法者君也，守法者臣也，法於法者民也。

⓬ 參見本書第八章第二節至第六節。

君臣上下貴賤皆從法，此謂為大治。

《管子》書為戰國時人采撮管仲之言行而成者，管仲當年確否有此言論，固堪存疑，即使有之，亦僅說明全國上下均應從法而已。韓非則重在如何使君臣上下貴賤必能從法。彼以為法之推行，有其必須確立之方針，更有其必須採用之步驟與辦法。任法而不任人，尚法而不尚賢，以法制事，崇法抑人；此韓非堅持之方針也。君固守之，先臣後民，自上而下，循序推行；此韓非所謂之步驟也。人主明法、讎法，以術馭臣，動無非法；人民接受法的教育，知而後行；此韓非主張之辦法也。三者不失其道，則人主必能守法責成，群臣必能奉法行事，人民必能遵法立功。如是，則法之推行，如響應聲，將不難收預期之效果矣。

茲先言法之推行，何以必須確立方針？按法家之所以主張以法治國者，原在以此濟人治之窮而矯其非。夫既以「法」代「人」矣，自不能不崇法抑人，而崇法抑人之道，又莫若「任法而不任人」、「尚法而不尚賢」。故非堅持此一方針，不能使法之推行，臻於完美。按照韓非見解，歷史在不斷演變之中，其演變方向為進化而非退化。人類之欲望，則隨時代社會之演進，而日益提高，日益擴大。由於多寡厚薄之實，古今不同，人在自計其利之心理狀態下，趨利避害、損人利己之情形，亦日益顯著。前此倚賴賢德智巧以為治之人治主義，已漸為客觀公正之法治主義所取代。時至戰國之世，更非採用嚴刑峻法政策不為功。仁義之說既不足以因應制宜，藉以圖治；⑬

則推行法治之際，必須任法而不任人。此其一。其次，以人為治，貴在得人，而賢智者流，得之不易。以人類歷史觀之，其賢如堯、舜，暴如桀、紂者，在已往時代中，均居於人君中之極少數；而世之所以得治者，什九皆為中材之主，論其賢智，俱不足道。茲如必求賢智者流以為治，將有如待越人之善游者，以救中國之溺人，越人善游矣，溺者不濟矣。⓮在時勢既不許可，而賢智又復難求之下，自惟有尚法而不尚賢。此其二。再次，即使賢智易求，仁義足用，而人治亦難以為準。「釋法術而任心治，堯不能正一國」；「釋勢委法，堯舜戶說而人辯之，不能治三家」⓯；此無「法」以為治之患也。「法而議，……萬事無過，……其有法者以法行，無法者以類舉」⓰；此儒家藉禮法以輔成人治之說也。說雖善矣，而情理與法並重；且議之之際，純任智巧，漫無準的，勢必因人而異；亦遠不若以法制事，任而不議之萬不失也。此其三。韓非根據以上見解，認定仁義不足用、賢智不易求、人治難為準，從而主張任法而不任人，尚法而不尚賢，俾法之推行，得以臻於完美境地，而無「人存政舉，人亡政息」之虞。⓱

⓭ 論見本書第四章各節。

⓮ 論見本書第五章各節。

⓯ 見〈用人〉、〈難勢〉兩篇。

⓰ 見《荀子・王制》。

⓱ 法家諸子均主張以「法」治國，反對以「人」治國，即使是賢人政治亦在反對之列。一般理由除人治難

論者或以儒墨兩家於主張賢人政治之際，亦未嘗不如法家之主張去私尚公，以濟人治主義之窮；因認治國之道，初不必尚法而不尚賢，能以法律之作用，輔成人治之功，斯即可矣。殊知法家所謂之法，非徒刑賞之法而已，揆其極要，實包括設政施治、齊民使眾之一切律令在內。若刑賞之政，僅不過國家政治之一端；刑賞之政，尚可憑情理因素，以為之寬嚴。倘一切設施亦可以因人而異，則國家之命運，繫於人主一念之間，欲求其長治久安難矣。況儒墨兩家之主張去私欲而尚公道也，僅寄望於人君與其大臣之修養，以收風行草偃之效，至其能否確收預期之效果，則只問耕耘，不計收穫；同時並認定只須有聖君賢相在位，即不難憑其德化作用，達成齊民使眾、治平天下之目的。此又不免陳義過高、認事太易。法家則不然。法家論政，講求實效；言必行，行必果。其基本觀點，在於政治乃統治人群之事體，非有客觀明確之標準，不能推行；何況人之賢否？殊難認定，而少數賢人亦無法使絕大多數之臣民均賢。因之，與其懸的過高，不能收效，毋寧降低條件，求民易行。是故韓非云：

聖人之治國，不恃人之為吾善也，而用其不得為非也。恃人之為吾善也，境內不什數；用

為準，賢智不易求，仁義不足用，已見上述外；真正原因乃在透過法治主義，使政務重心在於「興政」，而非僅在「安民」，藉以實現國家的富強與霸王天下。在拙著《法家哲學》一書及「法家思想與現代政治」之講義中，均有較詳之釋明。

人不得為非，一國可使齊。為治者用眾而舍寡，故不務德而務法。……不恃賞罰而恃自善之民，明主弗貴也。何則？國法不可失，而所治非一人也。故有術之君，不隨適然之善，而行必然之道。(〈顯學〉)

「恃人之為吾善」，與「隨適然之善」，為儒家標榜之德化主義。「用人不得為非」，與「行必然之道」，為法家標榜之法治主義。至「為治者用眾而舍寡」云云，則說明一切施政應以廣大群眾為其對象。蓋欲人之不得為非也易，求人之為吾善也難。欲人之不得為非，只須有公平客觀之「法」，以強制其必然遵行，即可奏效。況法之約束力，遠勝於道德之感化力；徒憑聖君賢相等少數人之德化，不足以收齊民使眾之實效者，以此。故韓非又云：

以一人之力禁一國者，少能勝之。(〈難二〉)

人主離法失人，則免於伯夷不妄取，而不免於田成、盜跖之禍也。(〈守道〉)

廢法尚賢則亂，舍法任智則危。故曰上法而不尚賢。(〈忠孝〉)

夫法之至明者，任數不任人。(〈制分〉)

其次，法為君之所立，臣執其法以治民，民遵其法以從事；故法之推行成敗，又視君臣民之守法程度以為斷。韓非於此，曾就法之推行步驟與辦法，分別提出主張。前已敘及，茲再綜合說明之：

關於人君者　韓非認定：國家政治之成敗，君主應負主要責任，人治主義之下如此，法治主義之下亦不例外。故於法之推行步驟，主張自上而下，循序推行。〈外儲說右下・經四〉云：「人主者，守法責成以立功者也。」此即明言君主必須守法，以責成臣下依法去行。惟是法由君主自立，又由君主自守，除非君主英明，否則等於空談。韓非因之而提出「明君」或「明主」之主張，使與「世主」「時君」有別。所謂明君或明主，不在於其本人德行之賢愚仁暴，而端視其對於法之表現如何；倘其「動無非法」，而能使其群臣「不遊意於法之外，不為惠於法之內」，亦能做到「動無非法」之地步，斯亦可謂明君、明主也矣。故君主之明與不明，與其本身德行之高下，並無必然之關係。易言之，即雖中材之主，倘能守法責成，自亦可以實現齊民使眾、富國強兵之目的。此種觀念，與〈難勢〉所謂「抱法處勢則治」也者，完全一致。

平心言之：欲求君主守法責成，顯非「法」之問題，而是「人」之問題。如君主本人執意不守法，行如桀紂，又將如之何？韓非對此，則未多所論及。是以近人蕭公權嘗慨言之曰：

> 至商韓言法，則人君之地位超出法上，其本身之守法與否，不復成為問題，而惟務責親貴之守法。君主專制之理論，至此益臻成熟，而先秦「法治」思想去近代法治思想亦愈遼遠

矣。⓲

惟吾人就韓非思想學說之整體而加以推論，仍非不能獲得解答。良以為君主者，無一不希望其國家富而強，故每挾大利以聽治；⓳至低限度，亦不願其國家趨於衰敗亂亡。其所以執意不守法，而行如桀紂者，殆為不明君人之術而已；倘能濟之以君人之術，自亦足以使其下亦不為桀紂，而成為中材之主。若是，仍可使國家不致趨於衰敗亂亡。蓋中材之主於瞭解守法責成之重要性後，縱不切實行之，亦必以之為本，而有如〈難二〉所云：「人主雖使人，必以度量準之，以刑名參之；事遇於法則行，不遇於法則止，功當其言則賞，不當則誅。」凡此，則又為人君在趨利避害，進而求其大利之自為心之誘導驅使下，必然產生之現象也。

按儒家將政治與道德合而為一，故主張人治主義。法家將政治與道德分之為二，故主張法治主義。因各有所重，自不免各有所偏。其實政治之事，必須人治與法治兼行。舍法治而專講人治，

⓲ 見蕭著《中國政治思想史》。

⓳ 如〈六反〉云：「聖人之治也，審於法禁，法禁明著則官治；必於賞罰，賞罰不阿則民用。民用官治則國富，國富則兵強，而霸王之業成矣。霸王者，人主之大利也。人主挾大利以聽治，故其任官者當能，其賞罰無私，使士民明焉，盡力致死，則功伐可立而爵祿可致。爵祿致，而富貴之業成矣。富貴者，人臣之大利也。」

政治無軌道可循，其結果必然人存政舉、人亡政息。舍人治而專講法治，則政治無模範可資，其結果必然徒法不足以自行。故吾人須瞭解韓非當日之時勢，以評估其學說之價值，不能以今日之立法方式與內容，而崇之抑之。

關於人臣者　法之推行，固以君主之守法責成為第一要務，但君主如何責成臣下依法去行，則仍有釋明之必要。首先，韓非認定：「法者、憲令著於官府，賞罰必於民心，賞存乎慎法，而法加乎姦令者也；此人臣之所師也。……臣無法，則亂於下。」（〈定法〉）故人臣依法行事，則一切政治設施均有軌道可循；依法行賞，則人民必然遵守政令，迅赴事功；依法言罰，則人民必不敢輕犯禁令，以身試法。惟人臣之中，良莠不齊，誠欲達此地步，則非君主有其責成臣下必然行法之道不可。

韓非認為君主責成臣下行法之道，端在「讎法」與「明法」。其言曰：

> 明主使法擇人，不自舉也；使法量功，不自度也。能者不可弊，敗者不可飾，譽者不能進，非者不能退；則君臣之間，明辨而易治。故主讎法可也。（〈有度〉）
>
> 人主使人臣雖有智能，不得背法而專制；雖有賢行，不得踰功而先勞；雖有忠信，不得釋法而不禁。此之謂明法。（〈南面〉）

何謂「讎法」？讎為校對之意，即審查合法與否。何謂「明法」？即彰明法令之謂。為人君者、對人臣之獎懲進退，一準於法，不因其有賢行忠信，而予以稍存寬縱；則為人臣者基於其趨利避害之自為心，於設政施治齊民使眾之際，必然一切依法行事，斷無有益令、虧令、留令及不行令之行為。因之，君能讎法、明法，臣下自然遵法、行法。

惟是臣下常不免「比周而相譽，朋黨而交非」，甚而誹譽交爭，以惑亂人主。此即今之所謂樹黨營私、蒙蔽長上、包圍左右、淆亂視聽者也。故如何真能使臣下明「主」之法，以治理國政，顯又非為君主建立一種增進實際功效之辦法不可，俾君主得以一面責效，一面防姦。此種辦法，在韓非學說中，名之曰「術」。以其為韓非重要學說之一，故另以專章敘論之。⑳

關於人民者　君能守法責成，臣能奉法行事，尚不足以彰法令推行之效；必其一國之民，皆能遵法立功，而後乃可達成國治民安、國富兵強之政治目的。欲求人民遵法以赴事功，固須法之內容使人民易知易行；然民智之賢愚高下則相去甚遠，勢非推行「法的教育」，以澄清人民之觀念，統一人民之意志不可。否則即難期其在同一目標之下，集中力量，為國效命。何況法之內容，又以因應時勢需要為先決條件，而時勢之需要為何？並非凡民所能察知；故惟有施以「法的教育」，使民易於遵行。

按照韓非看法，當日之急務在於富國強兵，故法之內容多與獎勵耕戰有關。然而當日社會，則官商游宦之民，所在皆是，且儒墨兩家之勢力仍大。韓非既認定：

⑳ 詳見本書第七章。

明主治國之政，使其商工游食之民少而名卑，以趣本務而外末作。（〈五蠹〉）

故明主之治國也，適其時事，以致財物。（〈六反〉）

君人者、國小則事大國，兵弱則畏強兵。大國之所索，小國必聽；強兵之所加，弱兵必服。（〈八姦〉）

自然主張「境內之民，其言談者必軌於法，動作者歸之於功，為勇者盡之於軍」；以期「無事則國富，有事則兵強。」（俱見〈五蠹〉）因而「法的教育」更在所必需。至韓非所謂之法，乃指基於當時國策需要，並以達成富國強兵為目的，而制定之一切設政施治齊民使眾之準繩，並非吾人今日所謂之「刑法」、或泛指一般法律而言。已詳於前，故茲不贅。㉑

如何實施「法的教育」？則唯有以法令規章為教科書，以執行該種法規之官吏為老師。如此，則施教者嫻熟條文，講解明確；受教者易於理會，知所當行。在實施「法的教育」之同時，對一切違背法條精神之事物，如「書策之頌語」、「虛舊之學」、「先王之政」、「先王之語」、以及當時百家爭鳴之各種師說，自然均在禁止之列。故韓非云：「明主之國，無書簡之文，以法為教；無先生之語，以吏為師。」（〈五蠹〉）㉒

㉑ 見本章第一節、第二節。

㉒ 無先生之語之生字，王先慎《集解》本，及各舊本俱作王字。近人亦有從之者，如陳奇猷《集釋》本。

按韓非此種基於時勢需要，而將政治目的與教育方針合而為一之主張，揆以韓國當日之處境，原為極端正確之言論。況商鞅亦曾有「聖人必為法令，置官也，置吏也，為天下師」之語（《商君書・定分》），尤可見此為戰國時代法家之共同觀點，非韓非一人之言。即徵之後世，乃至今日之國家，為配合其國情或政策之需要起見，何嘗不修正其教育方針內容，使彼此相呼應哉！而儒家之所謂「作之君、作之師」；「為政以德」；「道之以德、齊之以禮」；「天下有道，則庶人不議」；「設為庠序學校以教之，皆所以明人倫也」；「立於禮」；「不學禮，無以立」；又何嘗不將倫理道德與政治教育結合為一，而希望以之化民成俗，而收風行草偃之效果。祇以李斯在秦皇一統天下之後，曾上書秦皇云：

> 異時諸侯並爭，厚招游學。今天下已定，法令出一，百姓當家則力農工，士則學習法令辟禁。今諸生不師今而學古，以非當世，惑亂黔首。丞相臣斯昧死言：古者天下散亂，莫之能一；是以諸侯並作，語皆道古以害今，飾虛言以亂實，人善其所私學，以非上所建立。今皇帝并有天下，別黑白而定一尊，私學而相與非法教，人聞令下，則各以其學議之，入則心非，出則巷議，夸主以為名，異取以為高，率群下以造謗；如此弗禁，則主勢降乎上，黨與成乎下。禁之便。臣請史官非《秦紀》，皆燒之；非博士官所職，天下敢有藏《詩》

茲以顧廣圻《韓非子識誤》及陳啟天《校釋》之說為長，故據《校釋》本，作生字。

《書》百家語者，悉詣守尉雜燒之；有敢偶語《詩》《書》者，棄市；以古非今者，族。吏見知不舉者，與同罪。令下三十日不燒，黥為城旦。所不去者，醫藥、卜筮、種樹之書。若有欲學法令，以吏為師。（《史記・始皇本紀》三十四年，並見〈李斯列傳〉）

惟秦皇採納施行之後，曾引起焚書坑儒等千古未有之暴政。㉓論者以李斯此等主張，係來自韓非之學說；因而讀《韓非子》書至「明主之國，無書簡之文，以法為教；無先生之語，以吏為師」之語者，小則引為詬病，大則痛詆有加。殊知韓非並不反對個人「修行義、習文學」，亦即不反對個人研習學術之自由；惟在完成公利即國家大利之前提下，不能不公而忘私，對有違國家政策、法律精神之學說，遏阻其在社會上盛行而已。否則，任其流行而不加以遏制，勢將導致「服事者簡其業，而游學者日眾」之後果，不能勸農厲兵，於國家之富強，毫無裨益。〈五蠹〉於批評「儒以文亂法」之際，曾有言曰：

然則為匹夫計者，莫如修行義而習文學。行義修則見信，見信則受事；文學習則為明師，

㉓ 按焚書坑儒之說，昔人已考之綦詳，所坑者非後世師孔之儒，而係當時通稱之儒，且為方士盧生、侯生之流亞。又民間之書雖焚，官府之書仍在，博士官所職之《詩》《書》百家語亦不在焚燒之列。此在王充《論衡・書解篇》、趙岐《孟子題解》、劉彥和《文心雕龍・諸子》、崔適《史記探源》、鄭樵《通志・校讎略》等書均有說明。參見本書第一章第一節。

為明師則顯榮；此匹夫之美也。

足見韓非主張「以法為教，以吏為師」之目的，在於人民瞭解一切法令規章之後，知所當行當止，以完成國家之大利；另在不違背國家大利之前提下，仍然容許人民有其研習之自由，以完成其匹夫之美也。

第七章 術 論

第一節 術之性質與功用

戰國時代，貴族政治已隨封建政治而沒落，代之而起者為官僚政治。君臣之間既無血統關係之必然存在，況且「君臣異利」「君臣異心」（見〈飾邪〉、〈八經〉等篇），自難再用封建時代所存之宗法關係來治理。於是，君主為實現其富國強兵之目的，必須首先有效控馭其官僚，而後借官僚之手以統治人民。此等官僚之控馭，必須有「術」。術者何？一言以蔽之：即君主任使官僚，並督責其功效之一切用人行政之方法也。如以今日術語釋之，則相當於人事管理或人事制度。❶

❶ 韓非所言之術，雖亦含有權術之術在內，但其中心主張，則針對官吏之選拔、任用、考核、獎懲及待遇問題而發。若論其極致，仍在冀求適才適所，各盡其能，崇法務實，以完成國家設政施治之目的。在實質上自可以今之所謂人事管理或人事制度視之。在理論上亦可釋之為「領導統馭學與人事管理學之混合

按《韓子》全書，雖在原則上兼重「勢」「法」「術」三者，並就慎到、商鞅、申不害之主張或偏失所在，提供個人見地，以總其大成而創立新說；但無論如何，勢與法兩者較為簡單，而術之問題，則理論常不免牽涉實際，以至十分複雜。因而在全書文字中，以討論術之問題者為最多。此為治韓非學說者所不能不先有之認識，否則將誤認韓非為偏重權術之流矣。

君主何以必須講求用人行政之道？依韓非見解：一方面為君主不可能直接統治人民；君權之行使，初步僅及於大臣左右，再由之展轉傳遞，擴散於員司，下達於民眾；故君主治國，非督責其臣僚之遵行績效不為功。❷另方面則為臣僚良莠不齊，才智各異，欲其賢不肖、才不才、俱能盡力以赴公功而無隕越之虞，顯非以切實可行之法，察核其有無壅主及比周之姦私不可。故「責效」與「防姦」，為實行「術」之兩大目的。君主能以之作為用人行政之道，即可「處虛執要」以成其霸王之業。良以官僚政治如不講求效率，則一切行政均成官樣文章；倘君主不能防姦，將更為臣僚所蒙蔽、劫奪，甚而有國亡身滅之危。何況韓非基於其對人類心理之觀察，認定人人均

物」。所不同者，今之公務人員為國家之官吏，為人民之公僕，其運用管理有法定之制度可循，非若韓非時代之一任君主獨持而已。

❷〈外儲說右下〉云：「人主者，守法責成以立功者也。聞有吏雖亂而有獨善之民，不聞有民亂而有獨治之吏，故明主治吏不治民。」〈主道〉云：「群臣守職，百官有常，因能而使之，是謂習常。」皆此之謂也。

懷有「自為心」，在自為心驅使之下，難免不計其私利；是以君臣各以計數出，「上下一日百戰」〈揚搉〉。君主為完成國家之公利，自非一面任用才智之人，另面防範為其所欺不可。故惟有講求用人行政之道，始能達成設政施治、齊民使眾之目的，而求得國家之富強。

關於術之涵義，在韓非學說中，有時偏於形名方面，有時偏於權術方面，有時則又與講求效率及決定賞罰等混合而言。茲擇要引述之：

(一)、術者、因任而授官，循名而責實，操殺生之柄，課群臣之能者也；此人主之所執也。……君無術則蔽於上。〈定法〉

(二)、術者、藏之於胸中，以偶眾端，而潛御群臣者也。……而術不欲見。……用術、則親愛近習，莫之得聞也。〈難三〉

(三)、任人以事，存亡治亂之機也。無術以任人，無所任而不敗。人君之所任，非辯智，則修潔也。任人者、使有勢也。智士者、未必信也；為多其智，因惑其信也；以智士之計，處乘勢之資，而為其私急，則君必欺焉。為智者之不可信也，故任修士。任人者、使斷事也。修士者、未必智也；為潔其身，因惑其智也；❸以愚人之惛，處治事之官，而為其所然，則事必亂矣。故無術以用人，任智則君欺，任修則事亂；此無術之患也。〈八說〉

---

❸ 自「任人者」至此句，據陳啟天《校釋》本。

(四)、夫言行者，以功用為之的彀者也。……今聽言觀行，不以功用為之的彀，……故夫作法術之人，立取舍之行，而莫為之正。(〈問辯〉)

(五)、今人主處制人之勢，有一國之厚，重賞嚴誅，得操其柄，以修明術之所燭。……故明主之道，……固術而不慕信。……故明主用其力，不聽其言；賞其功，必禁無用。(〈五蠹〉)

以上引文中，(一)偏在形名方面，所以責效。(二)偏在權術方面，所以防姦。(三)為才德之不可併兼，而論才德互異之士，用亦有別。(四)(五)則言明一切行政必須講求效率，而賞罰亦視功用之大小有無而定。❹故韓非所言之「術」，乃指君主用人行政及增進實效之一切方法，雖其中亦包括有權術之術在內，但其最重要之術，則仍為權術以外之各種用人行政方法。此所以吾人將其視同今日所謂之人事管理制度。惟一般學者每以「術不欲見」(〈難三〉)「用人也鬼」(〈八經〉)二語，為其立論之基礎；並以〈內儲說上〉所謂「疑詔詭使」、「挾知而問」、「倒言反事」，及〈八經〉所謂「參伍之道」為據，相互印證發揮；將韓非所倡之「術」，斷定為深藏不露、詭譎多端之「權術」。❺雖非厚誣古人，終屬失之偏執。

---

❹ 參見本書第五章第四節。

❺ 近人熊十力之《韓非子評論》，即力主此說。其言曰：「韓非之書，千言萬語，壹歸於任術而嚴法，雖法術兼持，而究以術為先。術之神變無窮也，揭其宗要，則『術不欲見』一語盡之矣。」(下文以執持、

《韓子》書中，每每法術並舉。然法與術，在性質與功用方面，均迴然有別。其顯著之差異，有如下所述：

> 術者、因任而授官，循名而責實，操殺生之柄，課群臣之能者也；此人主之所執也。法者、憲令著於官府，賞罰必於民心，賞存乎慎法，而罰加乎姦令者也；此人臣之所師也。君無術則蔽於上，臣無法則亂於下，此不可一無，皆帝王之具也。（〈定法〉）
>
> 法者、編著之圖籍，設之於官府，而布之於百姓者也。術者、藏之於胸中，以偶眾端，而潛御群臣者也。故法莫如顯，而術不欲見。是以明主言法，則境內卑賤莫不聞知也；……用術、則親愛近習，莫之得聞也。（〈難三〉）
>
> 凡術也者，主之所執也。法也者、官之所師也。（〈說疑〉）
>
> 主用術、則大臣不得擅斷，近習不敢賣重。官行法、則浮萌趨於耕農，而游士危於戰陳。（〈和氏〉）
>
> 故明主之道，一法而不求智，固術而不慕信。故法不敗，而群官無姦詐矣。（〈五蠹〉）

可見法與術之迴異處，在於㈠法以治民，術以御臣；㈡法宜舉國遵守，雖君主亦不可例外；術則君主所獨持，君主自可通權達用；㈢法為具體公開之律條，術則包含隱密之政治手段。凡此，撲

執藏之義，廣為之說。茲以文長不錄。）

以當日環境，殆為事理之所必然。吾人不能據今日觀點，認為韓非未曾以「法」之精神，建立「術」之規模，為其學說之缺點所在。

韓非之術論，既著眼於君主控馭臣下之一切方法，復以實現「責效」與「防姦」之目的為前提，故其立論重心，首在講求防姦之道，繼而提出責效之方。防姦為用人行政之消極目的，責效為用人行政之積極目的。不能責效之後果，至多使國家不能富強；不能防姦之後果，小則使君主遭受劫奪，大則且有殺身之危。況積極目的之達成，原以消極目的之實現為其基礎；此所以《韓子》書中不厭其詳，除在〈八姦〉、〈備內〉、〈姦劫弒臣〉等篇，提出人臣所以成姦之多種方法而外；更於〈主道〉、〈揚搉〉、〈南面〉、〈八經〉、〈內外儲說〉等篇，提出人君所以防姦之方法多種。至於責效之道，則分見於〈主道〉、〈二柄〉、〈揚搉〉、〈孤憤〉、〈姦劫弒臣〉、〈亡徵〉、〈用人〉、〈大體〉、〈外儲說左上〉、〈外儲說右上〉、〈難二〉、〈難三〉、〈問辯〉、〈定法〉、〈六反〉、〈八說〉、〈五蠹〉、〈顯學〉、〈功名〉各篇之中。惟歸納其全部論旨，可以分為五類：即「執要術」、「用人術」、「形名術」、「聽言術」與「參伍術」。容於下文以專節分論之。

第二節　執要術

按要、猶言綱領也；執要、即掌握治國綱領之謂。此為道家「無為說」之一種運用，故執要術亦有名之為「無為術」者。

政治哲學之採取無為主義，始於老子。老子以為：人治天下，本欲以有所為，然以有為而求有所為，往往弄巧成拙，反不足以有所為；故主張無為而治。《道德經》云：「法令滋彰，盜賊多有」（〈五十七章〉），「民之難治，以其上之有為，是以難治」（〈七十五章〉），此即有為反而難治之說明。基此觀點，故又云：

是以聖人處無為之事，行不言之教。（〈二章〉）

不尚賢，使民不爭。不貴難得之貨，使民不為盜。不見可欲，使心不亂。（〈三章〉）

道常無為而無不為。（〈三十七章〉）

上德無為而無不為。（〈三十八章〉）

為道日損，損之又損，以至於無為，無為而無不為。（〈四十八章〉）

為無為，事無事。（〈六十三章〉）

是以聖人無為，故無敗。（〈六十四章〉）

在老子之意，聖人治天下惟有以無為為之，以不治治之，必可收到無為而無不為，不治而無不治之結果；能無為而治，即可成為至治之世。是以〈五十七章〉又云：「故聖人云：我無為而民自化，我好靜而民自正，我無事而民自富，我無欲而民自樸。」惟是無為而治也者，必須以執政者排除作為之野心為前提。君人者能排除其作為之野心，無為無造，順其自然，不尚人力；自然聖智無所用，仁義無所施，巧利亦無益於天下矣。故〈十九章〉云：「絕聖棄智，民利百倍；絕仁棄義，民復孝慈；絕巧棄利，盜賊無有；此三者以為文不足，故令有所屬，見素抱樸，少私寡欲。」

繼老子而倡無為而治之說者，為莊子。莊子學說初亦如老子之主張順自然之情，守無私之欲，倘天下之人不淫其性，不遷其德，則根本無治天下之必要。故於〈天地〉云：「古之為天下者，無欲而天下足，無為而萬物化，淵靜而百姓定。」〈在宥〉云：「聞在宥天下，不聞治天下也。在之也者，恐天下之淫其性也。宥之也者，恐天下遷其德也。天下不淫其性，不遷其德，有治天下者哉？」惟是時代社會演變之結果，君人者不能不有以治天下，而治天下則非用人群之力不可。莊子認為：君人者宜以上必無為而求下之必有為；故於〈天道〉云：

夫帝王之德，以天地為宗，以道德為主，以無為為常。無為也，則用天下而有餘；有為也，則為天下用而不足。故古之人貴乎無為也。上無為也，下亦無為也，是下與上同德；下與上同德則不臣。下有為也，上亦有為也，是上與下同道；上與下同道則不主。上必無為而用天下，下必有為為天下用，此不易之道也。故古之王天下也，知雖落天地，不自慮也；辯雖雕萬物，不自說也；能雖窮海內，不自為也。天不產而萬物化，地不長而萬物育，帝王無為而天下功。故曰：莫神於天，莫富於地，莫大於帝王。故曰：帝王之德配天地。此乘天地、馳萬物、而用人群之道也。

蓋道家以為：天道無為而無不為，人事之治理，自宜以天道為法。況天下之事務繁多，若君人者必皆自為之，殊難有此萬能之全才；即令有之，必然顧此失彼，顧彼失此；一人之精力有限，而天下事層出不窮，此所以「有為也，則為天下用而不足。」倘君人者以「無為」為常，順物自然而無容私，一切事皆使人為之，則人人盡其能，萬事無曠廢，此又所以「無為也，則用天下而有餘」焉。此種上必無為而下必有為之原理，莊子稱之為帝王用人群之道。至如何施行此用人群之道？莊子在同篇中，則提出「五變而形名可舉，九變而賞罰可言」之主張。所謂九變，依序為：㈠明天、㈡道德、㈢仁義、㈣分守、㈤形名、㈥因任、㈦原省、㈧是非、㈨賞罰。其中㈠至㈢為本，㈣至㈨為用。分守、為設官分職，明定其應管之事項。形名、為以某人任某職，人、形也，職、名也。因任、即某職任某人自為之，不可加以干涉。原省、即雖不干涉其人份內之事，亦應隨時察其成效如何。是非、為就考察成效之結果，佳者為是，不佳者為非。賞罰、為根據是非，賞其是而罰其非。能如此，則「愚智處宜，貴賤履位，仁賢不肖襲情，必分其能，必由其名，以此畜下，以此治物，以此修身」（〈天道〉），而天下治矣。

道家「無為而治」之主張，經法家採為君術，不自韓非始。當申不害相韓昭侯之際，固已行之。《群書治要》引《申子・大體》云：「善為主者，倚於愚，立於不盈，設於不敢，藏於無事，竄端匿疏，示天下無為。是以近者親之，遠者懷之。示人有餘者，人奪之；示人不足者，人與之。剛者折，危者覆，動者搖，靜者安。名自正也，事自定也，是以有道者，自名而正之，隨事而定之也。」即可證明申不害已倡行無為術。❻

按法家所謂「無為」，非一切不作之意，而是寄望於君主「處虛執要，守法責成」。亦即君主以無為為心，期求臣下依法有為。此則與道家主張君人者不以己出之經式義度，作為準繩，而任由在下者順應自然以為治；顯然有別。蓋道家以天道為宗，法家以法為本；天道難憑，法有律條可據。法為人為之經式義度，雖未必盡為君人者己出，然其一經君人者公布施行，即應與臣民共同遵守。故君主能掌握治國之綱領，以法為本，而無私意私行，即不難責成臣下為所應為。韓非於此，曾有詳細之說明，如云：

事在四方，要在中央。聖人執要，四方來效。虛而待之，彼自以之。……夫物者有所宜，材者有所施，各處其宜，故上下無為。使雞司晨，令狸執鼠，皆用其能，上乃無事。上有所長，事乃不方。矜而好能，下之所欺。辯惠好生，下因其材。上下易用，國故不治。（〈揚搉〉）

古之全大體者，望天地，觀江海，因山谷，日月所照，四時所行，雲布風動。不以智累心，

❻ 另一佐證為《呂氏春秋·任數》引《申子》云：「君道無知無為，而賢於有知有為，則得之矣」一節。

> 不以私累己。寄治亂於法術，託是非於賞罰，屬輕重於權衡。不逆天理，不傷情性；不吹毛而求小疵，不洗垢而察難知；不引繩之外，不推繩之內；不急法之外，不緩法之內。守成理，因自然。禍福生乎道法，而不出乎愛惡。榮辱之責，在乎己，而不在乎人。〈大體〉

如上引述，可見法家所謂無為也者，非君主一切不為，端在掌握「處虛執要，守法責成」之基本原則而已。且其中「聖人執要，四方來效，虛而待之，彼自以之」十六字，更為法家主張君主無為之最正確解釋。本書之所以將「無為術」改標為「執要術」者，以此。

君主何以必須無為？按韓非解釋，一為政事太多，非君主一人之力可能全作，倘事必躬親為之，必然發生做不了或做不好之結果；二為君主為臣下所環伺，一有作為，易為臣下夤緣以成姦，即無由察知臣下真象，故能不為即以不為為宜。其言曰：

> 夫為人主而身察百官，則日不足，力不給。且上用目，則下飾觀；上用耳，則下飾聲；上用慮，則下繁辭。先王以三者為不足，故舍己能，而因法數，審賞罰。先王之所守要，故法省而不侵。……故治不足，而日有餘，上之任勢使然也。〈有度〉
>
> 盡思慮，揣得失，智者之所難也。無思無慮，挈前言而責後功，愚者之所易也。明主操愚者之所易，不責智者之所難，故智慮不用而國治也。〈八說〉
>
> 明君之道，使智者盡其慮，而君因以斷事，故君不窮於智。賢者敕其材，君因而任之，故

君不窮於能。有功則君有其賢，有過則臣任其罪，故君不窮於名。是故不賢而為賢者師，不智而為智者正。臣有其勞，君有其成功，此之謂賢主之經也。（〈主道〉）

此即韓非針對第一種原因，認為只有君主自己無為，而使臣下有為，乃可不窮於智能名譽，而收國治之效。

人主者，利害之招穀也；射者眾，故人主共矣。是以好惡見，則下有因，而人主惑矣；辭言通，則臣難言，而主不神矣。說、在申子之言「六慎」，……申子曰：「慎而言也，人且和女。慎而行也，人且隨女。而有知見也，人且匿女。而無知見也，人且意女。女有知也，人且臧女。女無知也，人且行女。故曰：惟無為可以規之。」（〈外儲說右上〉）

故君先見所賞，則臣鬻之以為德；君先見所罰，則臣鬻之以為威。（〈內儲說下〉）

君無見其所欲；君見其所欲，臣將自雕琢。君無見其意；君見其意，臣將自表異。故曰：去好去惡，臣乃見素；去智去舊，臣乃自備。……故曰：寂乎其位而處，漻乎莫得其所。明君無為於上，群臣竦懼乎下。（〈主道〉）

故君見惡，則群臣匿端；君見好，則群臣誣能。人主欲見，則群臣之情態得其資矣。（〈二柄〉）

此即韓非針對第二種原因，認為只有君主謹言慎行，以靜制動，乃可察知臣下之真象，否則臣下將視君主之好惡智巧與意向，而飭緣以成姦。

韓非主張君主無為，任臣下之自為，而藉賞罰權之運用，使臣下不得不守法盡職。此種主張不惟適合政治原理，抑且多少帶有分層負責之用意。❼君主之職責，猶之舟之掌舵者，但高處深居，略舉手足，而舟自能隨其意而運動之。道家所謂「以一馭萬」、「以靜制動」之道，殆不過如是而已。平心言之：韓非此等觀念，與上文所引莊子之言，大體無異，因而其主張用人行政之道，亦頗多與莊子相近處。但無論如何，韓非終是法家，其所致力目標、及其所持政治社會演進之歷史觀，在在均與道家有異；以故在討論如何「用人群」時，特重「責效」與「防姦」二者。

君主如何使臣下有為？要領在「守法責成」四字。❽如何掌握此一要領並實現其功能？首須君主「處虛」、「虛靜無為」，繼則實行用人術、形名術、聽言術、參伍術。故「處虛執要」之君術，又為實行其他各術之前提；倘君人者不明上無為下必有為之旨，而欲以己之有為而求有所為，則其他各術均難獲致理想之效果，信無疑也。

---

❼ 慎子將君臣關係建立於職分之上，君仰成，臣事事，君臣不可易位。人君任臣而不自躬，則臣皆事事，謂之「順」。人君自任而躬事，則臣不事事，謂之「倒逆」。順則治，倒逆則亂。其出發點在張其因勢任法之說，但亦含有分層負責之意。可與韓子之說互參。

❽ 參見❷。

第三節 用人術

韓非雖亦如其他法家之反對以人為治，但在以法為治之宗旨下，仍注重人之問題，並承認用人當否，與治亂亦大有關係。因而《韓子》書中不時討論用人之道，並以適才適所、人盡其才、才盡其用為其著眼點。雖時至今日，政情不同，然其主張內容，仍多有可採之處。

韓非所謂之用人術，可以〈顯學〉中「試之官職，課其功伐」八字概括之；同乎此義者，則為〈難三篇〉所謂：「論之於任，試之於事，課之於功」、「課其功伐」，屬於成績考核範圍，在韓非學說中稱為形名術，宜另以專節論述之。至「試之官職」之法，在今日僅為人之任用陞遷問題，並不關係事權之劃分與體制之建立。韓非時代之政府組織觀念，遠不如今日之精細，自唯有混合而言之。茲先擇錄《韓子》書中之重要文句，然後予以綜合說明。

昔者韓昭侯醉而寢，典冠者見君之寒也，故加衣於君之上。覺寢而說，問左右曰：「誰加衣者?」左右對曰：「典冠」。君因兼罪典衣與典冠。其罪典衣，以為失其事也；其罪典冠，以為越其職也。非不惡寒也，以為侵官之害甚於寒。故明主之畜臣，臣不得越官而有功，不得陳言而不當。越官則死，不當則罪。守業其官，所言者貞也，則群臣不得朋黨相

為矣。（〈二柄〉）

群臣守職，百官有常，因能而使之，是謂習常。（〈主道〉）

明主之為官職爵祿也，所以進賢材、勸有功也。故曰：賢材者，處厚祿，任大官；功大者，有尊爵，受重賞。官賢者量其能，賦祿者稱其功。是以賢者不誣能以事其主，有功者樂進其業，故事成功立。（〈八姦〉）

大臣兩重，父兄眾強，內黨外援，以爭事勢者，可亡也。（〈亡徵〉）

治國之臣，效功於國以履位，見能於官以受職，盡力於權衡以任事。人臣皆宜其能，勝其官，輕其任，而莫懷餘力於心，莫負兼官之責於君。……明君使事不相干，故莫訟；使士不兼官，故技長；使人不同功，故莫爭。爭訟止，技長立，則強弱不觳力，冰炭不合形，天下莫得相傷，治之至也。（〈用人〉）

參疑之勢，亂之所由生也，故明主慎之。（〈內儲說下〉）

明主之道，一人不兼官，一官不兼事；卑賤不待尊貴而進，大臣不因左右而見；百官修通，群臣輻湊，有賞者君見其功，有罰者君知其罪。見知不悖於前，賞罰不弊於後。（〈難一〉）

因任而授官，循名而責實。（〈定法〉）

內寵並后，外寵貳政，枝子配適，大臣擬主，亂之道也。故《周記》曰：「無尊妾而卑妻，無孽適子而尊小枝，無尊嬖臣而匹上卿，無尊大臣以擬其主也。」四擬者破，則上無意，

下無怪也。四擬不破，則隕身滅國矣。（〈說疑〉）

計功而行賞，程能而授事，察端而觀失，有過者罪，有能者得，故愚者不得任事。……明主之國，遷官襲級，官爵受功，故有貴臣。（〈八說〉）

官襲節而進，以至大任，智也。……大臣兩重，提衡而不踦，曰「養禍」，其患、家隆劫殺之難生。……功課，而賞罰生焉。故無用之辯不留朝，任事者知不足以治職，則收官。（〈八經〉）

明主之吏，宰相必起於州部，猛將必發於卒伍。夫有功者必賞，則爵祿厚而益勸；遷官襲級，則官職大而愈治。夫爵祿大而官職治，王之道也。（〈顯學〉）

歸納上引文句，吾人不難發現韓非所謂之用人術，實包括以下各要點：㈠必須劃分職掌範圍，以專責成，避免爭誘。此即〈用人〉云：「明君使事不相干，故其訟。」「使人不同功，故其爭。」〈二柄〉云：「臣不得越官而有功」，「越官則死。」❾㈡必須因材器使，先求才能與職位相稱，然後乃能據以責實。此即〈定法〉云：「因任而授官，循名而責實。」〈主道〉云：「因能而使之。」〈八姦〉云：「官賢者、量其能，賦祿者、稱其功。」〈用人〉云：「治國之臣，效功於國以履位，見能於官以受職，盡力於權衡以任事。人臣皆宜其能，勝其官，輕其任。」〈八說〉云：

❾ 〈定法〉云：「申子曰：『治不踰官，雖知弗言。』治不踰官，謂之守職也可。」亦同此義。

「程能而授事。」㈢必須實行一人一職，而後乃能人盡其才，各展所長。此即〈用人〉云：「使士不兼官，故技長。」〈難一〉云：「明主之道，一人不兼官，一官不兼事。」㈣必須以功伐定進退，而不問其他任何因素，如此則臣無倖進，亦無枉退。此即〈八姦〉云：「賢材者、處厚祿，任大官；功大者、有尊爵，受重賞。官賢者量其能，賦祿者稱其功。」〈難二〉云：「卑賤不待尊貴而進，大臣不因左右而見，百官修通，群臣輻湊，有賞者、君見其功，有罰者、君知其罪。見知不悖於前，賞罰不弊於後。」〈八說〉云：「計功而行賞，程能而授事，察端而觀失，有過者罪，有能者得，故愚者不得任事。」〈八經〉云：「功課，而賞罰生焉。故無用之辯不留朝，任事者知不足以治職，則收官。」㈤必須一切官職由下而上，循序陞遷，以資磨鍊。此即〈八說〉云：「明主之國，遷官襲級。」〈八經〉云：「官襲節而進，以至大任，智也。」〈顯學〉云：「明主之吏，宰相必起於州部，猛將必發於卒伍。夫有功者必賞，則爵祿厚而愈勸；遷官襲級，則官職大而愈治。夫爵祿大而官職治，王之道也。」㈥必須體制分明，以免政出多門，發生妬爭，甚或並敵奪權，僭擬作亂。此即〈亡徵〉云：「大臣兩重，父兄眾強，內黨外援，以爭事勢者，可亡也。」〈內儲說下〉云：「參疑之勢，亂之所由生也，故明主慎之。」〈說疑〉云：「內寵並后，外寵貳政，枝子配適，大臣擬主，亂之道也。」「四擬不破，則隕身滅國矣。」〈八經〉云：「大臣兩重，提衡而不踦，曰『養禍』，其患、家隆劫殺之難生。」

近世政治學者皆主張以憲法確定國家之根本組織，以政府組織法確定行政體系、及劃分機關之事權，至機關作業單位之設置、人員之配屬及權責之分野，亦莫不以法律定之。揆其所以如此者，在於國家政治之進步，必以安定之政治環境為前提，而政治環境之能否安定，則與國家體制之是否分明，及事權歸屬之是否妥善，息息相關。而徒法不能以自行，必有賴人力以為之推動。故國家設官分職之後，用人行政之是否健全，則又與國家之治亂興亡，發生密切關係。古之所謂文官制度，今之所謂人事制度，第無非均在求人與事位之配合，期能發揮最高之行政效率，並又健全人事上新陳代謝之功能而已。以故，舉凡公務人員之選拔、任用、陞遷、考核、獎懲、退休等等，均不能不以法律定之，而期其合理化、制度化。韓非學說中，實包含有近代標榜之人才主義與功績主義，而其根本精神，則在於建立為事擇人、專長任職、分層負責、循序陞遷、及在職訓練等制度。雖時代環境不同，其主張之目的亦僅在於健全君術；然其精義所在，則仍值得吾人深省也。

關於人事決定權問題，韓非亦曾加以討論。韓非主張：官吏之進退，須由人君自主決定，斷不容許亂臣得逞，或為敵國所廢置。其言曰：

臣有二因，謂外、內也。外曰畏，內曰愛。所畏之求得，所愛之言聽，此亂臣之所因也。

（〈八經〉）

貴夫人，愛孺子，便僻好色，此人主之所惑也。託於燕處之虞，乘醉飽之時，而求其所欲，

> 此必聽之術也。為人臣者，內事之以金玉，使惑其主。（〈八姦〉）

> 君臣之利異，故人臣莫忠，故臣利立，而主利滅。是以姦臣者、召敵兵以內除，舉外事以眩主，苟成其私利，不顧國患。（〈內儲說下〉）

> 君人者、國小則事大國，兵弱則畏強兵。大國之所索，小國必聽；強兵之所加，弱兵必服。為人臣者、重賦斂，盡府庫，虛其國以事大國，而用其威，求誘其君，甚者、舉兵以聚邊境，而制斂於內；薄者、數內大使，以震其君，使之恐懼。（〈八姦〉）

此即言亂臣假近習以成姦，假敵國以挾主也。此弊不除，其後果堪慮。小則有如〈八姦〉云：「所謂亡君者，非莫有其國也，而有之者，皆非己有也。令臣以外為制於內，則是君人者亡也。」大則有如〈亡徵〉所謂：「貴人相妬，大臣隆盛，外籍敵國，內困百姓，以攻怨讎，而人主弗攻者，可亡也。」而除之之法，一為：「外國之置諸吏者，結誅親暱重帑，則外不籍矣。爵祿循功，請者俱罪，則內不因矣。外不籍，內不因，則姦宄塞矣。」（〈八經〉）另一為：「其於諸侯之求索也，法則聽之，不法則距之。」（〈八姦〉）韓非又云：

> 敵之所務，在淫察而就靡；人主不察，則敵廢置矣。故文王資費仲，而秦王患楚使；黎且去仲尼，而干象沮甘茂。是以子胥宣言而子常用，內美人而虞、虢亡，佯遺書而萇弘死，用雞猳而鄶桀盡。（〈內儲說下〉）

此即言敵國以計亂我之察，而成我之惡，使我於臣之用舍廢立，皆出於敵謀，其結果必然使我國蒙受不利。所舉八例，足以說明敵國廢置之為大患，故人主不可不察之。此所以韓非又云：

> 廢置之事，生於內則治，生於外則亂。是以明君以功論之內，而以利資之外，故其國治而敵亂。（〈八經〉）

> 參疑廢置之事，明主絕之於內，而施之於外；資其輕者，輔其弱者，此謂廟攻。參伍既用於內，觀聽又行於外，則敵偽得。（〈內儲說下〉）

參伍用於內，可以察明臣下真象，即不致誤中敵計，輕為廢置。觀聽行於外，可以瞭解敵國實情，即不難反其道而行之，使敵國輕於廢置其臣。至所謂資其輕者、輔其弱者，則又為我施參疑廢置於敵國之術也。

按戰國時代，海內爭於戰攻，務在強兵並敵。各國諸侯或為救亡圖存，或為逞其利欲，莫不廣開仕路，以延攬天下人才。而游說縱橫之士，亦各以其術，遍干諸侯，合則留，不合則去。楚材晉用者有之，朝秦暮楚者亦有之。因而各國臣僚非必悉為本國人士。此種現象，進入戰國末期，尤為顯然。各國將相之由外人擔任者日多。上焉者固忠於其服事之人君，下焉者則挾其祖國以自重。流風所被，雖至本國人士之為本國臣僚者，亦每外交大國，以為奧援，並憑其在國際間之聲聞，為制於內。韓非生茲時代，既有感於官吏之進退，未能完全操之於君，致無以建立名符其實之「君主政治」；從而主張官吏之進退，必出於人君之自主決定，以免外為敵國所廢置，內為姦臣假外援以挾制之。

第四節　形名術

形名、一作「刑名」，此為名家「形名論」之一種運用。以君主督責群臣之術，重在綜覈名實，故亦有稱之為綜覈術者。

形、謂一切事物之形。形必有名。名者、所以名其形，形者、所以應其名也。名家諸書中，言形名之理最明切者，為《尹文子》。⑩《尹文子・大道上》云：

> 大道無形，稱器有名。名也者，正形者也；形正由名，則名不可差。……故亦有名以檢形，形以定名，名以定事，事以檢名；察其所以然，則形名之與事物，無所隱其理矣。名有三

⑩ 按尹文學說，依《莊子・天下》所論，應與宋鈃同列墨家。近人均主此說。惟今傳本《尹文子》，語皆名家精髓；則〈漢志〉之列入名家，難謂不恰。梁啟超認為今本《尹文子》本為先秦名家言，編者不得其主名，遂歸諸尹文。斯說為長，從之。參見本書第三章⑩。

科：一曰命物之名，方圓白黑是也；二曰毀譽之名，善惡貴賤是也；三曰況謂之名，賢愚愛憎是也。……名者、名形者也，形者應名者也。然形非正名也，名非正形也，則形之與名，居然別矣；不可相亂，亦不可相無，無名、故大道無稱，有名、故名以正形。今萬物俱存，不以名正之則亂；萬名具列，不以形應之則乖。故形名者，不可不正也。

尹文之論，重在檢形正名，藉以定分，而使萬物不亂。如僅執此而論，則正名之說，儒家實首倡之，即不得謂法家之形名術，為名家「形名論」之一種運用。考之《論語．子路》，載孔子之言曰：「必也正名乎，……名不正，則言不順；言不順，則事不成；事不成，則禮樂不興；禮樂不興，則刑罰不中；刑罰不中，則民無所措手足。」所謂正名，旨在建立是非真偽之標準，俾禮樂刑罰之類得以成立；若使君君臣臣、父父子子，皆如其名，皆盡其道，則天下有道矣。故孔子又曰：「苟正其身矣，於從政乎何有？不能正其身，於正人何？」(〈子路〉)「政者、正也，子帥以正，孰敢不正！」(〈顏淵〉) 荀子繼孔子之學，不惟有〈正名〉之作，抑且著〈禮論〉，主張以禮治國，以禮約制人生欲求之度量分界；亦即以禮之規定，作為人群之權利義務範圍，作為防亂止爭之唯一工具。但無論如何，儒家倡導之正名說，均非法家於正名之外，復有循名責實以課群臣功過之學說可比。而名家之形名論則有之。如云：「慶賞刑罰，君事也。守職效能，臣業也。君科功黜陟，故有慶賞刑罰；臣各慎所務，故有守職效能。君不可與臣業，臣不可侵君事。上下不相侵與，謂之名正。名正而法順也。……守職分使不亂，愼所任而無私，饑飽一心，毀譽同慮，賞亦不忘，罰亦不怨。此居下之節，可以為人臣矣。」（《尹文子・大道上》）故吾人認為法家之形名術，實為名家「形名論」之一種運用。

按形名二字雖為名家法家所共審，其間仍然有所差別。就通常之言論，察其名實是否相應，以求智識之精確，是為名家之學。操是術以用諸政治，以綜覈名實，則法家之學也。蓋言理與言治有異。凡言理者，名實相應則是，名實不相應則非。尹文、惠施、公孫龍之流，其說既不專主於政治，亦無政治上之事功可言；其成為名家也固宜。而言治者，名實相應則治，名實不相應則亂。商鞅、申不害、韓非之流，或操此以建立事功，或用之以成君術之論；其成為法家之學，則又所必然矣。法家所謂之形名，均限於政治上之事物，而求其名實相應之道，則稱為「循名責實」、「形名參同」、「審合形名」、「綜覈名實」。如以官位為名，則職事為形；依照官位，督責職事，即為循名以責實。如以言論為名，則事功為形；就其言論，考核事功，即為綜覈名實。又如以法條為名，事件為形；而求事件之處理必與法條相合，即為審合形名。故法家所謂之形名術，為用最廣，為效最大。舉凡考核臣下、促進功效、推行法令、整飭官常，幾無一不賴此以為用。倘無此術，則君主之賞罰當否堪慮，臣下之姦邪更無從察知，而法家主張君主以無為為心，而使臣下必有為之說，將等於空談矣。

應用法家「形名之學」以治國者，為商鞅、申不害。故《史記》〈商君列傳〉云：「鞅少好刑名之學。」〈老子韓非列傳〉云：「申子之學，本於黃、老，而主刑名。」惟商鞅重法，申不害尚術；法所以治民，而術則治治民之人，故二人於形名學之運用，不能無異。韓非則兼取以為用。關於法論部份，諸如：「不遊意於法之外，不為惠於法之內，動無非法。」「不引繩之外，不推繩之內，不急法之外，不緩法之內。」及「賞罰必於民心，賞存乎慎法，而罰加乎姦令」等，皆為以法條為名，以事件為形，而求事件之處理必與法條相合。前已詳述，故茲不贅。關於術論部份，述之如下：

> 有言者自為名，有事者自為形。形名參同，君乃無事焉。……群臣守職，百官有常，因能而使之，是謂習常。……人主之道，靜退以為寶。不自操事，而知拙與巧；不自計慮，而知福與咎。是以不言而善應，不約而善會。言已應，則執其契；事已會，則操其符。符契之所合，賞罰之所生也。故群臣陳其言，君以其言授其事，以其事責其功。功當其事，事當其言，則賞；功不當其事，事不當其言，則誅。明君之道，臣不得越官而有功，不得陳言而不當。（〈主道〉）
>
> 人主將欲禁姦，則審合形名；形名者、言與事也。為人臣者陳而言，君以其言授之事，專以其事責其功。功當其事，事當其言，則賞；功不當其事，事不當其言，則罰。故群臣其言大而功小者則罰，非罰小功也，罰功不當名也。群臣其言小而功大者亦罰，非不說於大

功也，以為不當名也，害甚於有大功，故罰。〈二柄〉

用一之道，以名為首。名正物定，名倚物徙。故聖人執一以靜，使名自命，令事自定。不見其采，下故素正。因而任之，使自事之。因而予之，彼將自舉之。正與處之，使皆自定之。上以名舉之。不知其名，復修其形。形名參同，用其所生。二者誠信，下乃貢情。……君操其名，臣效其形，形名參同，上下和調。〈揚搉〉

循名實而定是非，因參驗而審言辭。〈姦劫弒臣〉

人主雖使人，必以度量準之，以形名參之。事遇於法則行，不遇於法則止。功當其言則賞，不當則誅。以形名收臣，以度量準下，此不可釋也，君人者焉佚哉！〈難二〉

因任而授官，循名而責實。〈定法〉

據法直言，名形相當，循繩墨，誅姦人，所以為上治也。〈詭使〉

以上引文中，「形名參同，君乃無事焉」二句，足以說明形名術與執要術之關係。惟有君主實行「群臣守職，百官有常，因能而使之」之主道，並反復遵行之，而後乃可無為於上，使群臣有為於下。然欲禁人臣之姦，則非就其所陳之言，所為之事，加以考核，並就考核之結果施予賞罰不可。此即所謂：「人主雖使人，必以度量準之，以形名參之。」「言已應、則執其契，事已會、則操其符。符契之所合，賞罰之所生也。」按法家以信賞必罰為施政之第一要務，倘不先之以循名責實，勢無以定是非、明功過，而昭賞罰之公信。況信賞必罰也者，其對象非僅限於人民，於治民之官吏亦極為重要。法家既以形名術為推行法治之前提，故有人稱法家之學為形名之學。

韓非之所以重視形名術，實以其生年去申不害之歿不遠，對申不害治韓之術，瞭解至為透徹。《史記・老子韓非列傳》於申不害僅有六十八字之傳記，誠不足以考其一生行事如何？其相韓昭侯時用以內修政教、外應諸侯之學術又為如何？然吾人仍可從《戰國策・韓策》、《荀子・解蔽》、《呂氏春秋・任數》、《韓非子》〈內外儲說〉、〈難三〉、〈定法〉等篇稱引申子之言行，及《群書治要》所引《申子・大體》之文字，以及今人如錢穆之〈申不害考〉等，獲得相當正確之認識。大抵其相韓十五年中，內修之政教，即循名責實、崇上抑下、而齊之以刑；所謂外應諸侯之道，即為彼此和平相處。太史公謂其學「本於黃、老，而主刑名。」又曰：「申子卑卑，施之於名實。」足見申不害所言之術，偏重於無為術與形名術。太史公之將其與韓非合傳，自亦足見韓非所言之術，深受申不害之影響無疑。此又所以後世於審合形名之學，多有稱之為申韓之學者。

按法者、所以治民，術者、所以治治民者也。誠欲群臣依法以治民，而收富國強兵之大效，則非以完整而統一之法令，以輔成責效防姦之功不可。申不害之相韓昭侯也，雖能使其君「因任而授官，循名而責實，操殺生之柄，課群臣之能」，致十五年中，國治兵強，諸侯無侵韓者；然而申不害一歿，國勢頓衰，遠不如商鞅死後，秦仍強盛不已者，無他，韓國法令新故並用，雜亂紛歧，終申子之身未能有所統一整理而已。況其所言之術，並未盡善。「治不踰官，雖知弗言」。

自一方言之，固有利於循名責實之用；自他方言之，則喪失人君耳目之聰明；此所以姦臣有所譎其辭，而昭侯終無以成其霸王之業也。故韓非於〈定法〉中加以檢討，並根據檢討結果，提出「法莫如一而固，使民知之」之主張，及標榜「聽言術」與「參伍術」之重要。

第五節 聽言術

戰國時代之策士，均講求遊說方法，以為進身之術。縱橫家者流，固擅此以干人君，而獵取功名富貴；即法術之士又何嘗不藉此以期實現其主張。何況一國之君，位高權重；臣下窺伺君心，投其所好，更屬在所難免。以故，巧辯之辭，愚誣之學，浮誇虛誕之說，縈繞於人君耳際不已。韓非以為：君人者如無聽言之術，極易為人臣所欺，小則無以致責效防姦之功，大則將有亂政亡國之患。故《韓子》書中論及聽言術之處極多，而以〈八經〉之「參言節」最為詳盡。錄之如下：

> 聽不參，則無以責下；言不督乎用，則邪說當上。言之為物也，以多信。不然之物，十人云疑，百人然乎，千人不可解也。訥者言之疑，辯者言之信。姦之食上也，取資乎眾，藉信乎辯，而以類飾其私。人主不饜忿而待合參，其勢資下也。有道之主，聽言督其用，課其功；功課，而賞罰生焉。故無用之辯不留朝，任事者知不足以治職，則收官。說大而誇

則窮端，故姦得而怒。無故而不當為誣，誣則罪臣。言必有報，說必責用也，故朋黨之言不上聞。凡聽之道，人臣忠論以聞姦，博論以納一，人主不知，則姦得資。明主之道，己喜則求其所納，己怒則察其所構；論於已變之後，以得毀譽公私之徵。眾諫以效智，使君自取一以避罪。故眾之諫也，敗君之取也。無副言於上，以設將然，令符言於後，以知謾誠。明主之道，臣不得兩諫，必任其一；語不得擅行，必合其參；故姦無道進矣。

細繹上引文句，不難發現韓非所謂之聽言術，旨在利於君主察姦，並兼有防微杜漸之意義。其要點為：㈠不兼聽眾人之言，又不參驗實際之功效，則其言當否？必無從判斷。無從判斷當否，必無以責下。人君聽言而無以責下，則一切邪說均可蒙蔽之。㈡言以多而易信，故不真不實之事，十人以為可疑，百人以為可信，雖千人不能為之辯解。㈢訥者不善言辭，其所言不易起信；而辯者善於飾說，其所言則易於動聽。㈣姦臣常藉眾人之助以蔽主。因而外求諸侯之辯士，內養國中之說客，以相類之事，文飾其私，使人君處於不察。㈤人君聽言後，不能抑其忿怒，又不待參驗即予施行，則姦臣將利用人君之權勢，以營其私。㈥有道之主，聽言必責其用，既用，則課功以定賞罰。故凡誇大不實之言，或無他故而不著其功者，均應治罪。因之，一切諫說均可督用，而朋黨之言亦不敢上奏。㈦聽言時，首須瞭解臣下是否不避嫌怨，以姦上聞；又是否雜陳眾說，使君自擇其一，以避罪責。否則將為臣下所乘，而遂其姦私。㈧人君聞辯言而喜時，必求其所納之虛實；聞訐言而怒時，亦應察其所搆之是非；且一切處斷均須在喜怒已止之後，再予施行。如此，則臣下毀譽公私之真象，乃可察知。㈨臣下於諫言之所以不主一義，除表示其足智多謀而外，尚存有任君自取其一，而預留免罪地步之用心。臣下雜陳其說在兩種以上，謂之眾諫。眾諫、則人君惑於眾說均有理由，而無從取決，或則輕取一說而又不當於事。故眾諫必敗君之取。臣下用兩種諫說，或於諫說中作不肯定之預測結果者，均謂之副言。有副言，則人君無以督其用而課其功。故眾諫與副言，均須在所必禁。㈩明主防姦之道，必須責令臣下於兩種諫說中，確立一說，以任其責。同時凡臣下之所言者，必參之於人，以考其當否？又必參之於事，以驗其效否？切忌輕信擅行。

除「參言節」而外，最能代表韓非之主張者，散見於以下各篇節：

知其言以往，勿變勿更，以參合閱焉。官置一人，勿令通言，則萬物皆盡。（〈主道〉）

聽言之道，容若甚醉。脣乎齒乎？吾不為始乎！齒乎脣乎，愈惛惛乎！彼自離之，吾因以知之。是非輻湊，上不與構。（〈揚搉〉）

聽以爵，不以眾言參驗，用一人為門戶者，可亡也。（〈亡徵〉）

人臣為主設事，而恐其非也，則先出說設言曰：『議是事者，妬事者也。』人主藏是言，不更聽群臣；群臣畏是言，不敢議事。二勢者用，則忠臣不聽，而譽臣獨任。如是者謂之

壅於言。壅於言者制於臣矣。(〈南面〉)

觀聽不參，則誠不聞。聽有門戶，則臣壅塞。(〈內儲說上・經一〉)

一聽，則愚智分；責下，則人臣參。(〈內儲說上・經四〉)

時主之聽言也，美其辯；其觀行也，賢其遠。故群臣士民之道言者迂弘，其行身也離世。(〈外儲說左上・經一〉)

人主之聽言也，不以功用為的，則說者多棘刺、白馬之說；不以儀的為關，則射者皆如羿也。……是以言有纖察微難，而非務也。……論有迂深閎大，非用也。……行有拂難堅确，非功也。(〈外儲說左上・經二〉)

今聽言觀行，不以功用為之的彀，言雖至察，行雖至堅，則妄發之說也。是以亂世之聽言也，以難知為察，以博文為辯；其觀行也，以離群為賢，以犯上為抗。(〈問辯〉)

是以明主不懷愛而聽，不留說而計。故聽言不參，則權分乎姦；智術不用，則君窮乎臣。(〈八經〉「因情節」)

上君、盡人之智。是以事至而結智，一聽而公會。聽不一，則後悖於前；後悖於前，則愚智不分。不公會，則猶豫而不斷；不斷，則事留自取。一聽、則毋墮壑之累。(〈八經〉「主道節」)

歸納上引文句，又顯見韓非之聽言術，要領有四：第一、人君聽言時，須力守沉默，不可輕加贊否，以便言者罄所欲言，廣為析說；同時對其所言者，無論或是或非，均宜一併聽之，切忌參入彼等是非之中；尤不可先有成見。此即〈揚搉〉云：「容若甚醉」，「是非輻湊，上不與構。」〈南面〉云：「人主藏是言，不更聽群臣；群臣畏是言，不敢議事。」「壅於言者，制於臣矣。」〈內儲說上〉云：「聽有門戶，則臣壅塞。」〈八經〉云：「是故明主不懷愛而聽，不留說而計。」第二、人君不可偏聽臣下之言，必須眾端參觀，以驗其當否。偏聽一人之言，而不責令其前後相符；又或以爵位高低，而論其人之言可否採信；均易使臣下得有成姦機會，如再以一人專司傳達，其弊更甚。此即〈主道〉云：「知其言以往，勿變勿更，以參合閱焉。」〈亡徵〉云：「聽以爵，不以眾言參驗，用一人為門戶者，可亡也。」〈內儲說上〉云：「觀聽不參，則誠不聞。」〈八經〉云：「故聽不參，則權分乎姦。」第三、能集思廣益，事盡其實者，方為上君。上君之聽言也，必先一一而聽之，以偏謀於眾，再會合眾議，而以公決行之。此即〈內儲說上〉云：「一聽、則愚智分；責下、則人臣參。」〈八經〉云：「一聽而公會。聽不一，則後悖於前；後悖於前，則愚智不分。不公會，則猶豫而不斷；不斷，則事留自取。一聽、則毋墮壑之累。」第四、人君聽言，必須考究其人言論之有無功用，否則易為虛言所誤。此即〈外儲說左上〉云：「群臣士民之道言者迂弘。」「人主之聽言也，不以功用為的，則說者多棘刺、白馬之說。……是以言有纖察微難，而非務也。論有迂深閎大，非用也。」〈問辯〉云：「今聽言觀行，不以功用為之的彀，言雖至察，行雖至堅，則妄發之說也。」

一聽而公會，在實際政治之處理上，頗為重要。蓋政治設施之得失，基於政策性之決定者至大。今世民主國家、政黨政治國家，其於政策之釐定與實施也，莫不循經會議階段，討論決定。而在會議之前或進行之際，關係人物均可暢所欲言，抒其個人之見解，提供秉國鈞者或黨之領袖參擇。惟一經討論決定，則以會議公決之結果為準，任何人不得有所異議。此亦有感於「兼聽則明，偏聽則暗」，而求其集思廣益、事盡其實之故也。韓非所謂之「一聽」，殆猶今日國家元首、政黨領袖之個別垂詢意見；所謂之「公會」，則為將各方意見整理、或不加整理，即提交會議討論決定。惟是一聽而公會之運用，在韓子學說中非僅以政策之決定為限，舉凡臣下言行督察、事功考核、乃至賞罰之決定，均在適用範圍之內。此則由於韓非處於君主政治形成時期，尚無近世分權學說觀念之所致也。

其次、韓非於聽言術中，認定眾諫與副言，均須在所必禁。禁眾諫，則人君不惑於眾說皆有理由，而易於取決。禁副言、則臣下必確立一說以任其責，不敢亂陳辯言。此種辦法，固可使臣下之喜為飾言者，心存戒懼；然臣下中亦有安於緘默、遇事知而弗言者，又將如之何？韓非對此，特提出所謂「不言之責」，使臣下不能不言其所當言。故〈南面〉云：

主道者、使人臣必有言之責，又有不言之責。言無端末，辯無所驗者，此言之責也。以不言避責，持重位者，此不言之責也。人主使人臣言者，必知其端末，以責其實；不言者、必問其取舍，以為之責。則人臣莫敢妄言矣，又不敢默然矣。

在韓非之意，任何政治措施，均屬利害兼有，而取舍之道，在辨明利之大小；計其入多出少者，則為之，若其利小弊大，則斷不可為。〈八說〉有言曰：「法、所以制事，事、所以名功也。法立而有難，權其難而事成，則立之。事成而有害，權其害而功多，則為之。無難之法，無害之功，天下無有也。」即為此理之最佳說明。君人者欲竟其治國之功，在決定各種設施之際，自有待臣下之善為析陳。對於遇事輒言之臣，察其端末，驗其當否，即可集思廣益，以供最後決定之參考。對於遇事緘默之臣、或以不言避責而保其祿位之臣，則唯有主動垂詢意見，而使其不能不言。如此，則人人不敢妄言，人人不敢不言。人不妄言，亦不默守，則政治上一切措施，君主均可察酌群言，定其取舍，而無不切合時勢之虞矣。故韓非之聽言術，雖旨在利於君主察姦，而其運用之結果，實兼含有結智結能以謀國是之意味。

第六節　參伍術

參伍術亦曰參驗術、或稱為參伍之道，旨在多方考察臣下之真情，以免為其所欺。名為參驗術者，以〈姦劫弒臣〉有「因參驗而審言辭」之言；名為參伍術者，以〈孤憤〉有「不以參伍審罪過，而聽左右近習之言，則無能之士在廷，而愚污之吏處官矣」之語；至名之為參伍之道者，則以〈八經〉「立道節」之起首語，即為此四字也。

參伍術之本身，亦含有循名責實與參言督用之性質，其所以不置於形名術或聽言術之內，而標舉為君術之另一種者，蓋以其目的僅在察姦，非若形名、聽言二術之兼有責效目的也。況實行參伍之方法，又雜有權術與秘術之意味，此在君主政治時代，固未可厚非，在今日似無過分重視之需要。因仍以參伍術為名，而附論焉。

《韓子》全書中，最能釋明此術之原則及其具體辦法者，莫如〈八經〉「立道節」。其言曰：

> 參伍之道，行參以謀多，揆伍以責失。行參必折，揆伍必怒。不折則瀆上，不怒則相和。折之徵，足以知多寡；怒之前，不及其眾。觀聽之勢，其徵在罰比周而賞異，誅毋謁而罪同。言會眾端，必揆之以地，謀之以天，驗之以物，參之以人，四徵者符，乃可以觀矣。參言以知其誠，易視以改其澤，執見以得非常，一用以務近習，重言以懼遠使，舉往以悉其前，即邇以知其內，疏置以知其外，握明以問所闇，詭使以絕黷泄，倒言以嘗所疑，論反以得陰姦，設諫以綱獨為，舉錯以觀姦動，明說以誘避過，卑適以觀直諂，宣聞以通未見，作鬬以散朋黨，深一以警眾心，泄異以易其慮，似類則合其參，陳過則明其固，知罪

辟罪以止威，陰使時循以省衷，漸更以離通比，下約以侵其上。相室約其廷臣，廷臣約其官屬，軍吏約其兵士，遣使約其行介，縣令約其辟吏，郎中約其左右，后姬約其宮媛，此之謂條達之道。言通事泄，則術不行。

分析本節文字，不難發現自「行參以謀多」起，至「四徵者符，乃可以觀矣」止，為實行參伍術之原則問題；自「參言以知其誠」起，至「下約以侵其上」止，為實行參伍術之具體方法。自「相室」至「條達之道」四十九字，蓋係注文之誤入正文者；⓫「言通事泄，則術不行」八字，當係「下約以侵其上」句之補充文義。

在原則方面，韓非認為必須使用錯綜考核之術，乃可察知臣下之誠偽。行參、為多方諮詢意見，揆伍、為多方考察情偽；就所得之意見而再三反問之，則臣下不敢以浮詞亂聽，而反問入微時，則非確有所見者不能置答。故考察情偽必須嚴厲，然而亦不可不守一定之範圍，即使怒而有所處分，亦不宜遷怒於眾。對不告姦者、罰之，對不比周者則賞之。在判定臣下是非善惡之前，

⓫ 從陳啟天《校釋》，本段注十九之說。亦有不持此種解說，而於「言通事泄，則術不行」句，云為：「文義未完，以下當有脫文」者（見陳奇猷《集釋》本段注第三十八）。愚按：〈五蠹〉「而終不動其脛毛不改」句，其中「不改」二字，亦應為「不動其脛毛」之注文，而誤刊為正文；否則即無從加以解釋。吾人於古人書，當以今傳本為據，儘可能依其文句，以求適當之解釋為是。

必須綜合眾事，就天時、地利、物理、人情四者計度之。如此，則眾姦可以察明，誅賞亦無失當之虞矣。韓非此種論旨，原不失為循名責實、參言督用之道，所可議者，其主張之運用方法而已。

在運用技術方面，韓非提出之具體方法共二十六種：㈠參聽眾人之言，以審察其誠否。此即「參言以知其誠」。㈡已知其誠，則換一方式對待，以改驗其是否如一。此即「易視以改其澤」。㈢執現在之物，以察其難察之陰情。此即「執見以得非常」。㈣專用不兼他職，以使近臣各有所務，而無隕越。此即「一用以務近習」。㈤對遠遣之臣，分別詔入，再三囑託，則彼等必相疑，而不至為姦。此即「重言以懼遠使」。㈥就其已往表現，以論其目前情況，此即「舉往以悉其前」。㈦疏遠之臣，使就親近，以利察知內情。此即「即邇以知其內」。㈧親近之臣，置之疏遠，以便觀其外行。此即「疏置以觀其外」。㈨掌握已知之事，而佯問之，以悉未知之事。此即「握明以問所闇」。㈩詭譎而使之，以杜絕其瀆慢之行為。此即「詭使以絕黷泄」。(十一)倒置他人之言，而反說之，以試所疑之事。此即「倒言以嘗所疑」。(十二)從事之反面而察之，以知陰姦之有無。此即「論反以得陰姦」。(十三)對專任之要員，設間諜以窺伺之，或設監以糾繩之，使其不敢有姦。此即「設諫以綱獨為」。(十四)指責錯誤之事，以觀姦人動靜。此即「舉錯以觀姦動」。(十五)明說其法禁，用以誘導臣下自知避過，而盡服從。此即「明說以誘避過」。(十六)卑謙順適之態度對待臣下，而觀其為直為諂。此即「卑適以觀直諂」。(十七)宣布所聞於臣下，以求洞悉未聞之事。此即「宣聞以通未見」。(十八)使臣下彼此相怒起鬬，以分化其朋黨關係。此即「作鬬以散朋黨」。(十九)深知一事之詳情，使眾人心為之警。此即「深一以警眾心」。(二十)故意洩漏與現況不同之事，以改易臣下思慮。此即「泄異以易其慮」。(二一)類似可疑之事，必詳細考察而後處斷。此即「似類則合其參」。(二二)人臣陳說他人過端，必須明其原由，不可輕信；人臣自陳其過端，則須察其對我之忠誠是否固定不變。此即「陳過則明其固」。(二三)知臣下之罪，即刑其罪，則可防止臣下之假威以成姦。此即「知罪辟罪以止威」。(二四)暗中派人密查時巡，用以省察臣下之衷誠如何。此即「陰使時循以省衷」。(二五)對朋黨比周之人，以逐漸更調方式，離其通比，則不致引起激變。此即「漸更以離通比」。(二六)陰約其人之下屬，以窺伺其人有無姦邪。如以廷臣窺伺相室，以行介窺伺遣使等是。此等暗約，如為窺伺者之長官所知，則無以收效。此即「下約以侵其上」，「言通事泄，則術不行」。

上述二十六術，大都雜有權術或秘術意味。同乎此者，如〈內儲說上〉云：

> 主之所用也，七術。……五曰、疑詔詭使，六曰、挾知而問，七曰、倒言反事。

所謂「疑詔詭使」，為詭譎而使之，使下不敢隱其情也。故同篇「經五」云：「數見、久待、而不任，姦則鹿散；使人問他，則不鬻私。」舉出龐敬還公大夫、戴讙詔視轀車、周主亡玉簪、及商太宰論牛矢之故事，作為說明。所謂「挾知而問」，為以我所知，而佯問之，以驗左右之誠偽，並使之悚懼也。故同篇「經六」云：「挾知而問，則不知者至；深知一物，則眾隱皆變。」亦舉出昭侯握一爪、昭侯審南門、周主索曲杖、卜皮使庶子、及西門豹佯遺轄之故事，以為之說明。

所謂「倒言反事」，即倒置其言，反為其事，以求得知姦情之謂也。同篇「經七」云：「倒言、反事，以嘗所疑，則姦情得。」所舉例證，計有山陽謾樛豎、淖齒為秦使、齊人欲為亂、子之以白馬、子產離訟者、及嗣公過關吏等。又如〈八說〉云：

明君之道，賤得議貴，下必坐上，決誠以參，聽無門戶，故智者不得詐欺。

此亦相當於參伍術之運用者也。所謂「賤得議貴」者，謂下級官吏得告發上級官吏之姦也。「下必坐上」者，謂主官有罪，屬員不為告發，則須連坐；如告發不實，又須反坐也。「決誠以參」者，為求明事實之真象，須多觀多聽也。「聽無門戶」者，謂不可專聽一人之言，致為其所蔽也。再如〈八經〉「起亂節」有云：

其位至而任大者，以三節持之：曰「質」，曰「鎮」，曰「固」。親戚妻子，質也；爵祿厚而必，鎮也；參伍責怒，固也。賢者止於質，貪饕化於鎮，姦邪窮於固。忍不制則上失，小不除則大誅。誅而名實當，則徑之。生害事，死傷名，則行飲食；不然，而與其讎，此謂除陰姦也。

按本節雖在討論亂之所由起，然其用以止亂之道，如僅就上一段文字而論，實含有權術與秘術之意味。對於位極人臣之流，其賢者以親戚妻子為質，以止其姦心；其嗜利者以爵祿安定之，貪得爵祿，即不敢為姦；其姦邪者則以參伍責怒之術考察之，使之穩定，而有所不敢為。此猶可解釋為基於人類行為之分析與觀察，而有之差別處理。顧其所謂制裁之術，誅而名正言順，則徑行誅之；不誅則害事，誅之則傷名，為免傷君之名，則行飲食誅之，甚或唆使其仇人害之。顯誅在正國家典刑，此猶可說；陰誅則有失光明正大，非權術與陰密手段之運用而何？雖美其名曰除陰姦，實為實行參伍術之極致。此亦導致後世學者之以「術不欲見」，「用人也鬼」為據，而認定韓非之「術」，為深藏不露、詭譎多端之「權術」也。可勝歎哉！

第七節　術之成敗關鍵

韓非學說中，有關執要術、用人術、形名術、聽言術、參伍術之主要論旨，均已析述如上。就理論上言，君主如能兼而行之，自可防止人臣姦詐，增進行政功能，保持威嚴地位，貫徹法律實施。但就實際政治而言，即使兼而使之，亦難期其完美無缺。蓋君主一人用術以統治官吏，而官吏多人亦可乘隙蹈虛以欺蔽君主。在官吏中，地位最尊者莫過於大臣，關係最密者莫過於近習。倘不能先行防止大臣擅斷，近習賣重，則一切責效與防姦之術，均成畫餅矣。〈外儲說右上〉云：

> 人主者、利害之招轂也，射者眾，故人主共矣。是以好惡見，則下有因，而人主惑矣；辭

> 言通，則臣難言，而主不神矣。（「經二」）
>
> 術之不行，有故；不殺其狗，則酒酸。夫國亦有狗，且左右皆社鼠也。（「經三」）

「經二」所云者，指群臣均在揣度君主之意，並於射中後，行賞罰於下，其結果無異將國家大權，分由君主與人臣共操之，積以時日，則君主必為姦臣所劫奪。姦臣者、或為重臣，即言聽而力多之權臣，又或為左右之人，即近習；總之，皆寵人也。韓非既有感於是，故云：「治國是非，不以術斷，而決於寵人，則臣下輕君而重於寵人矣。人主不親觀聽，而制斷在下，託食於國者也。使人不衣不食，而不飢不寒，又不惡死，則無事上之意。意欲不宰於君，則不可使也。今生殺之柄在大臣，而主令得行者，未嘗有也。」（〈八說〉）可見治國是非，非以術斷之不可。

術何以不行？以有障距、壅蔽之臣故。「經三」所云者，在以國狗喻大臣，社鼠喻近習。此二者每為障距壅蔽之臣，極易使君術為之不行，故非以術去其中之姦邪者不可。茲擇錄「傳三」所舉例證，以說明之：

> 宋人有酤酒者，升概甚平，遇客甚謹，懸幟甚高，然而不售，酒酸，怪其故，問其所知閭長者楊倩。倩曰：「汝狗猛邪？」曰：「狗猛，則酒何故而不售？」曰：「人畏焉。或令孺子懷錢挈壺甕而往酤，而狗迎而齕之，此酒所以酸而不售也。」夫國亦有狗。有道之士，懷其術而欲以明萬乘之主，大臣為猛狗，迎而齕之，此人主之所以蔽脅，而有道之士所以

不用也。故桓公問管仲曰：「治國最奚患？」對曰：「最患社鼠矣。」公曰：「何患社鼠哉？」對曰：「君亦見夫為社者乎？樹木而塗之，鼠穿其間，掘穴託其中，燻之則恐焚木，灌之則恐塗阤，此社鼠之所以不得也。今人君之左右，出則為勢重而收利於民，入則比周而蔽惡於君；內間主之情以告外，外內為重，諸臣百吏以為富，吏不誅則亂法，誅之則君不安，據而有之，此亦國之社鼠也。」故人臣執柄而擅禁，明為己者必利，不為己者必害，此亦猛狗也。夫大臣為猛狗，而齕有道之士矣；左右又為社鼠而間主之情，人主不覺；如此，主焉得無壅，國焉得無亡乎？

一曰：宋之酤酒者，有莊氏者，其酒常美。或使僕往酤莊氏之酒，其狗齕人，使者不敢往，乃酤佗家之酒。問曰：「何為不酤莊氏之酒？」對曰：「今日莊氏之酒酸。」故曰：不殺其狗則酒酸。

一曰：桓公問管仲曰：「治國何患？」對曰：「最苦社鼠。夫社、樹木而塗之，鼠因自託也；燻之則木焚，灌之則塗阤，此所以苦於社鼠也。今人君左右，出則為勢重以收利於民，入則比周謾侮蔽惡以欺於君，不誅則亂法，誅之則人主危，據而有之，此亦社鼠也。故人臣執柄擅禁，明為己者必利，不為己者必害，亦猛狗也。」故左右為社鼠，用事者為猛狗，則術不行矣。

夫痤疽之痛也，非刺骨髓，則煩心不可支也；非知是，不能使人以半寸砥石彈之。今人主之於治亦然，非不知有苦則安；欲治其國，非知是，不能聽聖智而誅亂臣。亂臣者、必重人，重人者、必人主所甚親愛也，人主所甚親愛也者，是同堅白也。夫以布衣之資，欲以離人主之堅白所愛，是猶以解左髀說右髀者，是身必死而說不行者也。

上引各段文字，內容詳簡有別，理則無殊。大臣、近習、之所以能使君術不行者，第不外居中朋比，對外障距、對內壅蔽而已。障距、在使忠臣無由而進，壅蔽、在使君主失其聰明，而朋比則在使內外一氣，通同為姦。故韓非深信：惟有使君主忍痛去其猛狗與社鼠，而後乃可保持威勢尊嚴，貫徹法令施行。然而此種忍痛除姦之作風，則惟有明君為能行之。故韓非在其著述中，曾不厭其詳，提及所謂明君之道也。

第八章　韓非政治學說之實用

第一節　勢法術之完整性

韓非學說在因應時代社會需要，建立以君主為中心之新政治制度，主張以「法」治國，以為國家之強弱存亡，一在於法；徒法不能以自行，有賴人以行之，而人之智愚良莠不齊，又必濟之以「術」，乃可責效防姦；然僅有法術而無「勢」，君主仍不能制馭其臣，以治其國，則又有賴賞罰權以固其勢。此所以韓非兼取商鞅、申不害、慎到之說，而另創新意，以成其勢法術三論。「勢」為君主統治國家之權力，「術」為君主督責群臣之方法，「法」為君主處理政事之依據，亦為齊民使眾之一致準繩。❶此三者在理論上各自分立，在實際運用上，則有其完整性。相輔以成，缺一

❶ 分詳以上各章。商君治秦，徒法而無術，君弊於上，而法亦有未善。申子在韓，徒術而無法，臣亂於下，而術亦有未盡。慎子言勢，貴乘、貴因，而未能以法濟之，使成人設之勢。自韓子觀之，三家之言均僅

不為功。故韓非全書中，多有兼言之者。如云：

問者曰：「申不害、公孫鞅，此二家之言，孰急於國？」應之曰：「是不可程也。……今申不害言術，而公孫鞅為法。……君無術則弊於上，臣無法則亂於下。此不可一無，皆帝王之具也。」問者曰：「徒術而無法，徒法而無術，其不可何哉？」對曰：「申不害、韓昭侯之佐也，……不擅其法，不一其憲令，……雖十使昭侯用術，而姦臣猶有所譎其辭矣。故託萬乘之勁韓，十七年而不至於霸王者，雖用術於上，法不勤飾於官之患也。公孫鞅之治秦也，……國富而兵強。然而無術以知姦，則以其富強也資人臣而已矣。……商君雖十飾其法，人臣反用其資。故乘強秦之資，數十年而不至於帝王者，法雖勤飾於官，主無術於上之患也。」（〈定法〉）

明主之道，一法而不求智，固術而不慕信，故法不敗，而群官無姦詐矣。（〈五蠹〉）

釋法術而任心治，堯不能正一國。去規矩而妄意度，奚仲不能成一輪。廢尺寸而差長短，王爾不能半中。使中主守法術，拙匠執規矩尺寸，則萬不失矣。（〈用人〉）

知術之士明察，聽用，且燭重人之陰情。能法之士勁直，聽用，且矯重人之姦行。……法術之士欲干上者，……又將以法術之言，矯人主阿辟之心。（〈孤憤〉）

能用於特殊條件之國家，而不能普徧適用於不同之國度。是以兼取之而另創新意，成其本人之學說。

今人主之於法術也，未必和璧之急也。……主用術，則大臣不得擅斷，近習不敢賣重；官行法，則浮萌趨於耕農，而游士危於戰陳。則法術者，乃群臣士民之所禍也。人主非能倍大臣之議，越民萌之誹，獨周乎道言也；則法術之士，雖至死亡，道必不論矣。（〈和氏〉）

竊以為立法術、設度數，所以利民萌，便眾庶之道也。（〈問田〉）

人主雖使人，必以度量準之，以形名參之。事遇於法則行，不遇於法則止。功當其言則賞，不當則誅。以形名收臣，以度量準下，此不可釋也。君人者焉佚哉！（〈難二〉）

人主之大物，非法則術也。（〈難三〉）

凡術也者，主之所以執也；法也者，官之所以師也。（〈說疑〉）

萬乘之主，有能服術行法，以為亡徵之君風雨者，其兼天下不難矣。（〈亡徵〉）

此就法術兼舉而言者也。又如云：

抱法處勢則治，背法去勢則亂。（〈難勢〉）

明其法禁，必其賞罰；……此必不亡之術也。（〈五蠹〉）

聖人之治也，審於法禁，法禁明著則官治；必於賞罰，賞罰不阿則民用。民用官治則國富，國富則兵強，而霸王之業成矣。（〈六反〉）

夫國之所以強者政也，主之所以尊者權也。……故明君操權而上重，一政而國治。故法者，

王之本也，刑者，愛之自也。（〈心度〉）

故國者、君之車也，勢者、君之馬也。無術以御之，身雖勞，猶不免亂。有術以御之，身處佚樂之地，又致帝王之功也。（〈外儲說右下〉）

今人主處制人之勢，有一國之厚，重賞嚴誅，得操其柄，以修明術之所燭，雖有田常、子罕之臣，不敢欺也。（〈五蠹〉）

此就勢法、或勢術兼舉而言者也。再如云：

操法術之數，行重罰嚴誅，則可以致霸王之功。治國之有法術賞罰，猶若陸行之有犀車良馬也，水行之有輕舟便檝也，乘之者遂得其成。（〈姦劫弒臣〉）

聖人之所以為治道者三：一曰「利」，二曰「威」，三曰「名」。夫利者、所以得民也，威者、所以行令也，名者、上下之所同道也。非此三者，雖有，不急矣。……夫立名號，所以為尊也。……設爵位，所以為賤貴基也。……威、利，所以行令也。……法令，所以為治也。……官爵，所以勸民也。……刑罰，所以擅威也。（〈詭使〉）

勢者，勝眾之資也。……故明主之行制也天，其用人也鬼。天則不非，鬼則不因。勢行、教嚴而不違，毀譽一行而不議。……然後一行其法。（〈八經〉）

寄治亂於法術，託是非於賞罰，屬輕重於權衡。（〈大體〉）

此則就勢法術三者，兼舉而言者也。勢法術三者，孰急於國？韓非眼中，並無軒輊，須視國情及其處境而定。此正與墨子所謂：「凡人國必擇務而從事焉」之理相同。❷蓋惟有針對當時客觀環境及主觀因素之需要，決定行之，而後乃能宏其功效也。

按照韓非觀點，勢法術三者均應由人君所操持，惟三者之目的不同，功效有別，故在理論上彼此間之關係，有如左圖：

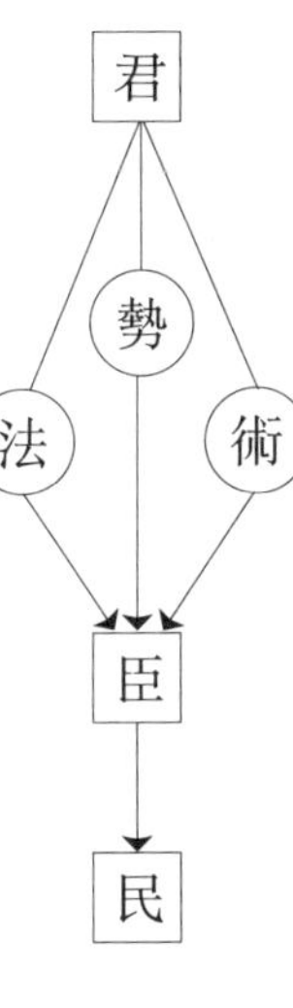

此即以「勢」為統治國家之權力；以「術」為督責群臣之方法；以「法」為處理政事之依據，循經群臣而致之於民，並作為治國之唯一準繩。惟是，法之推行，如無術以濟之，則人臣姦多，或陽奉陰違，不務實際，又或假公利之名，以行其私欲之實；人君蒙蔽於上，縱有良法善政，均成

❷ 見《墨子・魯問》。

具文。反之，人君操術於上，而不能明法於下，則人臣本其自由裁量，各行其是，法無定議，政失常軌；政亂則國必亂。況法術之運用，有賴於絕對之支配力量，作為後盾，此即國家統治權，在韓非時代名之曰勢。而勢之中又以賞罰權最為重要，不能信賞必罰，即無以立威，威不能立，則法術之運用均成為空談。以故，勢法術三者在其目的與功效上，縱有不同，然而實際運用上則不能不有其完整性。茲以圖示如左：

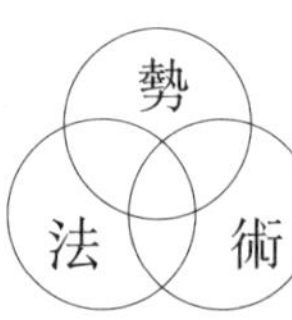

論者或以韓非主張：勢必操之於君，賞罰權不可下移，術更為君主所獨擅，至法也者雖為君臣民所宜共守，證之韓非亟欲集權中央，則法之制定權亦必操之於君也無疑；茲君主有如北辰居中，兼勢法術而獨運，其結果必使君權過度膨脹，而又無儒家聖君賢主之說資為救濟；則國家之不成為暴君專制政治者，未之有也。此等論調，固非無見，然揆以韓非學說之全般構想，尚難謂有此可能。蓋勢法術三者在實際運用上有其常軌與限制，其關係有如左圖所示：

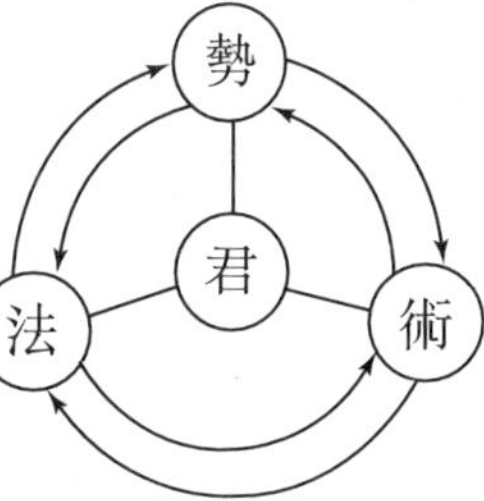

右圖：君主居中，兼勢法術三者而獨運，直線表示運用之目的，內層弧線表示運用之常軌，外層弧線表示運用之限制。

一、因勢勝眾，以法治國，以術御臣；此為運用之目的，歸本於立功。運分為三，用合為一。輕重緩急，視國情而異。

二、以勢行法則政舉，以法明術則姦止，以術固勢則威立；此為運用之常軌，歸本於責成。循序以行，周而復始。

三、能抱法以處勢，乃善持勢；善持勢以修術，乃真用術；真用術以讎法，乃能抱法。此為運用之限制，歸本於守法。亦循序以行，周而復始。

按韓非所謂之勢，為人設之勢，亦即以慶賞之勸，刑罰之威，而形成之一種無不禁之勢；且純係為中材之主而立說。❸中材之主，上不及堯、舜，下亦不為桀、紂，只須略加限制，即無憑此統治權力以為濟惡工具之虞。人主之最大恐懼為失其國；故韓非云：「喜淫刑而不周於法者，可亡也」（〈亡徵〉），即在警惕君主不可濫用其勢。至於法之制定，原以國家之公利為前提，並求其能顧及絕大多數人之利益。❹故韓非有云：「法，所以為國也。」（〈安危〉）「矯上之失，詰下之邪，治亂決繆，絀羨齊非，一民之軌，莫如法。」（〈有度〉）法之制定，非以便利君主為目的，於此可知。縱其制定權操之於君，要亦無以成為君主之濟惡工具。關於術之作用，旨在責效與防姦。就韓非之術論而言，誠然其中一部份雜有權術與秘術之意味。顧其最主要者為「聖人執要，四方來效，虛而待之，彼自以之」之執要術，與「因任而授官，循名而責實」之用人術、形名術。雖其目的在使君主不窮於智能名譽，而收上無為下必有為之功效，然亦多少含有近代標榜之人才主義及分層負責觀念。❺故君主於術之操持，縱令有所偏差，仍然利多於弊。況韓非曾提出「讎法」、「明法」之說（見〈有度〉、〈南面〉等篇），資為救濟，並謂：「人主者，守法責成以立功者也。」（〈外儲說右下〉）綜上以觀，君主兼勢法術三者而獨運之結果，尚不致使國家出現暴君專制政治。同時，此三者在韓非之理論系統中，不惟有其完整性，且有其循環性之作用，亦可不言而喻。❻

❸ 詳見本書第五章第二節。

❹ 詳見本書第六章第三節、第五節。

❺ 詳見本書第七章第二節、第三節、第四節。

第二節　富強之本在內政

富強為韓非對現實政治提出之明確主張。彼以為國家欲在國際競爭中圖生存，謀發展，舍自力更生，先求富強而外，絕無他途可循。富強之道千端，視國情需要而異。言其根本，則在於徹底改革內政，而非徒恃外援。

按戰國時期，游士馳騁，取合諸侯，侈談外事；人主惑其辯，多其智，往往輕信其言，小則誤國，大則招致滅亡。韓非檢討史實，認定外交不足恃。外交須以內政為後盾，自恃重於恃人，故極力主張富強之本在於內政。其言曰：

> 簡法禁而務謀慮，荒封內而恃交援者，可亡也。（〈亡徵〉）
>
> 智困於外，而政亂於內，則亡不可振也。（〈五蠹〉）
>
> 恃諸侯者危其國：曹恃齊而不聽宋，齊攻荊而宋滅曹；邢恃吳而不聽齊，越伐吳而齊滅邢；許恃荊而不聽魏，荊攻宋而魏滅許；鄭恃魏而不聽韓，魏攻荊而韓滅鄭。（〈飾邪〉）

---

❻ 此亦可以近代觀念釋之為重視國家之權力運作關係、法制運作關係及人事運作關係，並將之結合為一，以實現國家之整體利益，而又維持其個別功能也。

晉人伐邢，齊桓公將救之。鮑叔曰：「太蚤。邢不亡，晉不敝；晉不敝，齊不重。且夫持危之功，不如存亡之德大。君不如晚救之以敝晉，其實利；待邢亡而復存之，其名美。」桓公乃弗救。（〈說林上〉）

齊攻宋，宋使臧孫子南求救於荊，荊王大悅，許救之甚歡。臧孫子憂而反，其御曰：「索救而得，今子有憂色，何也？」臧孫子曰：「宋小而齊大，夫救小宋而惡於大齊，此人之所憂也，而荊王說，必以堅我也。我堅而齊敝，荊之所利也。」臧孫子乃歸。齊人拔五城於宋，而荊救不至。（〈說林上〉）

魯穆公使眾公子或宦於晉，或宦於荊。犁鉏曰：「假人於越而救溺子，越人雖善游，子必不生矣。失火而取水於海，海水雖多，火必不滅矣。遠水不救近火也。今晉與荊雖強，而齊近，魯患其不救乎！」（〈說林上〉）

昔者、秦之攻宜陽，韓氏急，公仲朋謂韓君曰：「與國不可恃也，豈如因張儀為和於秦哉？因賂以名都，而南與伐楚，是患解於秦，而害交於楚也。」公曰：「善。」乃警公仲之行，將西和秦。楚王聞之懼，召陳軫而告之，曰：「韓朋將西和秦，今將奈何？」陳軫曰：「秦得韓之都一，驅其練甲，秦韓為一，以南鄉楚，此秦王之所以祠廟而求也，其為楚害必矣。王其趣發信臣，多其車，重其幣，以奉韓曰：不穀之國雖小，卒已悉起，願大國之信意於秦也，因願大國令使者入境，視楚之起卒也。」韓使人之楚，楚王因發車騎陳之下路，謂韓使者曰：「報韓君言弊邑之兵，今將入境矣。」使者還報，韓君大悅，止公仲。公仲曰：「不可。夫以實告我者，秦也；以名救我者，楚也。聽楚之虛言，而輕誣強秦之實禍，則危國之本也。」韓君弗聽，公仲怒而歸，十日不朝。宜陽益急，韓君令使者趣卒於楚，冠蓋相望，而卒無至者，宜陽果拔，為諸侯笑。故曰：內不量力，外恃諸侯者，則國削之患也。〈十過〉

此言外交不足恃之理由及其事證也。韓非又云：

鄙諺曰：「長袖善舞，多財善賈」，此言多資之易為工也。故治強易為謀，弱亂難為計。故用於秦者，十變而謀希失；用於燕者，一變而計希得。非用於秦者必智，用於燕者必愚也，蓋治亂之資異也。故周去秦為從，期年而舉；衛離魏為衡，半歲而亡。是周滅於從，衛亡於衡也。〈五蠹〉

此言外交須以內政為後盾，否則合縱連橫均有滅亡之虞也。韓非又云：

明主堅內，故不外失。失之近，而不亡於遠者，無有。〈安危〉

諸言從者曰：「從成必霸。」而言橫者曰：「橫成必王。」山東之言從橫，未嘗一日而止也，然而功名不成，霸王不立者，虛言非以成治也。王者、獨行謂之王。是以三王不待離

合，而五霸不待從橫，察治內以裁外而已。（〈忠孝〉）

明乎恃人，不如自恃也，明於人之為己者，不如己之自為也。（〈外儲說右下〉）

使周、衛緩其從衡之計，而嚴其境內之治：明其法禁，必其賞罰；盡其地力，以多其積；致其民死，以堅其城守。天下得其地則其利少，攻其國則其傷大。萬乘之國，莫敢自頓於堅城之下，而使強敵裁其弊也。此必不亡之術也。（〈五蠹〉）

此言自恃重於恃人之理，至為顯明也。凡此，皆韓非根據其檢討史實之結果，而為之論證也。

富強之本，既在於內政；如何徹底改革內政而致富強？則有賴於勢法術三者之兼施，以嚴其境內之治。是以韓非云：

治強不可責於外，內政之有也。今不行法術於內，而事智於外，則不至於治強矣。（〈五蠹〉）

凡明主之治國也，任其勢。勢不可害，則雖強天下，無奈何也，而況孟嘗、芒卯、韓、魏能奈我何！其勢可害也，則不肖如如耳、魏、齊及韓、魏猶能害之。然則害與不侵，在自恃而已矣。（〈難三〉）

至於各項政策之制定，首須重「利」。無利，即無以推行，言利，則國家公利應優先於個人之私利。其次，各項政策須以「耕戰」為其環節，否則各謀其是，即無由綜合成果以完成國家目的。

韓非深信：能滿足臣民之利欲，乃可立威；威立，始可推行政令以致富強。故於〈詭使篇〉云：

> 聖人之所以為治道者三：一曰「利」，二曰「威」，三曰「名」。夫利者，所以得民也；威者，所以行令也；名者，上下之所同道也。非此三者，雖有，不急矣。

所謂利，泛指爵祿、富貴、賞利、安利之類。此數者必源於國家公利之實現或完成，而非來自臣民私欲之不當得利，否則政事必亂。國家公利，見之於法，故臣民言行之不軌於法者必禁；雖至為君主者，亦不能不守法以責成。富強既為國家之大利所在，則富強政策之制定，顯非以完成國家利益為前提不可；為求國家公利得以完成，縱然犧牲少數人之私利，乃至全民之一時私利，要亦在所不惜。此其一。其次，戰國時代，爭戰頻仍，欲立國於大爭之世，非統一全民意志，集中力量，厚植國本，並使生活條件與戰鬥條件結合為一，不為功。❼韓非深明於此，故其富強政策以耕戰為中心，透過法治作用，使人人不尚空談，專務實際。以期無事則國富，有事則兵強。所有經濟、國防、教育、社會政策，皆與達成耕戰目的，息息相關。祇其影響力或作用，有直接與間接之不同而已。此其二。

---

❼蔣百里在其名著《國防論》中，即持此相同觀點，認定「生活條件與戰鬥條件一致者強，相離者弱，相反者亡。」故極力倡導國防經濟學。蔣氏為國際知名之軍事學權威，亦我國近代軍事學開山之祖。民國二十七年卒。《國防論》印於廬山訓練團，收入臺版《蔣百里先生全集》。

抑有進者，韓非在〈五蠹〉中為周、衛所定之謀略，殆即其提供徹底改革內政之綱領。「明其法禁，必其賞罰」，為實行「法治主義」；「盡其地力，以多其積」，為實行「重農主義」；「致其民死，以堅其城守」，為實行「軍國主義」。三者間之關係，則又為以耕戰致富強，以爵賞勵耕戰，以法律正官方、易民俗、維秩序、定是非。三者均以國家利益為出發點，並以謀求人民生活適應戰鬥需要為旨歸，故據此綱領而制定之各項政策，雖分之為經濟、國防、教育、社會各環，而合之則為一整體。蓋韓非時代所謂「內政」，係指「國內之政」，以與「外事」相對稱，非如今之所謂內政，僅為國內行政之一部份也。

第三節　經濟政策

先秦法家自李悝而後，均以盡地力為富國之本。韓非雖處於工商日趨昌盛之戰國末期，顧國與國間攻戰頻仍，國內民生疾苦；尤非倡導重農主義，不足以使國家之經濟力量臻於雄厚。蓋農業有其可靠之憑藉，即土地資源；而重農之目的，則在於「厚民產」以「實府庫」。倘不以此為本務，而徒重工商，則民食國用堪虞，國家之經濟基礎不固，其後患必然無窮。故韓非云：

能趨力於地者富，能趨力於敵者強；強不塞者，王。（〈心度〉）

> 今上急耕田墾草，以厚民產也，而以上為酷。……徵賦錢粟，以實倉庫，且以救饑饉，備軍旅也，而以上為貪。……此四者，所以治安也，而民不知悅也。（〈顯學〉）
>
> 富國以農，距敵恃卒。（〈五蠹〉）
>
> 倉廩之所以實者，耕農之本務也。（〈詭使〉）
>
> 戰士怠於行陣者，則兵弱也；農夫惰於田者，則國貧也。兵弱於敵，國貧於內，而不亡者，未之有也。（〈外儲說左上〉）
>
> 獄訟繁則田荒，田荒則府庫虛，府庫虛則國貧。（〈解老〉）
>
> 主多怒而好用兵，簡本教而輕攻戰者，可亡也。（〈亡徵〉）

實行農業經濟政策，首須解決人力問題及生產技術問題。兩者不獲解決，仍無以增進生產，富裕民生，充實府庫。關於前者，韓非曾慨乎言之曰：

> 今境內之民皆言治，藏商、管之法者家有之，而國愈貧；言耕者眾，執耒者寡也。（〈五蠹〉）
>
> 博習辯智如孔、墨，孔墨不耕耨，則國何有焉？（〈八說〉）
>
> 力作而食，生利之民也；而世少之曰：寡能之民也。……耕戰有益之民六，而世毀之如此。……世主壅於俗而賤之，賤之所在，害必加焉，……索國之富強，不可得也。（〈六反〉）

為救其弊，韓非在消極方面，主張賤工商、抑無益之民；積極方面，則以賞勸之道，顯揚耕作之士。故又云：

> 夫明王治國之政，使其商工游食之民少而名卑，以趣本務而外末作。今世近習之請行，則官爵可買；官爵可買，則商工不卑也矣。姦財貨賈得用於市，則商人不少矣。聚斂倍農，而致尊過耕戰之士，則耿介之士寡，而商賈之民多矣。是故亂國之俗，其學者，……其言談者，……其帶劍者，……其患御者，……其商工之民，修治苦窳之器，聚弗靡之財，蓄積待時，而侔農夫之利。此五者，邦之蠹也。人主不除此五蠹之民，不養耿介之士，則海內雖有破亡之國，削滅之朝，亦勿怪矣。（〈五蠹〉）

> 官行法，則浮萌趨於耕農，而游士危於戰陳。……商君教秦孝公……禁游宦之民，而顯耕戰之士。孝公行之，主以尊安，國以富強。（〈和氏〉）

此韓非在消極方面之主張也。又如云：

> 夫耕之用力也勞，而民為之者，曰：可得以富也。戰之為事也危，而民為之者，曰：可得以貴也。（〈五蠹〉）

> 故明主之治國也，適其時事，以致財物，……使民以力得富，以事致貴。（〈六反〉）

民之重名與其重賞也均，賞者有誹焉，不足以勸；罰者有譽焉，不足以禁。（〈八經〉）

此韓非在積極方面之主張也。君人者能賤工商，抑無益之民，復能以賞勸之道，顯揚耕作之士，則國無不事生產之人；倘再講求生產技術，必可振興農業，鞏固富國之本矣。按戰國以還，土地私有兼併之風日盛，農人已不無流亡；而豪商巨賈以其富厚，交通王侯，力過吏勢，以利相傾，更導致人心趨於末作。此所以韓非堅決主張明主治國，必使民力耕以致富，棄商而就農，以解決農業生產人力之不足也。

關於後者：韓非時代農業生產技術，已有顯著之進步。諸如深耕熟耘、播種與灌溉之關係、家庭副業之重要性，以及氣候土壤等之認識與利用，多已成為世守農業者之經驗法則。韓非僅例言之，以求明主知之，而能「適其時事，以致財物」而已。其言曰：

夫買庸而播耕者，主人費家而美食，調錢布而求易者，非愛庸客也；曰：「如是，耕者且深，耨者且熟」云也。庸客致力而疾耘耕，盡功而正畦陌者，非愛主人也；曰：「如是，羹且美，錢布且易」云也。（〈外儲說左上〉）

有道之君，……治民事務本，……所積力唯田疇。積力於田疇，必且糞灌。（〈解老〉）

舉事慎陰陽之和，種樹節四時之適，……丈夫盡於耕農，婦人力於織紝，……務於畜養之理，察於土地之宜，……明於權計，審於地形舟車機械之利，……入多，皆人為也。若天

事風雨時，寒溫適，土地不加大，而有豐年之功，則入多。人事、天功、二物者皆入多，非山林澤谷之利也。〈難二〉

明主之治國也，適其時事，以致財物；論其賦稅，以均貧富。〈六反〉

君人者能不違農時，使民勤於本務之外，兼及副業，進而辨別地利、權衡地形，利用農業機械，自可增產五穀；多其蓄積，而備府庫之需矣。

與經濟發生連帶關係者，為財稅問題。戰國時代，各國財稅收入仍以來自地稅為主，雖有「廛布」、「質布」等工商稅收，尚未如近世之成為重要稅源。《韓子》全書中，言及財稅者，如云：

論其賦稅，以均貧富。〈六反〉

悉租稅，專民力，所以備難，充倉府也。〈詭使〉

徵賦錢粟，以實倉庫，且以救饑饉、備軍旅也，而以上為貪。〈顯學〉

揆其旨意，則重在國家必須向民間徵取稅收而已，至如何以賦稅均貧富，則仍未之詳言也。

總之，韓非主張之經濟政策，為重農主義，以農業經濟為主。雖有抑工商之論，亦未嘗不承認其重要性。惟就富國強兵之需要言，工商應退居農業之次而已。茲試以韓非之言證實之：

明主之治國也，適其時事，以致財物；論其賦稅，以均貧富；厚其爵祿，以盡賢能；重其

> 刑罰，以禁姦邪；使民以力得富，以事致貴，以過受罪，以功致賞，而不念慈惠之賜。此帝王之政也。（〈六反〉）

> 舉事慎陰陽之和，種樹節四時之適，無早晚之失、寒溫之災，則入多；不以小功妨大務，不以私欲害人事，丈夫盡於耕農，婦人力於織紝，則入多；務於畜養之理，察於土地之宜，六畜遂，五穀殖，則入多；明於權計，審於地形舟車機械之利，用力少，致功大，則入多。利商市關梁之行，能以所有致所無，客商歸之，外貨留之，儉於財用，節於衣食，宮室器械，周於資用，不事玩好，則入多。入多，皆人為也。若天事風雨時，寒溫適，土地不加大，而有豐年之功，則入多。人事、天功，二物者皆入多，非山林澤谷之利也。（〈難二〉）

〈六反〉所謂「適其時事，以致財物」，即重農時、務生產。所謂「論其稅賦，以均貧富」，相當於今日欲於租稅政策中，寓以調劑貧富之社會政策，自亦含有適當課徵工商稅之意味。可見工商二業，並非韓非所不重視，祇不過退居農業之次，期求「使民以力得富」，端正社會風尚，以免競趨商工，妨礙國家經濟之根本而已。至〈難二〉云云，則專論「入多」之理，雖亦以農業經濟為主體，然觀其「利商市關梁之行，能以所有致所無，客商歸之，外貨留之」之言，要為重視商業行為之說明。顧其時商業尚未如今日之成為國家經濟之急務，而工商稅亦不如今日之重視程度；是以韓非認定商業行為之價值，僅在於「以所有致所無」，對奢侈品、享受品之販買與入口，則極端反對。故又於〈解老〉云：「今有道之君，外希用甲兵，而內禁淫奢。上不事馬於戰鬥逐北，而民不以馬遠通淫物，所積力唯田疇。」所謂「不以馬遠通淫物」，即不以馬遠致奢侈之物也。而所謂「所積力唯田疇」者，即以馬用於播種也。然為達成「以所有致所無」之目的，則又不能不「利商市關梁之行」，使「客商歸之，外貨留之」。可見韓非雖極力主張農業經濟政策，仍思有以兼顧工商。此固當日之環境有所必然，要亦為其「治與世宜」觀念之一種運用。

第四節　國防政策

韓非之國防政策，源自務力之社會觀。彼鑒於國與國間，絕無道義可言，為求國之自存，厥惟崇尚武力。其言曰：

故敵國之君王，雖說吾義，吾弗入貢而臣；關內之侯，雖非吾行，吾必使執禽而朝。是故力多則人朝，力寡則朝於人；故明君務力。（〈顯學〉）

古人亟於德，中世逐於智，當今爭於力。（〈八說〉）

簡本教而輕戰功者，可亡也。（〈亡徵〉）

戰而勝，則國安而身定，兵強而威立，……戰而不勝，則國亡兵弱，身死名息。……萬世

之利，在今日之勝。（〈難一〉）

君人者，國小則事大國，兵弱則畏強兵。大國之所索，小國必聽；強兵之所加，弱兵必服。（〈八姦〉）

國雖大而兵弱者，地非其地，民非其民也。無地無民，堯舜不能以王，三代不能以強。（〈飾邪〉）

能趨力於地者富，能趨力於敵者強；強不塞者，王。（〈心度〉）

上古競於道德，中世逐於智謀，當今爭於氣力。（〈五蠹〉）

惟是韓非檢討當日情況結果，首先發現兵源不足問題，其次則為戰守之備不足精良充分，再次則又為參戰不力，軍紀不能維持。從而韓非提出其主張：㈠掌握足夠兵源，㈡更新攻守設備，㈢充實軍需物資，㈣獎勵奮勇作戰，㈤維持軍信軍紀，㈥加強訓練戒備。茲就《韓子》書中言論，擇要引述之：

今境內之民皆言治，藏商、管之法者家有之，而國愈貧；言耕者眾，執耒者寡也。境內皆言兵，藏孫、吳之書者家有之，而兵愈弱；言戰者多，被甲者少也。故明主用其力，不聽其言；賞其功，必禁無用。故民盡死力以從其上。（〈五蠹〉）

是以境內之民，其言談者必軌於法，動作者歸之於功，為勇者盡之於軍。是故無事則國富，

有事則兵強，此之謂王資。〈五蠹〉

夫明王治國之政，使其商工游食之民少而名卑，以趣本務而外末作。〈五蠹〉

此韓非針對兵源不足問題而提出之主張也。蓋戰國時代仍沿西周初年以來之政策，寓兵於農。兵源既來自於民間之耕夫，則惟有使商工游食之民少，從事農耕本務之民多。人人不尚空談，務求實際，平時努力生產，戰時為國效命。耕與戰，既為一體之兩面，故韓非認為採行農業經濟政策，即可掌握足夠兵源。

無地固，城郭惡，無畜積，財物寡，無守戰之備而輕攻伐者，可亡也。〈亡徵〉

當舜之時，有苗不服，禹將伐之。舜曰：「不可。上德不厚而行武，非道也。」乃修教三年。執干戚舞，有苗乃服。共工之戰，鐵銛距者及乎敵，鎧甲不堅者傷乎體，是干戚用於古，不用於今也。故曰：事異則備變。〈五蠹〉

干城距衝，不若堙穴伏槖。〈八說〉

此韓非針對攻守設備問題而提出之見解也。〈亡徵〉云云，在強調地形、城郭與守戰之備之重要性。〈八說〉云云，可說明守禦之法，隨攻城之法之演進而變。〈五蠹〉云云，在提出事異則備變之理論；惟既以軍備為之例證，可見韓非認定攻守設備，非隨時世需要而更新之不可。

徵賦錢粟，以實倉庫，且以救饑饉、備軍旅也。〈顯學〉

無地固，城郭惡，無畜積，財物寡，無守戰之備而輕攻伐者，可亡也。〈亡徵〉

此韓非針對軍需物資問題而扼言之者也。蓋用兵行軍，糧餉為先，倘後援不繼，攻守皆有可虞，更無論克敵致果矣。故在平時，需徵賦錢粟，多其畜積，以為戰時之用。

夫耕之用力也勞，而民為之者，曰：可得以富也。戰之為事也危，而民為之者，曰：可得以貴也。〈五蠹〉

今則不然。以其有功也爵之，而卑其士官也。以其耕作也賞之，而少其家業也。……毀譽賞罰之所加者，相與悖繆也，故法禁壞，而民愈亂。……不事力而衣食，則謂之能。不戰功而尊，則謂之賢。賢能之行成，而兵弱而地荒矣。〈五蠹〉

今有人於此，義不入危城，不處軍旅，不以天下大利，易其脛一毛；世主必從而禮之，貴其智而高其行，以為輕物重生之士也。夫上陳良田大宅，設爵祿，所以易民死命也，今上尊貴輕物重生之士，而索民之出死而重殉上事，不可得也。……立節參民，執操不侵，怨言過於耳，必隨之以劍，世主必從而禮之，以為自好之士。夫斬首之勞不賞，而家鬭之勇尊顯，而索民之疾戰距敵，而無私鬭，不可得也。〈顯學〉

畏死、遠難，降北之民也，而世尊之曰：「貴生之士。」……赴險、殉誠，死節之民也，而世少之曰：「失計之民」也。……姦偽無益之民六，而世譽之如彼；耕戰有益之民六，而世毀之如此。此之謂六反。……世主聽虛聲而禮之，……壅於俗而賤之。……故名、賞在乎私、惡當罪之民，而毀、害在乎公、善宜賞之士，索國之富強，不可得也。（〈六反〉）

名之所以成，地之所以廣者，戰士也。今死士之孤，飢餓乞於道；而優笑、酒徒之屬，乘車衣絲。賞祿、所以盡民力，易下死也。今戰勝攻取之士，勞而賞不霑；而卜筮、視手理、狐蠱為順辭於前者，日賜。……悉租稅，專民力，所以備難、充倉府也；而士卒之逃事伏匿，附託有威之門，以避徭賦，而上不得者萬數。夫陳善田利宅者，所以厲戰士也，而斷頭裂腹，播骨乎原野者，無宅容身，身死田奪；而女妹有色，大臣左右無功者，擇宅而受，擇田而食。……賞賜、所以為重也；而戰鬥有功之士貧賤，而便辟優徒超級。（〈詭使〉）

公孫鞅之治秦也，設告坐而責其實，連什伍而同其罪，賞厚而信，刑重而必。是以其民用力勞而不休，逐敵危而不卻，故其國富而兵強。（〈定法〉）

國有無功得賞者，則民外不務當敵斬首，內不急力田疾作，皆欲行貨財，事富貴，為私善，立名譽，以取尊官厚俸。（〈姦劫弒臣〉）

官行法，則浮萌趨於耕農，而游士危於戰陣。（〈和氏〉）

好利惡害，夫人之所有也。賞厚而信，人輕敵矣；刑重而必，人不北矣。（〈難二〉）

不服兵革而顯，不親耕耨而名，又非所以教於國也。（〈外儲說右上〉）

此韓非針對奮勇作戰問題，一面檢討，一面提出其獎勵之道也。蓋韓非以為：「兵者、凶器也。不可不審用也。」「夫一戰而不勝，則禍搆矣。」（〈存韓〉）修守備、戒強敵、有蓄積、築城池，雖可以為固守之基，究不若鼓勵士氣、獎賞軍功之更可收制敵戰勝之效。惟當時政情，或則賞罰不明，或則賞譽不一致，又或爵賞不以軍功為重。其結果，民不出死以重殉上事，民不疾戰距敵而勇於私鬬；甚或逃事伏匿，附託有威之門，以避傜賦。韓非為拯其弊，乃竭力抨擊無益耕戰之民，期望人君以爵祿、良田、大宅，作為耕戰之士之獎賞，透過法治作用，使人人以事致貴，以功居顯，並力求毀譽賞罰一致。民之故計，皆就安利如避危窮，能以重賞重罰、信賞必罰之道，以獎勵軍功，自可期使人人奮勇作戰。

楚厲王有警鼓，與百姓為戒；飲酒醉，過而擊，民大驚。使人止之曰：「吾醉而與左右戲，過而擊之也。」民皆罷。居數月，有警，擊鼓而民不赴。乃更令明號，而民信之。（〈外儲說左上〉）

李悝警其兩和，曰：「謹警，敵人旦暮且至擊汝。」如是者再三，而敵不至。兩和懈，而不信李悝。居數月，秦人來襲之，至，幾奪其軍。此不信之患也。一曰：「李悝與秦人戰，謂左和曰：『速上，右和已上矣。』又馳而至右和曰：『左和已上矣。』左右和曰：『上

矣。』於是皆爭上。」其明年與秦人戰，秦人襲之，至，幾奪其軍。此不信之患也。〈外儲說左上〉

此韓非針對軍信軍紀問題，例而言之者也。蓋軍令如山，不可以兒戲視之。凡軍紀之不能維持者：賞罰不嚴明，將帥失信用，兩者必其肇因之一。故軍令必信。能維持軍信，即可維持軍紀也。

> 境內必知介而無私解，并力疾鬬，所以禽虜也。〈顯學〉
>
> 故治民者，禁姦於未萌，而用兵者，服戰於民心。禁先其本者治，兵戰其心者勝。聖人之治民也，先治者強，先戰者勝。〈心度〉

此韓非針對訓練戒備問題而為之論也。蓋以用兵之道，首須民心習於戰爭，次求兵心樂戰，然後可勝。此即所謂「服戰於民心」，「兵戰其心者勝」。為將帥者能先完成此項目標，使三軍可用，即所謂「先戰」；故「先戰者勝」。欲民心習於戰爭，則有賴境內之民必須知兵而不得偷惰，是又所謂「境內必知介而無私解」。必知介，則須隨時施以軍事訓練；無私解，則須隨時施以戒備之考驗。凡此，則又為「服戰」、「先戰」之本。故韓非認為非加強訓練戒備，不足以使國防堅強。

第五節 教育政策

在討論韓非所持教育政策之先，須對我國古代教育之基本目的，獲得正確而深入之認識。夏、商兩代均為貴族政治，貴族階級與平民階級間之權利義務相去懸殊。貴族在政治上、經濟上、居於絕對支配地位，世襲其官爵，世有其田土。欲維護此種既得利益，以傳之久遠，除限制平民參政機會之外，更不容許平民有同等享受教育之機會。周代殷興，實行封建制度，人分十等，階級愈嚴；在政教不分、官師合一之下，惟有貴族子弟始能接受智識教育。平民除服役官府或接近貴族，冀能瀏覽官府藏書，或受到薰陶啟迪外，絕無接受智識教育之可能。雖有所謂「庶人在官」者，其地位僅猶之今日政府中之雇員，其需要或能獲得之智識，亦至淺陋。蓋以平民之職業為農工商，且為世守之業，根本無接受職業以外學識之必要。即使有關品德修養之類，亦透過貴族子弟之身教言教，以收化民成俗之功。再不然即以王室制定之禮與刑，約束之、制裁之，使人民言行悉符統治者之理想標準。故就一般平民而言，並不發生教育問題；對貴族階級而言，則非施之以統治所需之智識教育，以為齊民使眾之張本不可。平王東遷而後，「王綱不振」，「官師失守」；孔子惄焉憂之，繼往開來，周遊列國，有教無類，平民接受智識教育之機會，從此日增。其後私人講學，蔚為風氣，天下之人各為其所欲焉，以自為方。[8]就學術文化之流布與宏揚而言，誠然有其無與倫比之價值；若就國家設政施治而欲其順利無阻，並可收預期之效果而論，則私學成群、造言作辭、以文亂法，均足以妨害功令之推行並影響其成果。韓非為韓國之宗室，於國家之治亂存亡，遠較他人關切。故其主張之教育政策，著眼於便國利治，不以宏揚學術文化為要務；雖不反對個人尋求智識以成其「匹夫之美」，卻要求個人之言行，必須符合國家利益，即「公利」。如其「匹夫之美」，與國家之治強無關，而人主不察，授之以事，寵之以名，使其顯榮，則尤為韓非之所反對。故其言曰：

> 人主兼舉匹夫之行，而求致社稷之福，必不幾矣。……然則為匹夫計者，莫如修行義而習文學。行義修則見信，見信則受事；文學習則為明師，為明師則顯榮；此匹夫之美也。然則無功而受事，無爵而顯榮，為政如此，則國必亂，主必危矣。……斬敵者受賞，而高慈惠之行；攻城者受爵祿，而信兼愛之說；堅甲利兵以備難，而美薦紳之飾；富國以農，距敵恃卒，而貴文學之士；廢敬上畏法之民，而養游俠私劍之屬；舉行如此，治強不可得也。
>
> （〈五蠹〉）

明乎此，乃可進而討論韓非之教育政策。

韓非之教育政策，在將政治目的與教育方針結合為一，故採用強制主義，以法為教，以吏為

❽ 參見本書第一章第一節。

師。其言曰：

夫聖人之治國，不恃人之為吾善也，而用其不得為非也。恃人之為吾善也，境內不什數；用人不得為非，一國可使齊。為治者用眾而舍寡，故不務德而務法。（〈顯學〉）

今有不才之子，父母怒之弗為改，鄉人譙之弗為動，師長教之弗為變。夫以父母之愛，鄉人之行，師長之智，三美加焉，而終不動其脛毛。州部之吏，操官兵，推公法，而求索姦人，然後恐懼，變其節，易其行矣。故父母之愛不足以教子，必待州部之嚴刑者，民固驕於愛、聽於威矣。（〈五蠹〉）

此即教育必須採用強制手段之說明也。「以法為教」即「法的教育」，亦即教育之內容，以國家現行法令規章為據。因之，凡與現行法令規章無關之事物，均不在施教之範圍，聽任人民自修之，以成其匹夫之美。對於違背現行法令規章之事物，如「書策之頌語」、「虛舊之學」、「先王之政」、「先王之語」，以及當時百家爭鳴之各種師說，自然均在禁止之列。夫既以現行法令規章為教育之內容，允宜以執行該種法規之官吏為師；以期施教者嫻熟條文，講解明確；受教者易於理會，知所當行。此所以韓非云：「明主之國，無書簡之文，以法為教；無先生之語，以吏為師。」（〈五蠹〉）此種主張，原為戰國時代法家之共同觀點，非韓非一人之論，即徵之後世乃至今日之國家，為配合其國情或政策之需要，又何嘗不將教育方針內容相與結合，或施教於學校之中，或利用民間集會，由有關機關公務人員為之講解。況《韓子》全書中所言之「法」，不惟具有客觀性、明確性、平等性、統一性，使人民易知易行；抑且出之於「愛民」「利民」觀點，以保障絕大多數人利益，使其生活於安定富足之國家社會為前提。就其精神而言，雖為國策與時勢配合之法，為政治與法理結合之法，為國家設政施治仰賴之法；但其終極目標則非僅以國富兵強、民用官治為限。此在本書第六章已多所闡明，茲不贅說。

其次，韓非亟欲建立之政治制度，為國家統一、權力集中之君主政治制度。故其教育政策，不以推行「法的教育」，使人民認清時勢、瞭解國策，養成守法觀念，知所當行當止為已足。而有待以教育培養尊君觀念，而後乃可鞏固中央政權。故其言曰：

> 人主者，天下一力以共戴之，故安；眾同心以共立之，故尊。人臣守所長，盡所能，故忠。以尊主御忠臣，則長樂生而功名成。（〈功名〉）

> 賢者之為人臣，北面委質，無有二心。朝廷不敢辭賤，軍旅不敢辭難；順上之為，從主之法，虛心以待令。……今夫輕爵祿，易去亡，以擇其主，臣不謂廉。詐說逆法，倍主強諫，臣不謂忠。行惠施利，收下為名，臣不謂仁。離俗隱居，而以非上，臣不謂義。外使諸侯，內耗其國，伺其危亡，險陂以恐其主，曰：「交非我不親，怨非我不解」，而主乃信之，以國聽之，卑主之名以顯其名，毀國之厚以利其家，臣不謂智。（〈有度〉）

> 若夫后稷、皋陶、伊尹、周公旦、太公望、管仲、隰朋、百里奚、蹇叔、舅犯、趙衰、范蠡、大夫種、逢同、華登，此十五人者之為其臣也，皆夙興夜寐，卑身賤體，竦心白意，明刑辟，治官職，以事其君。進善言，通道法，而不敢矜其善；有成功立事，而不敢伐其勞。……如此臣者，雖當昏亂之主，尚可致功，況於顯明之主乎？此謂霸王之佐也。（〈說疑〉）
>
> 赴險、殉誠，死節之民也，……寡聞、從令，全法之民也，……力作而食，生利之民也，……嘉厚、純粹，整穀之民也，……重命、畏事，尊上之民也，……挫賊、遏姦，明上之民也。（〈六反〉）

可見韓非眼中之良臣，為順上從法、無有二心、竭誠治事、不伐其功、不矜其善之士；其眼中之良民，為寡聞、從令、重命、畏事、全法、尊上並能生利死節之人。此種觀念之臣民，勢惟有以教育方法養成之。因而韓非之教育政策，顯然包括尊君教育在內。按尊王忠君之說，孔子實首倡之，荀子鼓吹尊君尤力，❾韓非接受師說，故亦有此主張。惟儒家之注重尊君，在藉此以維持政治社會之秩序，並未主張君主得憑其權位以壓迫人民；韓非之注重尊君，則在藉此以鞏固中央政權，雖亦未主張君主得用其威勢以凌虐臣民，然其用以尊君之法，則為強制手段，透過「法的教

❾ 參見《荀子・臣道》。臣之事君，雖遇暴君，亦只能「有補削，無撟拂」，「隱其敗」，「不稱其所短」。

育」以完成之。故韓非之「法的教育」與「尊君教育」為一物之兩面，尊君者在遵君之法令，而非舉君主之私言私行而並尊之。[10]以故，尊君教育並非形式教育，而係實質教育，惟有君主「守法責成」、「抱法處勢」、「信賞必罰」，乃能使天下一力以共戴之，眾同心以共立之。誠如此，則政權鞏固、國治民安、國富兵強矣。

第六節　社會政策

韓非主張之社會政策，均為針對當時之實際問題，而謀求解決。綜言其要，約有兩端：

一、貧窮問題　戰國時代，民生凋敝，痛苦不堪，雖亦有豪富人家，究為社會人群中之極少數。民不富足則國貧，國貧則無以強兵。韓非乃檢討其發生之原因，並提出改善辦法。其言曰：

> 古者，丈夫不耕，草木之實足食也。婦人不織，禽獸之皮足衣也。不事力而養足，人民少而財有餘，故民不爭。是以厚賞不行，重罰不用，而民自治。今人有五子不為多，子又有五子，大父未死而有二十五孫。是以人民眾而貨財寡，事力勞而供養薄，故民爭；雖倍賞累罰而不免於亂。（〈五蠹〉）[11]

---

[10] 見〈詭使〉、〈有度〉、〈飾邪〉等篇，及本書第六章第一節、第五節。

> 今夫與人相若也，若無豐年旁入之利，而獨以完給者，非力則儉也；與人相若也，無饑饉疾疚禍罪之殃，獨以貧窮者，非侈則墮也。侈而墮者貧，而力而儉者富。（〈顯學〉）

> 今家人之治產也，相忍以饑寒，相強以勞苦，雖犯軍旅之難，饑饉之患，溫衣美食者，必是家也；相憐以衣食，相惠以佚樂，天飢歲荒，嫁妻賣子者，必是家也。（〈六反〉）

此韓非檢討貧窮原因而得之結論也。人口增加，速於給養增加，自然財用不足，則雖勤儉人家亦必貧窮。此等貧窮人家，於情於理，雖可施予賑濟；然賑濟非長久之策，不若教其辨別地利、權衡地形、選擇農種、利用機械、發展畜牧，藉農業生產技術之改良而自行多其蓄積之為愈。至若不力儉而侈墮、不勞苦而佚樂，以至於貧窮者，根本無賑濟之必要，允宜以刑罰制裁之，使其力趨本務而遠淫侈。惟是災荒之年，無從預測；而社會上之既存貧窮懸殊現象，終必導致國家不安，故君人者不能不徵賦錢粟，實府庫而備救饑，更不能不採行論其賦稅以均貧富之道。凡此，則又為韓非檢討貧窮原因而後提出之改善辦法也。故其言曰：

> 舉事慎陰陽之和，種樹節四時之適，無早晚之失、寒溫之災，則入多；不以小功妨大務，不以私欲害人事，丈夫盡於耕農，婦人力於織紝，則入多；務於畜養之理，察於土地之宜，六畜遂，五穀殖，則入多；明於權計，審於地形舟車機械之利，用力少，致功大，則入多。

⓫ 此種論據與近代馬爾薩斯（Malthus）之人口論，及達爾文（Darwin）之生存競爭說，頗有相通處。

……能以所有致所無，……儉於財用，節於衣食，……不事玩好，則入多。入多，皆人為也。（〈難二〉）

今世之學士語治者，多曰：「與貧窮地，以實無資。」今夫與人相若也，……侈而惰者貧，而力而儉者富。今上徵歛於富人，以布施於貧家，是奪力儉而與侈惰也，而欲索民之疾作而節用，不可得也。（〈顯學〉）

論其賦稅，以均貧富。（〈六反〉）

悉租稅，專民力，所以備難，充倉府也。（〈詭使〉）

今上急耕田墾草，以厚民產也，……徵賦錢粟，以實倉庫，且以救饑饉備軍旅也。（〈顯學〉）

韓非此種主張，頗合近代觀念。蓋今日言解決貧窮問題之道者，仍不外一面獎勵增產，節省浪費，一面課徵各業之稅賦，並設法縮小社會上貧富差距；至若社會救濟工作，其由政府興辦者，亦恒以天然災禍及非人力所能抗拒之災難事件為主，對於不力儉而侈墮、不勞苦而佚樂，以至於貧窮者，固仍不在救濟之列也。

二、治安問題　治安之反義字為紛亂。紛亂則爭奪興，秩序不能維持，是非難有定論，人心腐蝕，風俗乖張，此於國家庶政之推行影響至大。韓非檢討當日社會紊亂之原因，來自思想紛雜，徒尚空談，各圖私利而忘公益。其說見之於以下諸篇，韓非云：

自愚誣之學、雜反之辭爭，而人主俱聽之。故海內之士，言無定術，行無常議。夫冰炭不同器而久，寒暑不兼時而至，雜反之學不兩立而治。今兼聽雜學、謬行同異之辭，安得無亂乎？（〈顯學〉）

立節參民，執操不侵，怨言過於耳，必隨之以劍，世主必從而禮之，以為自好之士。夫斬首之勞不賞，而家鬬之勇尊顯，而索民之疾戰距敵，而無私鬬，不可得也。（〈顯學〉）

今則不然。……毀譽賞罰之所加者，相與悖繆也，故法禁壞，而民愈亂。今兄弟被侵，必攻者，廉也。知友被辱，隨仇者，貞也。廉貞之行成，而君上之法犯矣。人主尊貞廉之行，而忘犯禁之罪，故民程於勇，而吏不能勝也。（〈五蠹〉）

儒以文亂法，俠以武犯禁，而人主兼禮之，此所以亂也。夫離法者罪，而諸先生以文學取；犯罪者誅，而群俠以私劍養。故法之所非，君之所取；吏之所誅，上之所養也。法、取、上、下，四相反也，而無所定；雖有十黃帝，不能治也。（〈五蠹〉）

今境內之民皆言治，藏商、管之法者家有之，而國愈貧；言耕者眾，執耒者寡也。境內皆言兵，藏孫、吳之書者家有之，而兵愈弱；言戰者多，被甲者少也。……今修文學，習言談，則無耕之勞而有富之實，無戰之危而有貴之尊，則人孰不為也！是以百人事智，而一人用力。事智者眾則法敗，用力者寡則國貧，此世之所以亂也。（〈五蠹〉）

民之故計，皆就安利如辟危窮。……故事私門而完解舍，解舍完則遠戰，遠戰則安。（〈五蠹〉）

是故亂國之俗：其學者，則稱先王之道，以藉仁義，盛容服而飾辯說，以疑當世之法，而貳人主之心。……其帶劍者，聚徒屬，立節操，以顯其名，而犯五官之禁。……此五者邦之蠹也。（〈五蠹〉）

是以儒服帶劍者眾，而耕戰之士寡；堅白無厚之詞章，而憲令之法息。（〈問辯〉）

畏死、遠難，降北之民也，而世尊之曰：「貴生之士。」學道、立方，離法之民也，而世尊之曰：「文學之士。」游居、厚養，牟食之民也，而世尊之曰：「有能之士。」語曲、牟知，詐偽之民也，而世尊之曰：「辯智之士。」行劍、攻殺，暴憿之民也，而世尊之曰：「磏勇之士。」活賊、匿姦，當死之民也，而世尊之曰：「任譽之士。」此六民者，世之所譽也。赴險、殉誠，死節之民也，而世少之曰：「失計之民」也。寡聞、從令，全法之民也，而世少之曰：「樸陋之民」也。力作而食，生利之民也，而世少之曰：「寡能之民」也。嘉厚、純粹，整穀之民也，而世少之曰：「愚戇之民」也。重命、畏事，尊上之民也，而世少之曰：「怯懾之民」也。挫賊、遏姦，明上之民也，而世少之曰：「讇讒之民」也。此六民者，世之所毀也。……布衣循私利而譽之，……百姓循私害而訾之。（〈六反〉）

法令、所以為治也；而不從法令、為私善者，世謂之「忠」。……刑罰、所以擅威也；而

輕法、不避刑戮死亡之罪者，世謂之「勇夫」。民之急名也，甚其求利也如此。（〈詭使〉）

悉租稅，專民力，所以備難、充倉府也；而士卒之逃事伏匿，附託有威之門，以避傜賦，而上不得者萬數。（〈詭使〉）

聖智成群，造言作辭，以非法措於上。上不禁塞，又從而尊之，是教下不聽上、不從法也。（〈詭使〉）

為期鞏固社會治安，維持社會秩序，納人民之思想生活言行於國家需要之正軌；韓非提出五項主張：一、統一思想，嚴禁不軌於法禁之言行。二、講求功用，糾正不務實際之習俗。三、嚴明賞罰，轉移私行圖利之頹風。四、獎勵耕戰，消除逃避傜賦之心理。五、重罰嚴誅，戢止私劍盜賊之猖獗。其言曰：

明主之國，令者、言最貴者也，法者、事最適者也。言無二貴，法不兩適，故言行而不軌於法令者必禁。……夫言行者，以功用為之的彀者也。夫砥礪殺矢而以妄發，其端未嘗不中秋毫也。……不以功用為之的彀，言雖至察，行雖至堅，則妄發之說也。（〈問辯〉）

明主之道，賞必出乎公利，名必在乎為上。賞譽同軌，非誅俱行。然則民無榮於賞之內。有重罰者必有惡名，故民畏。罰所以禁也，民畏所以禁，則國治矣。（〈八經〉）

且夫重刑者，非為罪人也，明主之法也。殺賊、非治所殺也；治所殺也者，是治死人也。

刑盜、非治所刑也；治所刑也者，是治胥靡也。故曰重一姦之罪，而止境內之邪，此所以為治也。重罰者盜賊也，而悼懼者良民也，欲治者奚疑於重刑。（〈六反〉）

好利惡害，夫人之所有也。賞厚而信，人輕敵矣；刑重而必，人不北矣。（〈難二〉）

故明主之國，無書簡之文，以法為教；無先生之語，以吏為師；無私劍之捍，以斬首為勇。是以境內之民，其言談者必軌於法，動作者歸之於功，為勇者盡之於軍。是故無事則國富，有事則兵強，此之謂王資。（〈五蠹〉）

可見韓非之社會政策，與經濟、國防、教育政策，不惟精神一貫，歸本於勵耕戰以致富強；即在實際執行方面，亦屬息息相關。

第九章　韓學在後世之反響與批評

第一節　歷代人士對韓學之反響

韓非學術思想之本身，並非一無缺失，而自來論者大多尊儒賤法，或援儒以論法，求其批評客觀公正者殊少。然徵之秦漢以來之實際政治，始終為外儒內法而濟之以道之政治思想所左右，而所謂「內法」之「法」也者，殆又幾全為韓非之觀點。以故，歷代人士以行事取用其學說者，每諱言其跡；而以言論反對或贊同其學說者，則常見於文。近人關於歷代韓學述評之作，陳千鈞導源於前，陳啟天繼流於後。❶二人皆績學之士；惟陳啟天輯本，今猶堪稱最富，故以之為主，擇其要者，校錄原書外，並酌予補充之。

❶ 按近人輯《韓非子》舊評者，以陳千鈞、陳啟天、陳奇猷為最力，而三人中，則又以陳啟天所輯，取材博審，堪推第一，惜仍散見於多處，奇猷出書最晚，所輯僅及清人為止，但其引述較詳，故亦參考之。

秦

李斯　秦二世引〈五蠹〉之言，責問李斯；斯於督責書中引〈顯學〉、〈五蠹〉二篇之言以對，文內並以韓非之言為聖人之論（見《史記・李斯列傳》）。又李斯建議秦始皇焚《詩》《書》百家語，若有欲學者，以吏為師；顯亦為實行韓非「以法為教，以吏為師」之說（見《史記》〈始皇本紀〉、及〈李斯列傳〉）。

漢

劉安　《淮南子・秦族訓》云：「今商鞅之啟塞，申子之三符，韓非之孤憤，張儀、蘇秦之從橫，皆掇取之權，一切之術也，非治之大本、事之恒常，可博聞而世傳者也。」

司馬遷　《史記・韓非列傳》云：「韓子引繩墨、切事情、明是非。其極慘礉少恩。」〈自序〉云：「韓非揣事情，循勢理。」

衛綰　《前漢書・武帝本紀》建元元年冬十月，詔舉賢良方正直言極諫之士，「丞相綰奏：『所舉賢良，或治申、商、韓非、蘇秦、張儀之言，亂國政，請皆罷。』奏可。」（陳啟天謂為趙綰、有誤。《資治通鑑》正作「丞相衛綰奏。」）

韓安國　《史記・韓長孺列傳》云：「韓安國嘗受韓子雜家說於騶田生所。」

桓寬　《鹽鐵論》中備載賢良文學之士與當局之議論；其〈刑德〉、〈周秦〉、載大夫御史引韓非之言以難文學，文學則以儒家之說以譏之；且有〈申韓〉專篇，以辯論申韓之學（文長不錄）。

揚雄　揚子《法言．問道卷》云：「申、韓之術，不仁之至矣，若何牛馬之用人也？」又云：「或曰：申、韓之法，非法與？曰：法者，謂唐虞、成周之法也。如申、韓，如申、韓。」〈五百卷〉云：「申、韓險而無化。」

王充　《論衡．非韓》為歷代反韓文字之最詳備者，洋灑逾三千言，力斥韓非不尚禮、不任德，而僅以養力、操術、任刑為治國之道。然仍認為：「韓子之術，明法尚功。賢無益於國不加賞，不肖無害於國不施罰。責功用賞，任刑用誅。……韓子非儒，謂之無益有損。蓋謂俗儒，無行操舉措，不重禮，以儒名而俗行，以實學而偽說，貪官尊榮，故不足貴。……韓子豈不知任德之為善哉，以為世衰事變，民心靡薄，故作法術，專意於刑也。……夫韓子所尚者，法度也。人為善，法度賞之；惡，法度罰之。雖不聞善惡於外，善惡有所制矣。」又〈書解〉云：「韓蚤信公子非，國不傾危。」

劉陶　《後漢書》本傳云：「陶著書數十萬言，又作七曜論、匡老子、反韓非、復孟軻，及上書言當時便事、條教、賦奏、書、記、辨疑，凡百餘篇。」按反韓非雖已全佚，觀其題，仍可知其旨意也。

三國

昭烈帝　《蜀書・先主傳》〈裴注〉引《諸葛亮集》載先主遺詔敕後主曰：「閒暇歷觀諸子及《六韜》、《商君書》，益人意智。聞丞相為寫《申》、《韓》、《管子》、《六韜》一通已畢，未送，道亡，可自更求聞達。」

諸葛亮　亮居南陽時，以管、樂自比。及其治蜀，「撫百姓，示儀軌，約官職，從權制，開誠心，布公道；盡忠益時者，雖讎必賞；犯法怠慢者，雖親必罰；服罪輸情者，雖重必釋；游詞巧飾者，雖輕必戮；善無微而不賞，惡無纖而不貶；庶事精練，物理其本，循名責實，刑政雖峻，而無怨者。」（《蜀書》本傳評）亮除為後主寫《申》、《韓》書外，又勸後主「不宜偏私，使內外異法。」（見〈出師表〉）凡此、具見其於韓子之學，研究頗深，並能化取為用。

杜恕　《魏書・杜畿傳》云：「子恕嗣。恕字務伯，……時又大議考課之制，……上疏曰……今之學者，師商韓而上法術，競以儒家為迂闊，不周世用，此最風俗之流弊，創業者之所致慎也。」

晉

晉元帝　《晉書》〈阮籍傳〉、〈附阮咸子孚傳〉云：「孚字遙集，……避亂渡江，元帝以為安東參軍，蓬髮飲酒，不以王務嬰心。時帝既用申韓以救世，而孚之徒未能棄也。」

葛洪　《抱朴子》〈時難卷〉悲韓非之不遇時；〈擢才卷〉慟韓非之見殺；〈用刑卷〉則云：「世人薄申韓之實事，嘉老莊之誕談；然而為政莫能錯刑。……道家之言，高則高矣，用之則弊。」又書中用語，間亦有出於韓非者。

庾亮　《晉書》本傳云：「時帝方任刑法，以韓子賜皇太子。亮諫以申韓刻薄傷化，不足以留聖心。太子甚納焉。」

南北朝

魏道武帝　《北史．公孫表傳》云：「魏道武以慕容垂諸子分據勢要，權柄推移，遂致滅亡。表詣闕上《韓非書》二十卷，道武稱善。」

魏明元帝　《北史．李先傳》云：「明元即位，召先，讀《韓子連珠論》二十二篇。」（按即〈內外儲說〉）

宇文泰與蘇綽　《北史．蘇綽傳》云：「周文（按即泰、時任西魏丞相，後為太師，泰死，子覺嗣，封周公，受禪為周孝愍帝，追諡泰為文帝）留綽至夜，指陳帝王之道，兼述申韓之要，達旦不厭。即拜大行臺左丞參，典機密。」

劉勰　《文心雕龍．諸子》云：「至如商韓，〈六蝨〉〈五蠹〉，棄孝廢仁，轘藥之禍，非虛至也。」又云：「韓非著博喻之富。」

唐

李翺　《李文公集·答王載言書》云：「六經之後，百家之言興。……孟軻、商鞅、荀況、韓非皆足以自成一家之文，學者之師歸也。」

宋

歐陽修　《文忠集·論中韓》云：「法家以法繩天下，使一本於其術。申韓之徒，乃推而大之，挾其說以干世主。至其辨職分、輔禮制，於治不為無益。然或狃習苛，持刺深，不可不察也。」

蘇軾　《東坡集·韓非論》云：「自老聃之死百餘年，有商鞅、申、韓著書，言治天下無若刑名之賢。及秦用之，終於勝、廣之亂，教化不足而法有餘，秦以不祀，而天下被其毒。……莊老之後，其禍為申韓。由三代之衰至於今，凡所以亂聖人之道者，其弊固已多矣。」

蘇轍　《欒城集·韓非論》云：「及韓非之學，並取申商，而兼任法術。法之所止，雖有聖智不用也；術之所操，雖有父子不信也。使人君操法術之自然，而無所復為，此申韓之所謂老子之道，而實非也。彼商申各行其說耳。然秦韓之治行於一時，而其害見於久遠；使非不幸獲用於世，其害將有不可勝言者矣。」

呂公著《宋史》本傳云：「科舉專用王安石經義，士子唯竊安石之書以干進。公著始令禁主司不得出題老莊書，舉子不得以申、韓、佛書為學，經義參用古今諸儒說，毋得專取王氏。」

朱熹「語類載或問」及「楊道夫問」兩條，頗以蘇軾之論韓非為然。另又云：「理明後，便讀申韓書亦有得。」「術至韓非〈說難〉，精密極矣，蘇張亦尚疎。」「老蘇只取《孟子》、《論語》、《韓子》、與諸聖人之書，安坐而讀之者七八年，後來做出許多文字如此好。」

晁公武《郡齋讀書志》云：「韓非喜刑名法術之學，……而有〈解老〉、〈喻老〉篇，故太史公以為大要皆原於道德之意。夫老子之言高矣，……是出詐，此所以一傳而為非歟！」

高似孫《子略》云：「《韓子》書，往往尚法以神其用，薄仁義，厲刑名，背《詩》、《書》，課名實，心術辭旨，皆商鞅、李斯治秦之法，而非又欲淩跨之。此始皇之所投合，而李斯之所忌者。非迄坐是，為斯所殺，而秦即以亡，故不待始皇之用其言也。」

黃震《黃氏日鈔》云：「韓非盡斥堯、舜、禹、湯、武、孔子，而兼取申不害、商鞅法術之說，加深刻焉。……然觀其書，猶有足警後世之惑者。方是時，先王道熄，處士橫議，往往故為無稽寓言以相戲。彼其為是言者，亦未嘗自謂真有其事也。後世襲取其餘而神之，流俗因信以為真，而異端之說遂至禍天下；奈何韓非之辯具在而不察邪？非之言曰：『……蓋虛辭空辯可以勝一國，考實按形不能漫一人。』今人於異端，有嘗核其實者否耶？……今人於異端，果嘗有訊其妄者否耶？」

王應麟《困學紀聞》云：「韓子曰：『殷之法，刑棄灰於街者，子貢以為重，問之仲尼；仲尼曰：知治之道也。』以商鞅之法為殷法，又託於仲尼，法家侮聖言至此。」又云：「吏者民之本綱也，聖人治吏不治民（〈內儲說右下〉）。斯言不可以韓非廢。」另在《漢書．藝文志》考證，則辨證《通鑑》謂韓非欲覆宗國之非。

元

何犿〈校韓子序〉云：「其書言法術之事，賤虛名，貴實用，破浮淫，督耕戰，明賞罰，營富強。臣犿竊謂人主智略不足，而徒以仁厚自守，終歸於削弱耳。故孔明手寫申韓書以進後主，孟孝裕亦往往以為言，蓋欲其以權略濟仁恕耳。今天下所急者法度之廢，所少者韓子之臣，伏唯萬機之暇，取其書少留意焉，則聰明益而治功起，天下幸甚。」

明

楊慎《升菴集．孔明寫申韓書》云：「宋儒論孔明為後主寫《申》、《韓》、《管子》、《六韜》曰：『孔明不以經子輔導少主，而乃以刑名法術，何也？』唐子西云：『人君不問撥亂守文，要以制略為貴。後主寬厚，襟量有餘，而權略智謀不足，識者咸以為憂。……《韓子》切事情，施之後主，正中其病。……』此言當矣。予又觀古文苑先主臨終敕後主曰：『《申》、《商》書益人意志，可觀誦之。』《三國志》載孟孝裕問郤正『太子清尚』，正以虔恭仁恕譽之。孝裕曰：『如君所道，皆家門所有耳；吾今所問，欲知其權略謀智何如耳。』然則孝裕之見，蓋與孔明合。而後主之觀《申》、《韓》書，亦先主遺命也。獨以是病孔明，不惟不成人之美，亦不識時勢矣。」升菴另有《韓子批本》，明人趙世楷重訂《韓子凡例》中曾言及之。

張鼎文〈校刻韓非子序〉云：「韓子、法家，其所著書，非無鉤箝決摘之術。當是時，天下專習法令，以吏為師，《詩》、《書》六藝之文棄而不講，故終其書，無仁義忠厚之言，無欽恤明慎之意。……其書出自先秦，載古人事多奇倔，後世儒者賴以為據。古今學士列於諸子，與經史並行。其文則三代以下一家之言，絕有氣力光焰。」

周孔教〈重刻韓非子序〉云：「夫天下之治，每從精覈名實中得之。而名實之核，舍致嚴，其道無繇矣。……韓非子之書，世多以慘刻擯之。然三代而降，操其術而治者十九。如漢文所以臻刑厝，武、宣所以致興隆，有一出於黃、老、申、韓之外者乎？其他優游無斷，而漢祚潛移，君子無取焉。今天下愉愉懷懷，其為浮淫之蠹，蓋極壞而不可支矣。……不佞之刻是書也，蓋取其言之適於用，且深有慨於中矣，豈直艷其文辭也與哉。」

趙用賢〈韓非子書序〉云：「非子書，大抵薄仁義，厲刑禁，盡斥堯、舜、禹、湯、孔子，而兼取申、商慘刻之說，其言恢詭叛道，無足多取。然其意則悲廉直不容於邪枉，一切欲反浮淫之蠹而覈之功罪之當，要亦有足采者。嗟乎！三代而後，申韓之說常勝。世之言治者，操其術而恒諱其跡。余以為彼其盡納聖賢之旨，而獨能以其說擊排詆訾，歷千百年而不廢，蓋必有所以為韓子者在矣。」

王世貞　貞為趙用賢所撰〈合刻管子韓非子序〉云：「汝師（用賢字）之為諸子，於道好莊周、列禦寇，於術好管子、韓非子。」又云：「嗟夫！儒至宋而衰矣。彼其睥睨三代之後，以末世無一可者，而不能不心折於孔明。乃孔明則自比於管子，而勸後主讀韓非子之書。何以故？宋儒之所得淺，而孔明之所得深故也。宋以名舍之，是故小遇遼，小不振；大遇金，大不振。孔明以實取之，是故蕞爾之蜀與強魏角而恒居其上。」

門無子　〈刻韓子迂評序〉云：「眾人皆不以為然，而吾獨然者，韓子之書也。韓子之書，言術而不止於術也，言法而不止於法也。纖珠碎錦，百物具在。誠汰其砂礫，而獨存其精英，則其於治道，豈淺鮮哉！顧用之何如耳。……試以今之天下，與韓子之書，何非今日之弊？以韓子之言，用之於天下，何非今日之用？」又云：「今世之學者，皆知嗜韓子之文，而不得其用。」

陳深　深為門無子所撰〈韓子迂評序〉云：「戰國之時，詐欺極矣。縱橫之徒偏天下，而以馳騖有士之君，以至君畏其臣，臣狎其君，而篡弒攸起，諸侯是以不救。此皆上下浮謟，而怠慢紓緩，不振於法之效也。於是申韓之徒出，而以名實之說勝之矣。名實者，按名求實，嚴刑必誅，詳於法律，而篤於耕戰。凡以破浮淫之說，而振其怠慢紓緩之情也。……使其遇聖主明王與之折衷，被之以封疆折衝之任，則其治功豈可量哉。……今讀其書，上下數千年，古今事變，奸臣世主隱微伏匿，下至委巷窮閭婦女嬰兒人情曲折，不啻隔垣而洞五臟。非著書當在未入秦之先，年未壯也，而已能如此事如指掌，何其材之蚤也！」

茅坤　坤撰〈韓子迂評後語〉云：「昔人固謂其捨短取長，可以通萬方之略，無論已。顧先秦之文，韓子其的彀焉。……學者誠以嚴威度數為表，慈悲不忍傷人為實，而以觀其權略之言，則可藉以整世而齊民，如執左契而無難矣。」

王道焜　〈重刻韓非子序〉云：「韓非之書十餘萬言，皆成於發憤感怨。賤虛名，貴實用，明賞罰，破浮淫，極法術之變，詭而不失其正者也。」又云：「孔明等其書於商、呂，而自擬管、樂，其寄託不亦遠乎？則吾儕嗜非，不徒艷其文詞；而天下用非者，又寧止工其法術已哉！」

胡應麟　《筆叢》有云：「余讀韓非書，若〈孤憤〉、〈五蠹〉、〈八姦〉、〈十過〉諸篇，亡論文詞瑰瑋，其抉摘隱微，燁如懸鏡，實天下之奇作也。」又云：「秦漢間聖賢稱謂，與後世殊不同。臧紇聖於春秋，韓非聖於戰國，揚雄、張衡聖於東西京，彼何人哉！推此，則孟稱惠、夷，未足盡憑。」自注云：「韓非、仲尼並稱，見《孔叢子》，世但知老子同傳，此更駭聞。」

清

陳祖范　《司業文集・讀韓非子》云：「吳師道《國策校註・序》云：『世之小人固有木

嘗知是書，而其心術行事無不合者。』吾於《韓非子》亦云，世主惟庸昏愚弱者則否耳，苟號為英明剛斷者，率其私心，挾數任術，鮮不與非之言暗合。……其書有〈解老篇〉，故子長以為原於道德之意，而合傳之。然豈可同日語哉？為國用老，足以休養生息；用韓則遂亡而已矣。」

盧文弨〈書韓子後〉云：「商、韓之術，用之使秦強，不知正乃所以速其亡也。今當聖道大明之日，其說之謬，夫人而知之，固不待於禁絕。若非之辭辨鋒銳，瀾翻不窮，人以其故尤愛之。非之於說，固其所專攻也。如〈內儲〉、〈外儲〉等篇，猶今經生家所謂策目，預儲以答主司之問者耳。」

梅曾亮《柏硯山房文集．書韓非傳後》云：「嗚呼，非之為〈說難〉，非之所以死也。夫人君無智愚賢不肖，莫不欲制人而不制於人，測物而不為物所測，……今非方皇皇焉入世之網羅，獨舉世主所忌諱者誦言之，而使吾畏，亦可謂不善藏其用者矣。不然，非之術固後世功名之士所陰挾以結主取濟者，非獨以發其覆而為禍首，豈不悲哉！」

陳澧《東塾讀書記》內論「韓非兼申商之法術，而更進焉」。有取於《韓非子》解仁義禮三字之義，精邃無匹。又謂「秦以嚴刑而亡，韓非未及見」。

俞樾《春在堂文集．申韓論》云：「吾觀漢初曹參用蓋公言，清淨無為，文、景因之，而閭閻富溢，無復限制。武、宣之世，乃復尚嚴。夫文、景之後，不能不為武、宣，則知老、莊之後，不能不為申、韓也。史公之論，其以此發歟！彼蘇氏（按指蘇軾）者，固未得其恉也。」

《諸子平議・序目》則云：「雖以申、韓之刻薄，莊、列之怪誕，……要各本其心之所得者而著之書，非如後人剽竊陳言，一倡百和也。」

吳汝綸 《吳汝綸詩文集・讀韓非子》云：「非之咎，在好持高論，實不能行其所言。而〈說難〉則本誦師說，……第孫卿言略，非乃就而衍之，加詳密耳。然亦豈知言愈詳密，而愈不能自用哉！非他篇多切究情狀，窮極事類物態。持論之高，當時李斯已自謂不及。然由〈說難〉推之，使非得志，亦必不能自行其言無疑也。」

王先謙 謙為從弟先慎所撰〈韓非子集解序〉云：「韓非處弱韓危極之時，……故其情迫，其言覈，不與戰國文學諸子等。迄今覽其遺文，推迹當日國勢，苟不先以非之言，殆亦無可為治者。……非論說固有偏激，然其云明法嚴刑，救群生之亂，去天下之禍，使強不陵弱，眾不暴寡，耆老得遂，幼孤得長，此則重典之用，而張弛之宜，與孟子所稱，及閒暇明政刑，用意豈異也。」❷

右自秦至清，凡四十七人。

按《韓非子》書已流傳二千餘載，歷代論者，何止千百。茲所舉者，雖極有限，然亦可略窺歷代人士對於韓子學說之意趣如何。上舉四十七人，自天子以迄黎庶，以言論反對韓非思想者有之，贊同其學說者有之，部份贊同部份反對者亦有之。若就行事而論，或則取而用之，或則繼而

---

❷ 王先謙歿於民國六年，而以之列入清代者，蓋其序文成於光緒二十三年，其從弟先慎刻《韓非子集解》時也。

學之。至歷代人士取其學說，化而用之者，尚不與焉。

考諸史實，韓非學說在李斯督責書中，已指稱為「聖人之論」，「聖人之術」。其在兩漢，不惟有聖人之稱，且與孔子並論。《孔叢子》因而有〈韓非非聖人辨〉。其言曰：

陳人有武臣，謂子鮒曰：「夫聖人者，誠高材美稱也。……子之先君可謂當之矣。然韓子立法，其所以異夫子之論者紛如也。予每採其意而校其事，持久歷遠，過姦勸善，韓氏未必非，孔氏未必得也。吾今而後，乃知聖人無世不有，前聖後聖，法制固不一也。若韓非者，亦當世之聖人也。」……子鮒曰：「乃者趙、韓、魏共并智氏，趙襄子之行賞，先加其臣而後有功。韓非書曰：夫子善之，引以張本，然後難之，豈有不似哉，然實非也。何以明其然？昔我先君以春秋哀公十六年四月己丑卒，至二十七年，荀瑤與韓、趙、魏伐鄭，過東垣而還，是夫子卒已十一年矣，而晉四卿皆在也。後悼公十四年，智氏乃亡。此先後甚遠，而韓非公稱之，曾無怍意。是則世多好事之徒，皆非之罪也。故吾以是默口於小道，塞目於諸子久矣。而子立尺表以度天，植寸指以測淵，矇大道而不悟，信誣說以疑聖，殆非所望也。」

按《孔叢子》舊題孔鮒撰。考之孔鮒，為孔子九代孫，秦時人，始皇并天下，召為魯國文通君，拜太傅，後以李斯議焚書，而退隱嵩山，陳涉為楚王時，嘗聘為博士。《漢書・藝文志》既不載此書，其必後出，且係偽託者無疑。❸朱熹云：「《孔叢子》說話，多類東漢人文。今讀其書，出後人之手，無疑。然稱韓子曰聖人，卻知漢魏推用韓子，不如後世一概廢之也。」此言得之。章太炎之論學變也，有云：

> 東京之末，刑賞無章也。儒不可任，而發憤者變之以法家。王符之為《潛夫論》也，仲長統之造《昌言》也，崔寔之《述政論》也，皆辯章功實，而深疾浮淫靡靡，比于〈五蠹〉；又惡夫以寬緩之政，治衰蔽之俗，昌言最恢廣。上視揚雄諸家，牽制儒術，奢闊無施，而三子閎遠矣。名法之教，任賢考功，期於九列皆得其人，人有其第，官有其位；故劉邵人物志、姚信士緯作焉。亂國學者，盛容服而飾辯說，以貳人主之心，修譽不誅，害在嗣主；故阮武正論作焉。自漢季以至蜀魏，法家大行。而鍾繇、陳群、諸葛亮之倫，皆以其道見諸行事，法治為章。（《檢論‧學變》）

韓非為法家大師，而《韓非子》書又為法家要籍。漢魏之際，法家之說既然大行，則《韓非子》之研討必盛。仲尼、韓子俱以聖人稱，有所由然矣。

---

❸《隋志‧論語家》有《孔叢子》七卷，注云：博士孔鮒撰。是書〈漢志〉所無。當係後人偽託。論者以其六宗之說與《家語》同，《家語》為魏王肅偽託，疑本書亦出其手。雖然，亦可知漢魏之際世人對韓非之推重也。

其次，漢武而後，儒學雖定於一尊，然武、宣之世，設政敷治，仍重法家，故韓非之學術思想成為當時爭論之重要問題。下逮蜀、魏，採行如故。西晉而後，亂多治少，國祚易更，言治者每採法家學說以致功。若王猛之在苻秦，蘇綽之於西魏、北周，則其佼佼者也。蘇綽深於申韓之學，其建樹實開隋唐統一之基；故唐初魏徵等奉敕彙采經史諸子之有關政術或存乎勸戒者，成《群書治要》五十卷，未廢韓非之學，曾引錄其文十七節，以為治國之佐參。祇以其後開科取士成為國家掄才之定制，而試題又限於經義，從而唐、宋、元、明、清各代，學者之誦習《韓非子》者，多視為文學要籍，求其留意於學術思想者，日益少矣。間有出類拔萃之士，不苟同於流俗，欲擷取以為用，率皆援法入儒，❹出以儒家之說，又或操其術而諱其跡，即其引錄韓子文以入說者，亦不明言出處，以免蒙受離經叛道之譏。若《明史・藝文志》之以法家併入雜家，於《韓子》且略而不之錄者，尤可見積習難返，至清初而變本加厲。其間大政治家如王安石，在其〈上仁宗皇帝言事書〉中，篇首即云：

> 夫以今之世去先王之世遠，所遭之變，所遇之勢不一，而欲一二修先王之政，雖甚愚者猶知其難也；然臣以為今之失，患在不法先王之政者，以謂當法其意而已。夫二帝三王相去

---

❹ 援法入儒以立說，始於鄭康成之註三禮，嘗引漢法漢律以況周制。此以法家言說經也。然開後世援法入儒以論政之先河。

蓋千有餘載，一治一亂，其盛衰之時具矣；其所遭之變，所遇之勢，亦各不同；其施設之方皆殊；而其為天下國家之意，本末先後，未嘗不同也。臣故曰：當法其意而已；法其意，則吾所改易更革，不至乎傾駭天下之耳目囂天下之口，而固已合乎先王之政矣。

又如張居正，在其〈陳六事疏〉中，篇首亦有言曰：

審機度勢，更化宜民者，救時之急務也。大本雖立，而不能更化以善治，譬之琴瑟不調；不解而更張之，不可鼓也。

二人皆不甘守舊，力主維新，而撰其倡導改革之理由，則顯與韓非之所謂「世異則事異，事異則備變」，「事因於世，而備適於事」，「聖人不期修古，不法常可，論世之事，因為之備」，及其主張就「常」「古」之可與不可，而決定變與不變者，顯無二致；祇不過二人援法入儒以為之說而已。此所以呂公著因反對荊公之政治主張，而禁令舉子不得以申韓為學（見《宋史》本傳）；又所以趙用賢於其〈校刻韓非子序〉內，以「世之言治者，操其術而恒諱其跡」之語，譏江陵之隱操韓子學術而不敢明言。蓋江陵之〈陳六事疏〉，及若干書牘、雜著，不惟義取《韓子》，即詞句亦間襲用之，可見其深於韓子之學，而又能措諸實際，固又在荊公之上也。但明代功令，首重儒術，則與宋代同；故江陵亦不得不援法入儒，而成為外儒內法之政治家也。

大抵韓非學術，每於治亂興亡交替之際，爍其光輝，而誦習之者多能留意其精義，又或取化而實用之；若在承平之世，則僅以文學價值，見重儒林；雖然，亦未有如清代中葉之敝也。蓋乾、嘉而後，漢學家多專力於《韓非子》文字之校讎考證，既不留意於其政治思想，亦不重視其文學價值；自無怪乎清室日衰，而幾遭列強瓜分豆剖之禍也。幸而清末有識之士，感於國家漸入於「新戰國時代」，始先後以政治學及哲學之眼光而重新研討之。王先謙所謂：「推迹當日國勢，苟不先以非之言，殆亦無可為治者」；「非論說固有偏激，然其云明法嚴刑，救群生之亂，去天下之禍，使強不陵弱，眾不暴寡，耆老得遂，幼孤得長，此則重典之用，而張弛之宜，與孟子所稱，及閒暇明政刑，用意豈異也。」（見《韓非子集解・序》）此在當日誠空谷足音矣。

第二節　近代人士對韓學之批評

嚴復　《學衡雜誌》及《嚴幾道年譜》載其救亡學云：「居今日而言救亡學，惟申、韓庶幾可用。除卻綜覈名實，豈有他途可行？試觀歷史，其稍獲彊效者，何一非任法者邪？管、商尚矣。他若趙奢、吳起、王猛、諸葛、漢宣、唐太，皆略知法意，而效亦隨之。至其他亡弱之君，大抵皆良儒者。」

章炳麟　《國故論衡・原道上》自注云：「凡周秦解故之書，今多亡佚，諸子尤寡。老子獨有〈解老〉、〈喻老〉二篇。後有說老子者，宜據韓非為大傳，而疏通證明之，其賢於王嗣輔遠矣。韓非他篇亦多言術，由其所習不純。然〈解老〉、〈喻老〉未嘗雜以異說，蓋其所得深矣。」〈原道下〉云：「韓非雖解老，然佗篇娖娖以臨政為齊，反於政必黜，故有六反之訓，五蠹之詬。……然不悟政之所行，與俗之所貴，道固相乏。所賞者當在彼，所貴者當在此。今無慈惠廉愛，則民為虎狼也；無文學，則士為牛馬也。有虎狼之民，牛馬之士，國雖治，政雖理，其民不人。世之有人也，固先於國。且建國以為人乎？將人者為國之虛名役也？韓非有見於國，無見於人；有見於群，無見於孑。政之弊，以眾暴寡，誅巖穴之士；法之弊，以愚割智，無書簡之文，以法為教，無先王之語，以吏為師。……眾所不類，其終足以立烝民蓬艾之間，有陶鑄堯舜者，故眾暴寡非也。其有回遹亂常，與眾不適者，法令所不能治，治之益甚。民以情偽相攻，即自敗。……韓非雖賢、猶不悟。……法家者，削小老氏以為省，能令其國稱娖，而不能與之為人。黨得莊生緒言以自飭省，賞罰不厭一，奸惡不厭岐，一者以為群眾，岐者以優匹士，因道全法，則君子樂而大姦止。」《諸子略說》又云：「至韓非漸以法與術並論，然仍重術，〈姦劫弒臣篇〉所論，僅妨大臣之篡奪，而不憂百姓之不從令，其意與商鞅不同。夫大臣者，法在其手，徒法不足以為防，必輔之以術，此其所以重術也。」

梁啟超《先秦政治思想史》第十三至十六章專論法家思想，多處引用韓非之文，以釋明法家「言爭之所由起，立論最剋實」；「政治之目的，在對多數陷溺之人使免於罪戾，並非為少數善良者而設」；「國家性質與家族全異，君主性質與父母全異」；並謂其言仁政不足用，確含有一部份真理，而其主張令行民從者，亦非在於快人主之意，「蓋欲矯正人民倚賴政府之根性，使之磨鍊以求自立，不可謂非救時良藥也。」對韓非「民智之不可用也，猶嬰兒之心也」之說，則認為「其言曷嘗不含一面真理。雖然，民果皆嬰兒乎？果常嬰兒乎？使民果皆嬰兒也，須知人類不甚相遠，同時代同環境之人尤不能相遠。民既嬰兒，則為民立法之人亦嬰兒，何以見彼嬰兒之智，必有以逾此嬰兒，彼立法而此不容議也。使民果常嬰兒也，則政治之用，可謂全虛。……殊不知良政治之實現，乃在全人類各箇人格之交感共動互發而駢進。故治者同時即被治者，被治者同時即治者，而慈母嬰兒，實非確喻也。此中消息，惟儒家能窺見，而法家則失之遠矣。」對韓非主張「以法為教，以吏為師」一節，則評為「欲將一切教育，悉納入於此種『官立法政專門學校』之中，且教課不講學理，惟解釋法律條文，教師不用學者，惟委諸現職官吏，而且實際的教育並不在學校，官廳也，軍隊也，監獄也，即實行教育之主要場所也。」但亦認為其最後目的，仍在「施於國以成俗」。惟該書第十四章謂韓非反對勢治，且謂勢治與術治均為人治，則殊未洽。

《要籍解題及其讀法》云：「韓非為先秦諸子之殿，親受業荀卿，洞悉儒家癥結；『其歸本於黃、老』，鹽道家之精；與田鳩遊，通墨家之郵；又汎濫於申、商、施、龍，而悉抉其藩；以自成一家之言。以極緻密深刻之頭腦，生諸大師之後，審處而斷制之，其所成就之能大過人，則亦時代使然也。故其書與《老》、《墨》、《莊》、《孟》、《荀》，同為不可不讀之書，不必專門學者也，一般人皆然。」

謝旡量　撰有《韓非》一書，先述其略傳，次及其淵源，次述其學說。內云：「古之言政治者數家，至於法家而詳。法家之學，又至韓非而大備。……中國古代之政治學，至於韓非，大體具矣。以其晚出，所取資多也。」又云：「韓非持國家主義。」此說在當日為發前人所未發。

蔡元培　《中國倫理學史》云：「韓非集儒道法三家之成，以法治主義為中堅，襲商君而益詳其條理，于儒道皆得其粗而遺其精，雖總攬三家，實商君之嫡系。」

胡適　《中國古代哲學史》云：「法家之中，韓非最有特別的見地。」「韓非是一個極信歷史進化的人，……他的歷史進化論，把古史分作上古、中古、近古三個時期；每一時期，有那時期的需要，便有那時期的事業。……韓非的政治哲學，只是『論世之事，因為之備』八個字。……既主張進化論，故他的法治觀念，也是進化的。」「韓非的學說最重實驗。他以為一切言行都該用實際的『功用』來作試驗。……言行若不以『功用』為目的，便是『妄發』的胡說胡為，沒有存在的價值。……言行既以『功用』為目的，我們便可用『功用』來試驗那言行的是非善惡。……韓非的『功用主義』，和墨子的『應用主義』，大旨相同。但韓非比墨子還要激烈些。……這種極端的『功用主義』，在當時韓非對於垂亡的韓國，固是有為而發的議論。」又同書論法家根本觀念，為無為主義、正名主義、平等主義、客觀主義及責效主義，亦多引《韓非子》為佐證。

劉咸炘　《子疏》云：「世皆讀韓非書，不知其書非非一人之旨也。皆以與申、商並稱，不知其異於申、商也。……非之術蓋多變矣。初學於荀卿，……繼而學於黃、老，……又繼乃為管、慎、申之說，……其後之自為說者，大氐宗商而棄慎，用申之術，而去其無為自然法之說，純為嚴刑立法，密術察姦矣。極詆私行私意，以尊公功，尊主威，則商鞅之本旨也。總而觀之，於商極近，而於申稍遠焉。」又云：「非最類商鞅。其申、商所無，而為非一人之大罪者，在全以不肖待人，〈六反〉、〈五蠹〉、屢言之矣，此由荀卿性惡之說出也。……故韓非者，歸於商而啟於荀者也。後世乃以為黃、老之徒，此誤於司馬遷之言耳。」

陳柱《子二十六論・闡韓》云：「韓非著書集法家之大成，其於法家，猶儒家之有孔子也。」《諸子概論》云：「韓非雖集諸派之大成而實以法為中堅，一切納之於法。」

呂思勉《經子解題・韓非子》云：「道法二家，關係最切。原本道德之論，管子最精；發揮法術之義，韓非尤切。二書實名法家之大宗也。」又云：「此篇（〈備內〉）……看似刻覈，然於後世權奸宮闈之禍，若燭照而數計；其見理明，故其說事切也。大抵人類惡濁之性，恒人不甚樂道出，而法術家務揭舉之，故常為世所訾。……又言王良愛馬，為其可以馳驅；勾踐愛人，乃欲用以戰鬭；則法家刻酷之論矣。建國原以為民；欲保國者，有時原不能曲顧人民；然若全忘人民之利益，視若專供國家之用者然，則流連而忘本矣。此則法家之失也。」又云：「此篇（〈五蠹〉）……言文學非急務，取譬於糟糠不飽者不務粱肉；短褐不完者不待文繡。可見法術家言，雖刻覈而重實利；然自為救時之論，非謂平世亦當如此也。」又云：「此篇（〈心度〉）言聖人之治民，不從其欲，期於利之而已。其說甚精。可見法家之治，雖若嚴酷，而其意實主於利民。而尤足為民治時代之藥石。蓋求利是一事，真知利之所在，又是一事；人民自主張其利益者，往往不知利之所在，欲求利而實得害。故先覺之言，不可不察也。」

馮友蘭《中國哲學史》云：「韓非以為勢、術、法三者，皆『帝王之具』，不可偏廢。……『明主之行制也天』，言其依法而行，公而無私也。『其用人也鬼』，言其御人有術，密而不可測也。以賞罰之威，『一行其法』。勢、術、法並用，則國無不治矣。」又云：「法家多以為人之性惡。韓非為荀子弟子，對於此點，尤有明顯之主張。……韓非以為天下之人，皆自私自利，『皆挾自為心』，互『用計算之心以相待』。然正因其如此，故賞罰之道可用也。」「在經濟方面，韓非以為人既各『挾自為心』，即宜聽其『自為』，使自由競爭。……聽人之自由競爭，則人皆疾作而節用，生產增加矣。」「儒家謂古代風俗淳厚，且多聖人；韓非亦不認為完全不合事實。……古今人之行為不同，蓋因古今人之環境不同，非古今人之性異也。謂古者民俗淳厚可，但因此即謂人之性善則不可。因人性如此，故必『道之以政，齊之以刑』，……用法、用術、用勢，必可以為治，即『必然之道』也。」又云：「當時國家社會，範圍日趨廣大，組織日趨複雜。舊日『用人群之道』已不適用，而需要新者。韓非之徒，以為『立法術，設度數』，足以『利民萌，便眾庶』，不『避死亡之害』，鼓吹新『用人群之道』，亦積極救世之士也。」

錢穆《先秦諸子繫年考》辨於韓非之生年，推測為韓釐王五十五年前後，若韓非、李斯年略相當，則非壽在四十、五十之間。《中國思想史・評韓非之歷史觀》云：「歷史有變亦有常，荀子主通統類，明百王之道貫，老子主執古之道以御今之有，皆未嘗抹殺歷史。歷史之變，亦不能專就物質經濟生活一方面著眼。」蓋謂韓非但知其變而不知其常也。故同書又云：「韓非殆僅知有政治，而不知有文化。」

蕭公權

《中國政治思想史》有云：「韓子所謂中主，就其論法術諸端察之，殆亦為具有非常才智之人。身居至高之位，手握無上之權，而能明燭群姦，操縱百吏，不耽嗜好，不阿親幸，不動聲色，不撓議論，不昧利害。如此之君主，二千餘年之中，求其近似者寥寥無多，屈指可數，其難能可貴，殆不亞於堯舜。……昔柏拉圖論治，先立哲君專制之理想，旋審其事實上為不可能，乃更立法治之政體，欲以可守之良法，代不可期之明君。後此幾經發展，乃蔚為近代憲政之理論與實施。商韓則認仁義無用，而不悟明君難得，於是發為君本位之法治思想，徒為後世梟雄酷吏開一法門，而卒不能與孔孟爭席。就此一端而論，其智殆在柏拉圖之下矣。」又云：「商韓之重耕戰，幾乎欲舉一國之學術文化，而摧毀掃蕩之，使政治社會成為一斯巴達式之戰鬭團體。」但於韓非學術之重在治平亂世，且足以代表當時思潮，仍多所稱之。

陳啟天

《韓非子參考書輯要・自序》云：「《韓非子》者，我國古代政治學要籍也，亦我國古代文學要籍也。秦漢以前，學者多以政治學之眼光研討《韓非子》，故其學術思想成為當時爭論之重要問題。唐宋以後，學者之誦習之者，多視為文學書，而不甚措意於其學術思想。

……近數十年來，以西學東漸，與夫中國漸入於『新戰國時代』之故，始先後有人以政治學及哲學之眼光而重新研討之。因而得知其書在中國文學史上之價值，猶其小焉者。而其最大之價值，則為其學說在中國政治思想史上之地位甚為重要也。……故謂《韓非子》書為戰國時代思潮之代表作品，亦無不可。自有是書，而後列國生存於戰國時代者，有所師法矣；自有是書，而後中國由封建政治，進入君主政治之理論確立不移矣；自有是書，而後秦得依其理論，以結束戰國，完成一統，為中國奠定一新基矣。由漢以來，是書在政治思想上之價值，雖不甚為學人所推尊，然每當鼎革之際，其能由紛爭而復歸於一統者，實賴有政治家實際應用其學說也。故若明於韓非子之學術；不惟可知戰國時代之思想主潮，即兩漢以迄清末政治思想之伏流，亦可略識其消息焉。」《韓非子校釋．例言》云：「《韓非子》一書，為中國古代政治學名著，其價值實不下於亞里士多德之政治學，凡研究政治學、學術史及文學史者，不可不讀。」其〈初版自序〉云：「予茲校釋其遺書既竣，益知韓非乃一愛國之政治思想家，卓然有所以自立，雖身死異國，而至今兩千餘年，仍有其不可死者在焉。」〈增訂版自序〉云：「《韓非子》書為我國戰國時代之君主政治學典籍。我國歷史之得早由封建政治進入君主政治、並得早由戰國時代進入帝國時代者，多賴此書所提示之君主政治理論與方法，此無人能否認者。故《韓非子》書在我國政治歷史上之實際效用與學術價值，均不可因其立說間有偏激，而一概抹煞之。惟我國現代歷史，已由君主政治時代，進入民主政治時代，則韓非子學說不能完全適用於今後中國政治，自為理所當然。概括言之，凡韓非子學說中，無礙於民主自由原則與現行憲政制度者，皆可酌用於今世，否則斷斷不可輕用也。」〈增訂韓非子校釋自序〉則又有云：「韓非為我國戰國時代之君主政治思想家，其學說要旨乃為戰國時代之君主，建立君主政治制度，以外求獨立，內求統一而已。若詳析言之，則其思想特徵，可條舉如下：第一、重國家不重世界，第二、重君主不重人民，第三、重權力（任勢）不重自由，重集權不重分權，第四、重法治不重人治，第五、重富強不重正義（王道），第六、重內政不重外交，第七、重時務不重保守，第八、重實用不重空言，第九、重現實不重理想，第十、重農不重工商，第十一、重兵不重學，第十二、重公功不重私善，第十三、重信賞必罰，不重私惠，第十四、重循名責實，不重感化，第十五、重賞罰與毀譽相合，不重毀譽與賞罰相反。上述十五種特徵，多與儒家學說衝突。故歷來儒家多非難之，而韓非亦非難儒家。古今批評韓非者，多不外就其所不重者而言之，亦能持之有故也。……今者，中國外而已由閉關一統時代進入世界戰國時代，內而已由君主政治時代進入民主政治時代，為求外能應付世界戰國，內能完成民主政治，自宜另有一種新政治理論，以適應今後中國之需要。予以為新政治理論之要旨，宜……有酌採韓非學說者，有修正韓非學說者，……則可免犯時代錯誤，而不致誤用韓非之說也。」另在其《中國法家概論》及《中國政治哲學概論》中，亦有與前述相同之觀點。不贅。

林尹《中國學術思想大綱．論老學流衍》云：「其立論皆基於『忍』之一道。『忍』之流別不同，於是得其『忍耐』之途者，遂成為老莊之學；得其『隱忍』之方者，乃流為黃老一派；

得其『殘忍』之變者，遂有韓非之法術。」

陳奇猷《韓非子集釋》載其〈韓非學述〉一文，有云：「韓非所謂至治之世，必上下無為。……故韓非之理想社會，極近於老子所謂……其不同者，老氏使人無欲無求，而韓子則令人在分內立功努力，不越分而有所求。……韓非因使人『不遊意於法之外』（〈有度篇〉），故必使人『去智棄巧』，……此近於老氏『絕聖棄智』（〈十九章〉）之論。其不同者，老氏使人無思無慮，而韓子僅使人去姦邪之慮而已；至於用分內之智慮，韓子固未嘗去也。」又云：「韓非對於儒家仁、義、禮、廉，亦作適宜之採擇。故〈解老篇〉釋仁、義、禮、廉則純乎儒者之論。」又云：「要而言之，韓非之學，乃治儒、道、法於一爐，而中權則以法為治，故其書為研究先秦學術者所必讀。自秦以下，韓非之學影響頗大。李斯以之輔秦成統一之功，炎漢以之輔儒、道之不足而有王霸雜用之政；諸葛亮治蜀，以申、韓為宗旨；歷代言法治者莫不奠基於商、韓。」

王雲五《先秦政治思想》云：「韓非未嘗從事於實際政治，僅因憤世疾俗，憑一己之主觀，認為救亡與敵強之道，當如是如是。任何事未經實驗，縱使其理想如何高超，能否推行，尚不敢必。」又云：「依現代之刑事學，凡加害他人而出自惡意者始為罪，其非出自惡意者免刑，或減刑；至若出於善意，且未嘗加害者，賞猶不暇，更何得加之罪？今觀上所舉例（按指昭侯兼罪典衣與典冠事），對於完全出自善意之典冠者，既無絲毫損害於昭侯，且可免其受寒，竟以越職而加誅殺，如此執法，誠大悖人情。韓非竟贊同是舉，其距現代之法治思想，真不可以道里計。

吾無以名之，名之曰：不近人情之嚴刑而已。」又其評〈顯學〉言民智不足用及〈問辯〉言無辯之故，則云：「這一段文字，明示韓非主張控制言論，與上一段主張漠視民意，殊途同歸，無非為獨裁政治張目。」

右自民初迄今錄十六人。❺

按民國以來，研究先秦學術思想者，與日俱眾，大都能以嶄新觀念，提出其獨立之見解，而不宥於前人之成說。論其研究態度，可得而言者有三：一曰：不持入主出奴之見，而為正學異端之爭；亦不存穿鑿附會之心，而務為詭異新奇之論。雖亦有先斷以己意，再予求證，執一己之私，而強人以就我；又或自誇務去陳言，專索隱怪，援西人之學，硬為之相比合者；然究非學者中之絕大多數。縱能聳聽於一時，終不能持之長久，故不為有識者之所重。二曰：不以治經之法治子。雖仍重視考證；然考證之目的，在供研究義理，而非務於物名，止於輯佚。故學者多能就各家之學說，尋求各家之本意，統其大義之所極，而闡明之。兩者相輔以成，考證愈詳，義理益明。間亦有膠於執見，忒多懷疑，以亂真偽者；然積時一久，其說不攻自破，於諸子學說之發揚，固無妨也。三曰：認清諸子時代背景，辨明學說淵源，理論實際並重，以綜合調整之法，作系統性之研究，並視其可否運用於今日，而給予客觀之新評價。其間雖有人僅就諸子學說精義之所在，作局部之探討而不及其全面，又或僅重其理論而未析評其實用價值；然而探驪得珠，要亦可喜者也。

❺ 以上諸人對韓學之批評，各有所見，亦各有所得；倘能綜合觀之，自不難對韓非學說予以新評價矣。

韓學之研究，或見之於周秦諸子學說、中國哲學史、中國政治思想史、中國法律思想史、國學概論、法家概論之作；或見之於有關《韓非子》之專書、專論。此等專書、專論，屬於考證者有之，屬於義理之研究者更多有之，或就整個學術而論，或擷取一環而言，其名稱林林總總，無法逐一為之舉。大抵專論韓非一人者，多能究其精微；通論法家之學或政法之思想史者，可見韓學之特色；其泛論周秦諸子之學、概論國學及古代哲學史者，雖亦能釋明韓子學說之真理，以非專論一人，終不無失之簡。然非謂泛論各家之作，不如通論一家之精；通論法家之學者，又不如專論韓非一人者之善；其精善與否，固仍關乎學者本人之造詣也。

上引嚴復之論，發表於民國四年；王雲五之書，則出版於五十七年。在此半世紀中，有關韓學之見知書目篇章，不下二百種。茲僅錄十六人者，以其言人之所未言，或則言之最早；類乎此，或據以深研之者，以及考證之者，為節篇幅，皆不之錄，好在坊間盡可蒐求，於韓學有興趣之士，自求而誦之可也。

第十章 結 語

第一節 韓學總述

先秦學術思想之本質為政治哲學，若就純粹之政治學說而言，則惟韓非學說足以當之。韓非所處時代，為封建政治業已崩潰，君主政治大體形成，戰國將近結束，而帝國亦完成在即。不惟列國競爭異常激烈，且國家之強弱與其安危存亡之關係，亦較已往益加密切而顯明。韓非稱此為「急世」，史家則稱此為戰國末期。其時政治社會之一般現象：一為海內爭於戰攻，務在強兵並敵，謀作用，縱橫長短之說起，矯稱迭起，誓盟不信，雖置質剖符，猶不能約束；二為群生苦於禍亂，競於紛奪無厭，農耕不修，工商是務，富者侈同王侯，貧者身無立錐，少壯流散四方，老弱填乎溝壑；三為儒以文亂法，俠以武犯禁，輕物重生之士全身為高，恬淡恍惚之言、迂深閎大之論、白馬棘刺之說、風行於世。游說權謀之徒見重於時君，藉仁義飾容服之俗儒亦夤緣干進。

韓非所處之時代背景如此，而其祖國韓國，則自宣惠王以來，始終為君主之親信及貴族壟斷政局，毫無政治改革可言，降至桓惠王、王安，國勢益加不振。韓國地方不足千里，介於大國之間，西秦、東齊、北魏、南楚，秦有事於六國，則首受其害，六國有事於秦，韓又須為其先驅，而韓之得以苟延殘喘於其間者，不外割地求和與禮事大國而已。韓非為韓之宗室，對於國家之強弱存亡，當然極為關心；既有感於合縱連橫均不足以為恃，而又鑒於國內大臣貪重，細民安亂，人主闇弱，釋國法而就私曲，寵名譽而信愚誣，未嘗以富國強兵為急務；於是數以書諫韓王，惜乎終不見用。乃轉而發憤著書立說，以管仲以來之法家思想為主要淵源，以儒、道、墨、名各家理論之一部為次要淵源，中權則以法為治；並針對時勢，因應人情，檢討已往法家論政或設施之得失，而提出其嶄新之學說，以成一家言。揆其立論，以純政治為範圍，不同於儒家之兼有倫理意味，道家之兼有自然意味，墨家之兼有神權或宗教意味，陰陽家之兼有迷信意味，自然更不同於名家之以名學為其主要特長。故在「務為治」之六家思想中，要以集法家各派學說大成之韓非學說，為純粹之政治學說。

韓非學說見之於《韓非子》書。是書雖有部份篇目，疑其不出於韓非之手者，顧其思想、旨趣，仍多與韓非一致。吾人研究《韓非子》之目的，在研究此一先秦要籍之學術思想；亦即以韓非為中心，研究韓非一派之學說。基本出發點既非研究韓非一人，自不必斤較於某篇之為真為偽。況《韓子》全書中，究有若干篇目，非其本人所作；抑或除〈初見秦〉及〈存韓〉附文而外，均

為韓非所作；今猶聚訟紛紜，難以論定。以故吾人研究時，自惟有以韓非為中心，就全書之學術思想一體研究之。❶

韓非政治哲學，奠基於「變古之歷史觀」，「務力之社會觀」，及「自為之人性觀」。而據此基礎以建立之政治學說，則為「勢論」、「法論」與「術論」。在實際運用上，勢法術三者皆帝王之具，不可一無；又國家富強之本，在於內政，堅內則不外失。堅內之道，貴在全民生活條件與戰鬥條件一致，無事則國富，有事則兵強；故須統一意志、集中目標，努力增產、充分備戰，並改善民生，安定秩序。因而所有經濟、國防、教育及社會政策之制定，皆以國家當前需要為前提。為達此目的，遂主張集中一國之統治力量（勢），運用有效之統治工具（法與術），杜絕足以禍國之一切亂源，建立以君主為中心之新政治制度。然此僅為韓非對現實政治之主張。若就其理想中之政治社會而言，則為先以法治為基礎，藉法律之強制作用，「以救群生之亂，去天下之禍，使強不陵弱、眾不暴寡、耆老得遂、幼孤得長、邊境不侵、君臣相親、父子相保、而無死亡繫虜之患」；進而促成「各處其宜，故上下無為」，「守成理、因自然」，「因天命、持大體，故使人無離法之罪」之「至治之國」。再由「至治之國」進入「法如朝露，純樸不散」，「上下交順，以道為舍」之「至安之世」。此則與老莊所謂之「小國寡民」及「至德之世」之旨趣，相當接近；與儒家標榜之「大同之世」、「小康之世」，在基本精神上亦無相悖之處。惟韓非圖難於易，不尚空談；

❶ 參見本書第一章第三節、第四節。

其所積極追求者，為其現實政治主張之實現，故以富國強兵為急務。茲先圖示如左，再擇要說明之：

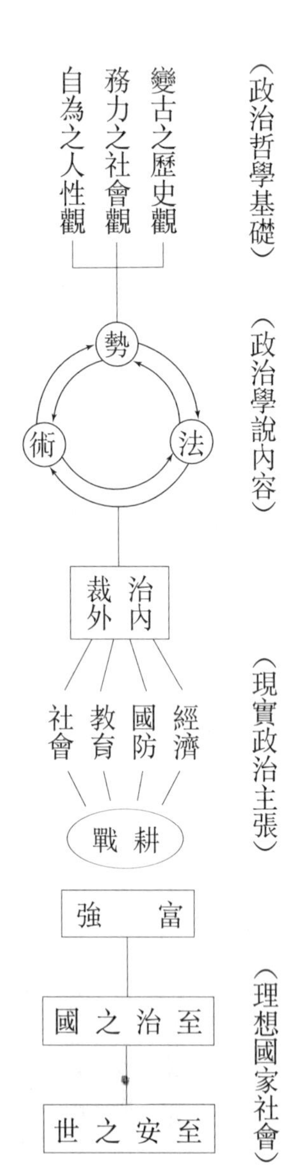

一、變古之歷史觀

先秦諸子均不滿意於當時之政治社會現況，亟思有以匡救之。惟因歷史觀點不同，其救世主張亦迥異。儒家祖述堯舜、憲章文武；墨家背周道而用夏政，道家託始於黃帝；蓋均認定歷史演變方向為退化而非進化，故主張「法古」以為治。法家則認定歷史演變方向為進化而非退化，在進化過程中必然發生若干問題，其解決之道，貴在因時制宜，絕非一味法古，可以言治。此蓋由於法家思想之發展，與儒道墨三家有異。法家先有實際運動之出現，而後乃有理論之建立與完成。其一切理論，既來自實際經驗之所匯集；故首先承認現實，將其存在問題，視為歷史演進之自然現象，予以設法解決即可。此所以管仲相齊、郭偃治晉，均不重守舊，而力主創新，制令各順其宜。又所以子產不惜「反古」，以「吾為救世也」為由，初鑄刑書；商鞅更倡「治世不一道，便國不必法古」，及「反古者未必可非」之說，而實行徹底變法。韓非據之，參以荀子隆禮義、法後王之旨，及莊周貴賤有時之論，而成其「變古」之歷史哲學。所謂「變古」，並非「疑古」「反古」，而係不必以古為法，須變則變。❷其要旨如下：

㈠事因於世，而備適於事。故世異則事異，事異則備變。徵諸往史，先王之所以稱為聖人，在於「不期修古，不法常可，論世之事，因為之備」。上古、中古、近古，民生需要不同，人情好惡有異，故聖人所為之政，亦彼此不一；然皆議多少，論薄厚，稱俗而行，是以天下莫不治。

㈡時代愈遠，情勢益殊。先王之政，變與不變，端在其「常」「古」之「可」與「不可」。如其不可，自應變通而用之。倘仍泥古不化，則無以言治。

㈢仁義之說，辯智之行，早已不行於春秋之世。處今之急世，惟有因應情勢，以法度賞罰為治國之唯一準繩。

㈣治民無常，唯法為治。然治國之「法」，非一成不變。「法與時轉則治，治與世宜則有功」。

---

❷ 詳見本書第四章第一節。

故今日可變先王之政，以法為治；來日亦可變今日之法，以圖事功。

二、務力之社會觀

韓非學說以純政治為範圍，不含有倫理、自然、神權或宗教意味。故其所論及之社會，蓋指政治社會而言。政治之本身，即存有權力運用與實力支配之關係，而表現於國家之所行所為。國家為國內社會之最高組織，為國際社會之基本組織，國家之目的與功能，首在於維護此一政治組織體之安全與秩序，自非崇尚權力與實力，無以內求統一，外求發展。此種觀點，在商鞅時代早已形成；而儒家中之荀子，亦嘗力倡富國強兵之術。韓非師承前人之說，檢討春秋以來各國興亡治亂之所由然，參以封建政治業已崩潰，及人皆挾自為心之事證；遂提出「明君務力」之主張，並以「堅內」「裁外」之說，完成其「務力」之社會哲學。❸其要旨如下：

㈠時勢不同，國際間競爭之方式亦異。「上古競於道德，中世逐於智謀，當今爭於氣力」。處大爭之世，絕不可循揖讓之軌，高慈惠之行。力多則人朝，力少則朝於人。

㈡國家對外只有實力關係，絕無所謂國際和平，更無所謂仁義禮讓之存在。國家對內只有統治關係，惟有在統治權充分運用之下，始能令行禁止。

㈢人皆有自私自利之傾向，欲賢不肖俱能竭力以為國用，則非厲行賞罰不可。獎懲毀譽之是

---

❸ 詳見本書第四章第二節。

否收效，悉視統治權力之大小以為斷。故人君必須握有實權，乃可言治。

㈣富強之本，在內放而非外交。能治內，乃能裁外；能安內，乃能攘外。「明主堅內，故不外失」。

三、自為之人性觀

在韓非之前，各家學派大多主張人性本善之說，其唯一主張性惡者為荀子。韓非接受荀子觀念，以討論政治上之人性問題，並分析社會上之一般情況；雖未如荀子之明言「人性惡」；但卻認定人類行為，均有一種自私自利之共同心理趨向。良以人性善惡，存乎內心，無法證明，若就其行事而論善與不善，亦難有絕對之標準。輿人成輿，則欲人之富貴；匠人成棺，則欲人之夭死。非輿人之性善，而匠人之性惡也。利使之然也。類乎此者，如孟子之論矢人與函人，不以矢人之惟恐不傷人，即判定其心性不如函人之仁，而僅概言「故術不可不慎」。可見行為之是非，與其人心性之善惡，初無必然關係。韓非之所以不明言人性之究為善抑惡，而從不同之行為表現，推究人群心理之共同傾向，認定人人皆「挾自為心」，自私自利，計其私利而後行事者，以此。惟人人既有此共同之自然傾向，則國家設政施治，即不可不因人之情。韓非從而廣徵博引，並參以愼到「用人之自為，不用人之為我」之說，以建立其「自為」之人性哲學。❹其要旨如下：

---

❹ 詳見本書第四章第三節。

㈠好逸惡勞、趨利遠害、貪圖富貴、獵取名譽，皆為人挾自為心之一種表現。故利欲之所在，競相爭之。利欲之種類不同，追求利欲之方法亦異。人類行為之所以有善惡是非，皆因切身利害關係而不得不然。

㈡在通常情形下，自為心非不可調和為用；然必出於各取所需，並能各得其利。人與人間如此，君臣上下之間亦然。霸王者，人主之大利；富貴者，人臣之大利。害國而利臣，君必不為；害身而利國，臣亦不為。故「君臣交計」，「君以計蓄臣，臣以計事君」。君能以任使之道，獎勵之方，滿足臣之大利；則臣亦能為君之大利，行危至死，其力盡而無怨望。

㈢人之欲望無窮，能如老聃知足知止者極少，故惟有因勢利導，將人人之自為心，轉化而為完成國家公利之動力。必人人言行符合國家利益，而後乃可實現其私欲。

四、勢論

勢之觀念，遠在管子時代即已存在；惟管子僅云及國君有勢，乃可驅使臣下，令則行、禁則止。至慎到始更新其說，將統治者與統治權力劃分為二；認定國之所以治者在於法行，而法之所以能行，乃為統治權運用之結果，與君主本人之賢愚仁暴無必然關係。故提出「非勢無以言治」，「任勢」重於「任賢」之說。此一觀念，在我國政治思想發展史上極為重要，並已奠定推翻「人治主義」之初基。韓非據之，本其政治哲學之基礎觀點重加研討，以為慎到所言者，殆僅「自然之勢」而已，徒重自然之勢，易滋流弊，且未足以言大用。蓋古今人君，賢如堯舜、暴如桀紂者，百一不見；而世之治者，不絕於中。如何使此絕大多數中材之主，善用其勢以治國？則惟有以「人設之勢」輔成之。此外，勢之界說如何？應集中行使抑分散？以及如何善用賞罰權以固勢等，慎到亦均論有未備。因之，韓非乃就其研思所得，以建立完善之勢論。❺其要旨如下：

㈠勢為君主馭使臣民之工具，具有普偏之強制力，與唯一之最高性。統此三義，故勢為國家實現統治目的而具有之最高權威。相當於後世泰西學者所稱之主權或統治權。言勢則必有位，用勢則必有威，執柄則操生殺之權，勢重則至尊無上；以故，舉凡勢位、威勢、權勢、權、重、柄等，在《韓子》全書中，其涵義多與「勢」無別。

㈡自然之勢，來自承襲先人王位，原本出諸自然，業已確定，毋庸討論。故賢者用之則治，不肖用之則亂。人設之勢，則為以「慶賞之勸，刑罰之威」，「抱法處勢」，而形成之一種無所不禁之政治權力；雖中材之主用之，亦可量法治民，求得國治。

㈢統治國家必須依賴權力之運用，尚賢、尚人均不足以為恃。明主抱法處勢，設利害之道以示天下，即可以利得民，以威行令，達成設政施治之目的。然任勢必先集權，故不能使臣下擅勢。賢與勢既不兩立而治，故任勢自然反對任賢。任勢固有能否得人之慮，然為絕大多數之中材君主著想，仍不能不如此。

❺詳見本書第五章。

(四)勢之中，以賞罰權最能表現君主之權威，故人君須善持其勢。善持勢者除固握其勢，不可以假人之外，必須厚賞重罰以立威，信賞必罰以立信；而立威立信，均須以法律規定為準，視功罪程度為斷，並求賞罰與譽毀相應。

五、法論

先秦諸子中之法家，以今人觀念釋之，應稱為法理學家、法治學家、或政治家。其所謂之「法」，除子產、李悝容或限於刑律範圍，用以輔德化之不足外；均為政治與法理結合之法，國策與時勢配合之法，舉凡設政施治、齊民使眾之一切有關規章與命令，莫不包含其內。故非僅限於刑律範圍，有如今日所謂之「刑法」，及其關係法規；更非泛指一般法律，與國家當前需要無必然關係者。因而彼等所倡之法論，實為以法治國之理論，既非純粹之法理論，亦非純粹之政治論，而是兼此二者以適應戰國時勢需要之一種新理論。按以法治國之觀念，管仲已然有之；惟管仲治齊，仍多少含有賢人政治意味。真能以之建立國富兵強之豐偉功業者，則自商鞅始。商鞅在秦兩度變法，雖以刑罰之威以輔其成，然法之內容則包括社會、經濟、政治各方面之徹底改革。因而後之法家，對於法為治國唯一標準之信念，益加堅定。韓非生時較晚，自然接受此一事實。顧商鞅重在行事，缺乏有系統之法治理論；且其主張之法，有未盡善，而刑賞之為用亦未平衡。韓非檢討結果，除於其勢論中擴大厚賞範圍，使厚賞重刑，等量齊觀，為一體之兩面外；復就其政治哲學之基礎觀點，參以法家前輩之事功言行，補正商鞅之所未盡，進而據之以建立完善之法論。❻其要旨如下：

㈠人治難以為準，賢智又不易求；為使治道不因人而時異，且無人亡政息之虞，則惟有以「法」代「人」為治。況德化不足以防幽隱之行，而為治之道，貴在用眾而舍寡，允宜以法為治國之唯一標準，俾中材之主亦得以量法治民。故「奉法者強則國強，奉法者弱則國弱」。「明法者強，謾法者弱」。

㈡立法者，所以廢私也。行法者，所以一政而國治也。「法之所加，智者弗能辭，勇者弗敢爭。刑過不避大臣，賞善不遺匹夫。故矯上之失，詰下之邪，治亂決繆，絀羨齊非，一民之軌，莫如法」。故法之本身具有公正性、強制性與普徧性。然欲其成為治國之唯一標準，則非有「編著之圖籍，設之於官府，而布之於百姓」；「賞存乎慎法，而罰加乎姦令」不可。故法之所以為法，必符合成文法、公布法、平等法三要件。此則與封建政治下之習慣法、秘密法、階級法，迥異其趣；而與後世泰西學者標榜之法律形式條件相同。

㈢聖人之治民，度其本不從其欲，期於利民而已。故審於是非之實，察於治亂之情，正明法、陳嚴刑，以救群生之亂，而去天下之禍。蓋惟有保障大多數人之權益，先使其生活於安和樂利之政治社會，而後乃有「至安之世」可言。聖人為法於國，必逆於世，而順於道德者，以此。故民

❻詳見本書第六章。

用官治，國富兵強，僅為制定法律目的之一，若論其終極目的，則在實現至安之世。是以法之為道，前苦而長利，其強制作用，表現於天下未治之際；進入至安之世，人人各處其宜，無離法之罪，「法如朝露，純樸不散」，雖有強制作用，亦猶之無矣。故立法之目的及以法治國之目的，皆在於「愛民」「利民」，而非「惡民」。

㈣明主峭其法而嚴其刑。故立法必須從嚴。然非謂立法時可以任憑君主一人一時之喜怒好惡而為之也。法之制定原則：第一須切合時勢需要。「法與時轉則治，治與世宜則有功」。國家處境不同，立法自異；若時勢有變，法應隨之修正。第二須人民易知易行。法如平實可行，不強民所難，則可循法而治，「上無私威之毒，而下無愚拙之謀」。第三須以利多於弊為前提。法為「公利」之所在，常不免與個人私利相衝突。無難之法，無害之功，天下無有。「法立而有難，權其難而事成，則立之。事成而有害，權其害而功多，則為之」。故以「出其小害，計其大利」為宜，不得已求其次，亦須利多於弊。第四須以統一穩定為要務。法如紛歧，則執法者可以上下其乎；法如輕變，則守法者將無所適從。是以「法、莫如一而固，使民知之」。近代言法律之制定原則者，每強調其適時性、明確性、統一性與穩定性，並主張以符合絕大多數民眾之利益為旨歸。揆其精神，容與韓非無異。

㈤法之內容，因國家政策之需要而異。處大爭之世，惟內求統一、外求生存是務。故須嚴其境內之治，以「明其法禁，必其賞罰」之法治主義，推動「盡其地力，以多其積」之重農主義，與「致其民死，以堅其城守」之軍國主義。易言之，即建立以耕戰為中心之法治社會，來完成國家之富強。此為商鞅強秦之方略，亦戰國時代法家之共同觀念。立法之宗旨如是，故一切立法之內容，均與獎勵耕戰有關。藉法律之作用，統一意志、集中力量，以完成國家生存發展之目的。

㈥以法治國，必須「動無非法」。故任法而不任人，尚法而不尚賢。因任智巧賢德之人，終不如任法之可靠。法之推行，以君主守法責成為第一要務。君能守法，動無非法；乃可「讎法」「明法」，責成臣下依法行事。臣下「不遊意於法之外，不為惠於法之內，動無非法」；乃可期求人民遵法以赴事功。然民智之賢惠高下不一，除法之內容使民易知易行外，尤要者、在實施法的教育；俾人人瞭解國家情勢需要及其政令之後，能在同一目標之下為國效力。「以法為教」、「以吏為師」；法之外，皆非急務，不在官府施教範圍。政治目的與教育方針結合為一，自然有助於法之推行。

六、術論

封建政治未崩潰前，政權因封土而分散，君臣皆為貴族，同居統治階層；依宗法關係與禮制，維持名分，行使權力。進入戰國，封建政治已然崩潰，權力集中君主，人臣多非來自貴族；自不免「君臣異利」、「君臣異心」。君人者不能有效馭使臣僚，即無以鞏固政權，治理國度。馭使臣僚之道，先秦法家名之曰「術」。韓非之前言術者，以申不害為主要人物。申不害以術干韓昭侯，相韓十五年，國治兵強，諸侯無侵韓者。顧其所言之術，有未盡善，而治國之「法」，又未勤飭於官，自然易生流弊。況術之為道，不僅在於「防姦」，而尤貴在「責效」；故術之類別至多，更非僅指「權術」而言。是以韓非本其政治哲學之基礎觀點，參以當時政治環境之實際需要，就中不害等前輩法家之所未及或未盡善者，詳加研討；首先澄清「術」之觀念，釋明「法」與「術」之不同，並確定「術」之界說；進而分論不同之「術」，及行術之成敗關鍵所在，以成其本人完善之術論。❼其要旨如下：

㈠君主不可能直接治理國家，一切設施，有賴其臣僚依法行事。臣僚良莠不齊，才智各異，欲其盡力以赴公功而無隕越之虞，亦無比周劫奪之姦私，則非有切實可行之術，以為之督責察核不可。故「術」為君主責成臣下行法之要具，專指一切用人行政之方法而言。其積極目的在於「責效」，消極目的在於「防姦」。為防姦劫，雖不能不涉及「權術」，但權術僅為「術」之一種。

㈡法以治民，術以御臣。故法莫如一而固，使民知之；術則宜詭而變，使臣下無以預聞。言法、必舉國遵守，雖君主亦不例外；言術、則為君主所獨持，君主自可通權達用。法為具體公開之律條，術則兼含有隱密之政治手段。法為治國之唯一準繩，可以制約全國之人與事；術猶之法中之特別法，僅以臣僚為制約之對象。

㈢術之名一，而變無數。「術者、因任而授官，循名而責實，操殺生之柄，課群臣之能者也」。

❼ 詳見本書第七章。

「術者、藏之胸中，以偶眾端，而潛御群臣者也。」「無術以用人，任智則君欺，任修則事亂」。故明主之道，「固術而不慕信」，「用其力，不聽其言；賞其功，必禁無用」。凡此，或專言任用、考成，或兼涉權術運用；究其極致，不外責效防姦而已，故責效與防姦，為術之一體兩面。兼此兩大功能，乃可稱之為「術」。其主要作用，既在於知人善任，以增進實際功效，並求任用與考核合一，故與吾人今日所稱之人事管理制度，約略相當。

(四)術之要類有五。執要術為各術之主，旨在論君之所以為君。用人、形名二術，旨在責效，參伍術重在防姦，聽言術則兼二者而有之。行術之成敗，決於君主，關鍵在於大臣與近習。五術皆備矣，若僅行之於一般人臣，而不能忍痛以去其擅斷之大臣、賣重之近習；則臣下朋比、障距、壅蔽之患仍存，五壅、八姦之禍，難以杜絕。君人者欲求國治，必不幾矣。

(五)執要術，即無為術。君人者以無為為心，無私意私行，以法為本，掌握治國綱領，守法責成，即不難期求臣下為所應為，而國得治。所以然者，政事太多，非君主個人之時間、能力，可能勝任；況群臣環伺左右，逢迎君欲以成其姦；故能不為，即以不為為宜。庶可以一馭萬，以靜制動，而憑藉賞罰權之運用，使群臣不得不守法盡職。故云：「人主者，守法責成以立功者也。」「事在四方，要在中央。聖人執要，四方來效。虛而待之，彼自以之。」能如此，則「君操其名，臣效其形」；「臣有其勞，君有其成功」。反之，君人者不能「虛靜無為」、「處虛執要」，違背上無為下必有為之政治原理，而欲以己之有為而求有所為；則一切用人行政之術，均難獲致理想效果。

(六)用人術包括以下各點：第一、劃分職掌範圍，以專負成，避免爭諉；第二、因材器使，先求才能與職位相稱，再據以責實；第三、實行一人一職，以期人盡其才，各展所長；第四、以功績定進退，不問其他任何因素，使無倖進，亦無枉退；第五、一切官職由下而上，循序陞遷，以資磨練而求勝任；第六、必須體制分明，以免政出多門，發生妬爭，甚或並敵奪權，僭擬作亂；第七、人事任免，必出於人君之自主決定，嚴防外為敵國所廢置，內為姦臣假外援以挾制。以上各點，論其基本精神，在於健全組織、為事擇人、專長任職、分層負責、循序晉升，及實施在職訓練；故與近代標榜之人才主義與功績主義，大體無異。

(七)形名術，亦名綜覈術。重在察核臣下真情，求其名實相應。依照官位，督責職事，為循名責實；就其言論，考核事功，為綜覈名實；察其處理事件，是否符合法條規定，為審合形名，亦曰形名參同。臣下之是非功罪，賞罰譽毀，悉由是出。「群臣守職，百官有常，因能而使之，是謂習常」。「事遇於法則行，不遇於法則止」。故臣不得越官而有功。功當其事，事當其言，則賞；反之則罰。故言大而功小者罰，言小而功大者亦同。任事者、智不足以治職，則收官。舉凡考核臣下，促進功效，推行法令，整飭官常，幾無一不賴形名術以為用。

(八)聽言術之為用，不僅在於有利君主察姦，以免為臣下所欺，更在於結智結能以謀國是。故嚴禁人臣對一項問題之處理，草率提出兩種以上不作肯定而又預留地步之主張，必須確定其一，以示負責；對遇事妄言善辯而無所驗者，科以有言之責；對遇事緘默而保其祿位者，則科以不言之責。為期集思廣益以供最後決策之參考，採取「一聽而公會」之辦法。先各別垂詢意見，偏謀於眾，再集合眾議，而以公決取之。至人君聽言之際，須力守沉默，不可輕加贊否，無論人臣所言或是或非，宜一併聽之。聽言後，必須合參，以驗其當否及有無功用；切忌以人臣爵位之高低，為其言可否採信之論據；更不可以一人處要地，專司傳達，否則將形成主拒諫，臣緘默之勢。

㈨參伍術、亦曰參驗術，或稱為參伍之道。旨在考察臣下真情，審其言辭，審其罪過。其本身亦含有循名責實與參言督用之性質；但行術之目的重在察姦，且採用方法又雜有權術與秘術之意味，自不能與形名聽言二術混同而言。惟歷來論韓非之術論者，多持此以概其他，殊嫌有失平正。此術在《韓子》全書中，以〈八經篇〉「參伍之道節」言之最詳，同篇「起亂節」所言除陰姦之法為最殘忍。至〈內儲說上〉有關疑詔詭使、挾知而問、倒言反事各部份，及〈八說〉之所謂賤得議貴，下必坐上等，要亦同為此術之運用。「參伍之道」一節，首論錯綜考核之基本原則，語極精密允洽，足以輔成循名責實與參言督用之功；惟後半段提出之具體辦法二十六種，大都雜有權術或秘術意味，而成為深藏不露、詭譎多端之陰險手段。此在當日政治環境，固未可厚非；在今日已無重視之需要。

七、現實政治主張

韓非生當戰國末期，山東諸國之君，侈談富強之術，而不務其實際；秦則國勢益強，形成逐漸兼併天下之勢。韓為韓非之祖國，自不忍見其宗廟陵夷，因而其現實政治主張，亦以富強為中心。❽其要旨如下：

㈠富強之本在於徹底改革內政，而非徒恃外援。外交須以實力為後盾，自恃重於恃人。否則智困於外而政亂於內，則亡不可振。惟治內、可以裁外，亦惟堅內、則不外失；故治強不可責於外，內政之有也。

㈡堅內、治內之道，在實行明其法禁必其賞罰之法治主義，盡其地力以多其積之重農主義，致其民死以堅其城守之軍國主義。以耕戰致富強，以爵賞勵耕戰，以法律正官方、易民俗、維秩序、定是非。一切政策之制定，首須重利；無利以為誘導，則政令難以貫徹實行。言利、則國家之公利應優先於個人之私利。一切政策之實施目的，均在謀使全民生活條件與戰鬥條件結合一致，以期無事則國富，有事則兵強。

㈢經濟政策在充分利用可靠之土地資源，厚民產而實府庫。故以農業為主，尤其重視人力供應問題與生產技術問題。舉凡耕植畜養之理，土壤氣候之宜，地形地勢與機械之利用，乃至選擇

❽詳見本書第八章。

品種、灌溉、施肥等，均多所論及。至於工商之價值，則重在以所有通所無，除國計民生之物品外，奢侈享受品之製造與販運，均在所必禁。

(四)國防政策重在掌握足夠兵源，更新攻守設備，充實軍需物資，獎勵奮勇作戰，維持軍紀軍信，與加強訓練戒備各端。此為韓非根據其檢討春秋戰國以來之史實，而提出之綜合主張。其中心觀點在以有虞待不虞，故又力主「服戰於民心」，「兵戰其心」，及「先戰者勝」之說。

(五)教育政策著眼於政治目的與教育方針合一。故採取強制主義，以法為教，以吏為師。使人民認清時勢及國策，知所當行當止。同時並藉法的教育，培養尊君觀念，以鞏固中央政權。惟尊君之要，在遵行君主之法令，非對其私言私利亦皆遵之。至於法令以外之學識，均屬「匹夫之美」，故不在國家教育範圍之內。

(六)社會政策以解決貧窮問題及治安問題為中心。貧窮原因在於人口增加，食用不足，又或由於不力作而佚樂。故解決之道，重在改善生產技術，努力增產，提倡節約；並以合理之賦稅制度，調劑社會貧富距離。治安問題之所以發生，在於人民思想言行，未符國家需要之正軌。故主張：統一思想，嚴禁不軌於法之言行；講求功用，糾正不務實際之習俗；嚴明賞罰，轉移私行圖利之頹風；獎勵耕戰，消除逃避傜賦之心理；重罰嚴誅，戢止私劍盜賊之猖獗。

八、理想國家社會

韓非理想中之政治社會，為「至治之國」與「至安之世」。類同於儒家標榜之「大同之世」與「小康之世」，亦含有莊生所謂「至德之世」之旨趣。前已敘明，故不重述。

以上為韓學要旨之總述。本書除理想國家社會部份，因非韓非積極追求之目標，未多申論外，餘均反覆闡明。至歷代人士及時賢關於韓學之評述，本書列有專章；為節繁複，茲不贅引。❾

韓非在政治上雖無事功表現可言，然其學說影響於當日及後世頗巨。李斯以之輔秦成統一之功；炎漢以之輔儒、道之不足而有王霸雜用之政；諸葛亮之治蜀，王猛之治苻秦，蘇綽之於西魏北周，固均以申、韓為宗旨；而王安石之在宋，張居正之在明，又何嘗不參用韓非之學理。總之，歷代大政治家之言法治者，絕無不研究韓非之書，並擇取以為用。而歷代弱亂交加之時，艱危困頓之際，韓非學說益顯其振衰起弊之實用價值，尤為志士仁人之所重視。故吾人研究先秦學術，不可不讀《韓非子》一書。善乎梁啟超之言曰：「其書與《老》、《墨》、《莊》、《孟》、《荀》同為不可不讀之書，不必專門學者也，一般人皆然。」

❾ 詳見本書第九章。

第二節　韓學新議

昔人於韓非學說，多與商申並列，統稱為商韓之學，或申韓之學；而評之者每援儒以論法，或先存尊儒賤法之心理，或就韓非之所不重者而言之；雖均持之有故，終嫌未盡客觀。時至今日，國家民主，學術自由，吾人在心理上已無前人所謂離經叛道之隱憂，在事實上更有前人所無之近代政治學與法學觀念，允宜重新檢討韓非學說，予以較新之評價。

批評韓非學說，首須確認其學說之本質，及其與商申實有所不同；其次則須對先秦法家之名稱及其所謂之法，予以正確之解釋；再次則為韓非立說時所持之態度，亦須有客觀之分析。此三者，在本書有關章節中嘗分別論及，茲再撮要言之：

一、韓非學說為純粹之政治學說，雖有取於商申，但非止於商申之學術。按先秦學術思想之本質為政治哲學，惟各家學者之基本立場與人生態度不同，從而對政治主張及實行方法亦異。在「務為治」之六家學說中，要以法家學說最能分清倫理與政治之界域，一以現實政治為重，並以政治方法解決政治問題。法家中之韓非，舍此而外，一切學說均不旁涉形而上之天道鬼神，不迷信於鑿龜數筴、五行太乙，亦不以堅白無厚之論辯取勝；對於發掘之實際政治問題，尤貴能以純粹之政治方法妥謀解決。故能集法家之大成，而無商、申、慎三子之失。蓋商君弊在徒法而無術；

以斬首之功為職事之官；倡刑九而賞一之論，而重賞僅及於告姦；其後果：君蔽於上，國資於臣，政治趨於刻薄寡恩。申子弊在徒術而無法；言守職、而未及於責效；重察姦、卻又主張雖知弗言；其後果：人君空有權術，人臣仍亂於下，政治趨於紛歧，國勢無由以振。慎子弊在徒重自然之勢，而不明人設之勢，亦未為中材之主立論；徒重自然之勢而以為足恃，其後果必然便治而利亂，政治成敗關鍵仍在於人。故韓非主張用術儲法以救商君之失；明法修術以正申子之非，抱法處勢以濟慎子之窮。而成其運分為三用合為一之勢論、法論與術論。可見韓非學說雖有取於商申，但非止於商申之學術。

二、法家猶今日通稱之政治家；法家之法，為國家因應時勢需要，用以設政施治之一切準繩之總稱謂。按法家之名，始見於司馬談之「論六家之要旨」，第其何以稱為法家，初無明確之解答。至魏劉邵乃有「建法立制，強國富人，是謂法家」之言。近人章太炎則云：「法者、制度之大名，周之六官，別其守而陳其典，以擾乂天下，是謂之法。故法家者流，則猶通俗所謂政治家也，非膠於刑律而已。」二人之言得之。蓋法家主張以「法」治國，反對以「人」治國。在形式上為以法代人，在實質上則為以法治主義中之「法」，代替人治主義中之「禮」。法與禮、皆為制度之名，刑乃專對違反制度者所加之處分。故儒家言禮刑，法家言法刑。法所以制事，事所以名功；慎法者賞，離法者刑；刑生於罪，輕則罰，重則誅。惟法家採罪刑法定主義，法無明文規定者不罰，故刑律雖為法之一種，然法家之法，非膠於刑律可知。又法家思想之發展，先有實際運動之出現，後有理論之建立，且遲至戰國之世乃紛立其說。其時海內爭於戰攻，務在強兵並敵，故法家之法，為法理參合政治之法，為時勢支配國策之法，為基於如何實現富國強兵之目的並在因應情勢需要之下，而用以設政施治齊民使眾之一套客觀標準。⑩

三、韓非學說均為相對論，而非絕對論；係在有條件之下，排斥他家學說，而非從根本上抹煞他家學說之價值，並主張禁絕之。按韓非一切主張，均以因應時地人事之需要為前提，而尤著眼於當日之政治環境。故其學說專為現實政治立論，非為未來世界立論；專為弱亂之國家立論，非為治強之國家立論；專為中材之主立論，非為堯舜桀紂者流立論；專為芸芸眾生立論，非為賢智之民立論。在國家生存重於發展，公利高於私利，急務先於緩務之需求下，為期達成政治目的，勢非以客觀、公正、明確、及不因人而異之具體辦法，作為齊一意志、集中力量、以赴事功之唯一準繩不可。因而採取法治主義，干涉主義，尚法而不尚賢，任法而不任人。對於國家富強之實無關，或不能確收效果，又或不能迅奏膚功之言論，自然予以排斥；對於不合現實政治需要之各種思想，自然禁止流行；以免造成國人思想上之紛歧，小則妨害功令推行，大則影響國家命運。此等觀點，在《韓子》書中處處見之：或云此用於古，不用於今；或云急者不得，緩者非所務；又或云為匹夫之美。故其排斥也者、禁止也者，均係基於客觀情勢需要及評估實用價值之結果，而不得不然，非從根本上抹煞他家學說。若客觀情勢改變，現實政治之需求有異，韓非必然本其

---

⑩ 分見劉邵《人物志・業流》，及章太炎《檢論・商鞅》。

「法與時轉則治，治與世宜則有功」之論據，重新評估他家學說之實用價值無疑。

古今中外之政治哲學家，均非徒尚空談，而思有以見用於世，故其學術思想之貢獻與價值，須從多方面加以觀察，不可局限於一時一地。論及韓非學說，尤須自其學術成就、當時貢獻、後世影響、及今日價值，綜合言之：

一、韓非在學術上之成就

學術思想與歷史上之大勢，關係異常密切。我國學術思想，在春秋以前為萌芽時期，自春秋末迄戰國，為全盛時期。若就全盛時期而言，發端於孔、老學術之對壘互峙，而止於韓非之確立法家學統；其間學凡數變，諸子百家並作，說有相反，而實相成，均莫不為時代因素之所使然。春秋末世，去西周不遠，典章制度，大體猶存；政治經濟社會之動變，並不如後世之急劇。在轉變過程中引起之時代思潮，為天與人、德與力、禮與刑、君與民、及夏與夷等問題。孔子生此時代，雖亦祖述堯舜，實乃憲章文武；以為禮樂征伐自天子出，不使諸侯競行霸政，即可憑現有基礎，重覩昇平，而進入大同之世。故其政治哲學重在泛論政治之道理，兼有恢復封建政治之意味，且又將政治與倫理混同而言之。同時代之老子則以為行周之政，仍不足以趨於至安之世；惟有以上古為法，以無為為心，絕聖棄智、絕仁棄義、絕巧棄利，不假禮樂刑政，而聽民之自正自化，則庶乎其可。故其政治哲學仍然重在泛論政治原理。且無論如何二人在觀念上均未否定周室之應為天下共主。進入戰國之初，封建政治基礎已然崩潰，社會經濟制度之動變，日益劇烈。學者關心之問題，不盡在於撥亂反治之政治理論，而重在其實行之方法。墨子生此時代，故背周道而用夏政；反對貴族專政，非樂、非命、非攻、非儒，主張尚賢、尚同、刻苦力行，倡導功利主義與實用主義，而歸本於兼相愛交相利；以為義者、利也。顧其宗旨在拯救世界人類，對周室之應否為天下共主，則不予論及。迨至商鞅、申不害、孟子、莊子、惠施、慎到、公孫龍先後出，天下益形混亂；戰國初期殘留之政治經濟社會基礎，早已發生全盤性與徹底性之改變；時代思潮趨向於大一統運動，不再以周室為天下共主，而重在各國諸侯之如何強大其國以征服天下。政治問題之探討既集中於完成大一統之方法，故孟子言天下定於一，而多論湯武征誅之事，仁內義外之理，且主張人民與社稷皆重於君主。莊子則以時代難期復古，亦每談君道與用人群之道，提出上無為下必有為之說，並主張五變而形名可舉，九變而賞罰可言。商、申、慎三子俱以國家為唯一之著眼點，或建立霸強之事功，或提出嶄新之學理，務求因應情勢，更新國體政制，作為實現大一統之基礎；尤以慎子立說，最能釐清政治與倫理之界域。至若惠施、公孫龍之儔，雖致力於智識之探討，而專主形名；然亦攸關用人群之道。稍後，荀子出，舍先王而主法周；其時天下無共主之觀念已久，諸侯競欲成王爭霸，自惟有棄王權而專論君權，雖倡禮義治國之論，卻主嚴刑，且欲以君權統一制度與言論，已不無雜有法家權力之意味；而〈議兵篇〉論用兵之理極精，他篇所論亦多重在實行，而非徒尚空論。故孔、老而後迄於荀卿，學變不已；各家學說之內涵，又往往與其初祖相出入，而旁採他家之長以修補之。因而派別林立，師說亦異。論其演變趨向可得而言者：一曰政治脫離倫理道德而獨立；二曰現實重於理想；三曰因應情勢以完成政治目的。故學變後之論點，大皆為：重國家不重世界，重創新不重復古，重實用不重空談，重急務不重緩政，重功利不重雜行，重權力不重德義。綜其家數而言之，則以儒、道、墨、名、法之學最為首要，亦各擅所長；蓋此五家皆務為治者也。韓非為先秦諸子之殿，親受業於荀卿，洞悉儒家癥結；「其歸本於黃老」，鹽道家之精；與田鳩遊，通墨家之郵；泛濫於施、龍，抉名家之藩；審處於管、商、申、慎，極法家之致；外則兼及孫、吳兵家之學，而鎔之於一爐，中權則以法家為本，合勢法術三者而善運之，以成其一家言，故其學、就法家思想言之，為集各派學說之大成，而勝於各派；就先秦學術之整體言之，亦可謂為集各家學說之大成，而不同於各家。

二、韓學在當時之貢獻

自春秋至戰國，為我國有史以來之劇烈變動時期；舉凡國家、社會、家庭、個人，一切政治、經濟、文化，乃至生活思想，俱無不在劇烈變動之中。導致此種全盤性、根本性變動之主因，則為周室東遷而後，無力維繫其前此建立之封建制度，悉賴強大諸侯之尊敬，以苟延其運祚。其始也，猶存天下共主之名；其繼也，諸侯目中無主，群雄分立互爭。在長久紛亂之下，人心思治；在長久分裂之下，天下咸思一統；此為必然之趨勢。惟時代不可復，舊制難再存。儒道二家之學不足以順應思潮，見用於世，固無論矣；即使墨家兼愛非攻尚賢尚同之說，要亦多與現實政治之需要脫節；因而三家之學，在學術上雖為顯學，在實用上則不如法家之學之為各國諸侯所樂於接受。觀乎戰國初期，各國之內政改革運動或出於法家或近於法家，即可不言而喻。法家之學，以富國強兵為目的，而重在形名法術之是用，原為適應春秋戰國情勢之需要而逐漸形成者；故能內求統一，以實現君主政治，外求發展，以貫徹國家主義。自歷史觀之：中國之由封建國家轉變為君主國家，由列國紛爭轉變為一統帝國，乃至一統帝國成立後用以支持政權而綿延國祚者，幾無一不賴法家之學以運用於實際政治，法家中之韓非，除確認國家乃君臣民之政治組合體，國家利益高於一切，惟有治強，始能霸王天下而外；更確認惟有集中一國之統治力量，運用有效之統治工具，杜絕足以禍國之一切亂源，建立以君主為中心之專制政體，始能內求統一，外求發展，而使國家生存於互爭雄長之世。故其學特重國家、權力、集權、法治、富強、內政、實用、急務、公功、與賞罰之要，兼商申之長而矯其弊，窺慎子之奧而救其窮；為當時諸侯提供完整性之新統治方法，集勢、任法、用術、三者不可一無，並說明其運用之常軌與限制；為當時諸侯指明統治國家之實際目的在於治強，並兼論輔佐者應為遠見而明察、強毅而勁直之法術之士。因其對於統治方法、統治目的、及輔佐統治之人選，均有明確而精闢之論據，是以其書一出，流傳至秦，秦王見〈孤憤〉、〈五蠹〉之書，即有「寡人得見此人與之游，雖死不恨矣」之歎，而急攻韓；比及韓非使秦，始則留而不歸，繼又信李斯言，下吏治非，而非卒為斯所毒殺。舉此一端，可見其學說適用於戰國情勢；大而言之，為完成君主國家及統一帝國之南針，小而言之，亦為救亡圖存之捷徑；獨慨乎韓王之終未能用而已。王充有言：「韓蚤信公子非，國不傾危，……假令非不死，秦未可知。」王充本人極不贊成韓非之學，而能有如此之評語，可見韓學在當時之貢獻極為重大。⓫

三、韓學對後世之影響

由秦至魏五百年間，法家之學雖曾因儒學之漸定於一尊，而略受影響；然賈誼〈政論〉已開儒法混同之先河，而鄭康成之註三禮，引漢律漢法以況周制，不惟以法家言說經，抑且為後世廣開援法入儒之門徑；亦可見其時法家之學仍然盛行。惟徵諸史乘，則歷朝多推用韓子。李斯以之輔秦成統一之功；炎漢以之輔儒道之不足，而有王霸雜用之政，武宣之世，廷臣論政，每以韓學為爭辯之課題；降及蜀漢，諸葛亮亦嘗為後主寫《申》、《韓》書。何況上述時期之內，韓非稱為聖人，且與孔子同列，更不難想見其在學術思想及政治上，確具有深遠而重大之影響。西晉而後，儒學獨尊之根基益固，然以天下大勢分合不常，玄學佛學相繼勃盛之故，思想界始終形成鼎立或對峙之局，迄乎隋唐，而猶未已。在此數百年中，亂多治少，國祚頻更，實際政治仍多賴申韓之學以輔其成，故君臣討論其學者多有之。若晉元帝之用申韓救世，而奠定東晉偏安之基；蘇綽之

⓫ 見《史記・老子韓非列傳》，及《論衡》〈書解〉、〈非韓〉。

用申韓輔宇文泰，而下開隋唐一統之業；則其最著者也。是以唐代隋興，魏徵奉敕撰《群書治要》，不廢韓學，以供太宗敷治之需。而長孫無忌之《唐律疏義》，則儒法混同，提出昏曉陽秋之說，以「德禮為政教之本，刑罰為政教之用，猶昏曉陽秋，相須而成者也。」其後歷宋、元、明、清，儒學日尊，學術界不許離經叛道，盡棄韓非之學，而空重其文；實際政治雖仍為外儒內法，然以援法入儒，混同而言之故，亦不容許標榜韓非相同之論，更不容許明據韓非之言。此所以呂公著因反對王安石政治主張，而令禁舉子不得以申韓書為學；又所以張居正當國，操韓非之術而諱言其跡，得以建立安攘之功，成為有明一代之名臣。然考之我國政治制度發展史，則自宋而後，始完成集權集治制，並以明清兩代最能集權於中央，而專制於皇帝。其間，如宋太祖之釋節度使兵權以杜隱憂；使丞相不以熟狀奏可，而改用箚子；使正官不治本司事，而以他官主判；使天下無地方之官，而以朝臣出守。明太祖之屠殺元功宿將；罷中書省而政歸六部；以八股文取士，而使天下之學術思想限於經書。清雍正帝之布偵騎、嚴吏治、削宗枝、蠲弊政、除賤民階級、罷一切不急之務；賞罰一出於法而寡絕人情。此則與韓非之嚴防大臣篡奪而不憂百姓之不從令，及主張集中一國統治力量、運用有效統治工具，杜絕足以禍國之一切亂源者，容多有其近似之處；而雍正之強毅綜覈以督責群臣，尤深合於明主治吏不治民之韓非主張。第以是三人者，均無抱法處勢與國家利益高於人主之觀念，而徒知用術以成一己之私，尚難謂為得自韓學真傳。總之，自唐迄清千餘年間，韓學不彰；宋人詆譏最力，國勢亦最弱；明人偶一用之，國勢衰而復盛；清室近之而用有未善，國勢盛極而衰。求其深明韓學之體要而知所抉擇者，惟明代末葉及清中葉而後之少數人士，然均不在位。故此一時期內，韓學漸失其真貌，其產生之作用，亦不如漢魏年間之顯明。平心言之：韓學對後世之實際影響，在學術上、雖因儒學之定於一尊，不能與孔孟荀並論，有時且不若老莊之盛行；在政治上、則由於秦漢而後之政局，始終為外儒內法而濟之以道之政治思想所左右，而所謂「內法」之「法」也者，殆又什九為韓非之觀點，祇以後世儒法混同，援法入儒，及又誤以權術為韓學主體之故，不易察覺而已。故專就實際政治之影響而論，則在儒道二家之上，此尤以治亂興亡交替之際為然。

四、韓學在今日之價值

古今中外任何一種政治學說，其提出之動機與目的，固重在因應時地人事之宜，期有以見用於當世；然亦兼為其理想中之政治社會而立言。若其主張僅可行之於一時一地，而不能見重於時地條件改變之後，則學說價值終屬有限。我國先秦諸子之學，其所以能垂諸今日者，即在其理論之建立，不全受所處時地環境之限制；而其提出之主張，在時地環境改變之後仍可擇善以行。孔孟荀之學如是，韓非之學亦如是，茲略為之詮。

㈠韓學奠基於變古之歷史觀、務力之社會觀及自為之人性觀，此三者原有其相互間之推演依存關係，故在韓非觀念中為一整體，並無主從之分。其歷史觀之以物質經濟生活條件之演進為出發點，論及人類文明後政治社會產生之新問題，認定事因於世，而備適於事，世異則事異，事異則備變，並又以常古之可與不可，作為變與不變之前提；其社會觀之以國家為國內社會之最高組織，為國際社會之基本組織，就其既存現象，觀察未來趨勢，認定國家生存之道，端在於以權力內求統一，以實力外求發展，舍務力而外，絕無他途；其人性觀之不重抽象觀念，而重具體事實，不究心性本質之善惡，專究行為結果之是非，認定人類行為皆有自計其利之共同心理傾向，惟有調和各方私利，轉化為完成國家公利之動力，乃可言治；凡此種種，揆以我國秦漢而後之大一統政局，雖非盡然其說，倘就世界國家而論，則確含有至理。觀乎近三百年來，歐美國家之一切進步，及其進步過程中所為之政治改革，莫不均由物質文明所帶動；而近三十年來亞非落後國家之得以躍進為現代國家，亦首在於物質經濟生活條件之改善；近二百年來國際戰爭頻仍，國際政治波譎雲詭，惟強權可以左右公理正義，而強權則以雄厚之武力與經濟力作為背景，其間弱小國家及新興國家之得以生存而無自滅之虞，皆賴其國內政治之統一與穩定。再觀乎產業革命而後，資本主義形成，工商社會奠定，人群心理競趨於利；利之所在，衝突以興，而私利又往往重於公利；各國設政施治之每以調查統計方法，瞭解各方利益，而謀其調和，又或以獎勵之道，誘導民眾產生強烈之追求慾與滿足感，而致力於政府倡導之事業，藉以完成國家之利益與需求者，比比皆是。綜上例證，顯見韓非觀點之確具哲理，而可徵諸後世。倘再以近代學者關於世界文明演進史、政治社會經濟發展史、心理學、行為科學或政治行為等之研究結果，而質諸韓非之學，彼此觀點亦多相合。故從哲學基礎言之，韓學並不因其距離今日時代遙遠，而失其應有之價值。

㈡韓學不尚空談，專務實際；以當時情勢需要及常古之可與不可，作為審斷範圍；以中材之主及一般臣民，作為研討對象；因而學說內容，特重「時」「中」「眾」「可」之道。其建立之勢論，相當於後世泰西學者所稱之主權論或統治權論，著眼於主權獨立與統治權完整。惟當時君主政治有待加強，故多論統治權之運用；又以當時並無近代之分權觀念，故將賞罰權併入討論，而旨歸於信賞必罰，賞罰一決於法。其建立之法論，相當於後世通稱之法治論，以法為國家設政施治、齊民使眾之唯一準依。而法也者，不惟具備後世泰西學者揭櫫之成文法、平等法、及公布法三要件，且含有近代法律標榜之適時性、明確性、統一性與穩定性，並以利多於弊、易知易行為前提。在當時有私學而無官學之情況下，為達成以法治國之目的，故主張以法為教，以吏為師，藉以推廣法的教育。其建立之術論，相當於近世所稱之人事制度或人事管理學，包括組織、權責、統馭、任用、考核、獎懲、陞遷之類，著眼於因材器使、專長任職、循序陞遷、分層負責、與乎責效防姦之要。為防大臣劫奪，故兼採權術、秘術；為杜臣下越職、濫權，故對踰官而有功或出諸善意之行為，亦予以重懲。在實際運用上，勢法術三者結合為一，由君主獨運，自然有助於君權之擴張。論者每以十八世紀之歐洲暴君為例，謂韓學極易導致暴君專制。惟查此三者原有其運用之目的、常軌與限制，循環以行，周而復始。因勢勝眾，以法治國，以術御臣，此運用之目的也，歸本於立功；以勢行法則政舉，以法明術則姦止，以術固勢則威立，此運用之常軌也，歸本於責成；抱法處勢乃善持勢，持勢修術乃真用術，用術飭法乃能抱法，此運用之限制也，歸本於守法。守法、責成、立功、原為君主之職分所在。「法、所以為國也」；「矯上之失，詰下之邪，治亂決繆，絀羨齊非，一民之軌，莫如法」。法之制定既非以便利君主為目的，縱然勢必操之於君，術為君所獨擅，基於明主治吏不治民之原則，即使專制，亦僅及於臣僚而已，未必即成為民眾心目中之暴君。韓非之世，君主榮辱存亡，與國家合而為一，失位即失國。故法雖為君所制定，在出其小害計其大利之心理驅使下，亦不能不守其制定之法。今則情勢大改，國家元首任期固定，在其位而不能有其國；如元首權力過度集中，成為獨裁政治，自為分權學說下之民主國家所不容許。然韓學除任勢集權一端而外，餘在精神上、原則上或方法上，均多有可取之處，尤以其中關於法之制定原則為然。故從學說內容言之，韓學在今日仍富有參擇之價值，未可一概廢之也。

㈢韓學認定立國於大爭之世，自恃重於恃人，外交絕不足恃；否則智困於外，政亂於內，其亡不可復振。故惟治內可以裁外，亦惟堅內故不外失。富強之本，在於內政；內政之要，在使經濟、國防、教育及社會政策，成為一整體之各環節。政策之制定，則以利為先，無利即無以推行，並以國家之公利優先於個人之私利；而奠基於以耕戰致富強，以爵賞勵耕戰，以法律正官方、易民俗、維秩序、定是非。其經濟政策重在掌握當時可靠之國家資源，故以農業為主，重天時地利土壤氣候播耕畜牧之宜，解決人力問題，改良生產技術；並以工商通有無，而禁止奢侈品之製造與輸入。其國防政策重在掌握足夠兵源，更新攻守設備，充實軍需物資，獎勵奮勇作戰，維持軍紀軍信，與加強訓練戒備。其教育政策重在推行法的教育，使人民認清時勢，瞭解國策，養成守法觀念，知所當行當止；雖亦有尊君之意，然旨在遵君之令以赴公功，非對於君之私利亦皆遵之。其社會政策重在解決貧窮問題與治安問題。前者來自人口增加率高於給養之增加，亦由於不力儉而侈墮，不勞苦而佚樂；故解決之道，一面獎勵增產，節省浪費，一面課徵各業之稅賦，以縮短貧富之差距；而不以賑濟安撫為務。後者則來自思想紛歧、徒尚空談、各圖私利而忘公益；故解決之道，在嚴禁不軌於法禁之言行，糾正不務實際之習俗，轉移私行圖利之頹風，消除逃避徭賦之心理，以及戢止兇殺、盜賊之猖獗。綜上以觀，顯見各項政策之重點範圍，雖然有異，論其連鎖作用，則在力求生活條件與戰鬥條件結合為一，政治目的與教育方針結合為一，國家富強與個人利樂結合為一。此三者，證以十七世紀歐洲民族國家興起以來，各國用以圖生存，謀發展，進而爭霸世界之道，若合符節；雖時至今日，仍為舉世各國力求實現之目標。良以近三百年來之世界局勢，不啻為我國戰國時代之擴大，雖其間各國實際政治遭遇之問題，及其一應設施之外貌或技術，形色萬千，推陳出新不絕，固多有為韓非之所未能想見者；若就其各項政策之制定目的及其發生之連鎖作用言，則與韓非之學理並無二致。何況韓非主張自恃重於恃人，治內始可裁外，堅內則不外失，原為千古不刊之論；而其提出之各項政策細節，見諸當今各國政府之行事者，亦多有之。故從實際政治之運用言之，韓學在今日之價值，尤不可限量。

五、韓學與泰西政治學說之印證或比較

以上係就近代觀念，重新評估韓非學說。雖不敢執此以強人同，自審則出於平實之論，非故作驚人語也。又以本書有關章節多已散論及之，故不詳為說明。然仍有不可不補充者：

第一、我國先秦諸子中，惟韓非學說可與泰西學者之政治學說相互比較或印證。按任何一種政治理論，均為時代之產物，環境所促成；並非完全出於學者之冷靜心情與客觀研究而創立。近代如此，古代亦然。就時代環境之演變而論，我國在周代以前，天子與諸侯均為氏族邑聚之長，天子雖為共主，亦不過出面統轄維繫而已，並無充分權力可以實際支配諸侯。周代行封建制度，天子封諸侯者曰國，封卿大夫者曰家；普天之下，莫非王土；率土之濱，莫非王臣；藉所謂王綱，以治理天下。西周之世，禮樂征伐自天子出，天下莫敢弗從。東周而後，王綱不振，封建制度開始崩潰；春秋五霸猶有尊王攘夷之行；戰國七雄則無共主觀念，其所爭者為統一天下，而非扶周。秦人以此，卒得囊括海宇，建立帝國，並奠定後此二千年中之我國大一統局面。然而泰西國家之演變，則異於是。古希臘時期之城市國家，有如我國周代以前之諸侯邑聚。羅馬帝國盛世，與我秦漢時期相伴，其分裂後之西羅馬帝國卻同於我西周之世。自西羅馬帝國滅亡後千餘年中，新國迭建，戰爭相尋；各國為固其統，內行封建制度以安其藩，外擁教皇伐異教徒以壯其勢，揆其情形，則又彷彿我國之春秋時期。迨至十六世紀，封建制度衰落，民族國家相繼成立，各國唯權力

與實力之是尚，內求統一，外求發展；四百年間，列強迭出，戰亂叢生，成敗興亡，不絕如縷，而卒無一國實現其歐洲大一統之美夢；故泰西國家之形勢，今仍有如我國之戰國時期。東西方世界之歷史演變，既不相同；因而我國先秦時期之大思想家，雖亦如泰西國家之大學者，而多誕生於時局杌隉之際；但我國古聖先賢之政治理論，什九均以如何安定天下為其探討之中心問題，故無論禮治、法治、乃至無為而治之主張，平心言之，皆為治平之術，即所謂治道。自不同於泰西學者之專就國家現象，發掘問題，提出理論，而使政治學說成為一種系統之研究。惟是法家中之韓非，則不僅專以國家之生存發展，為其探討之中心問題；且將政治與倫理道德截然劃分，置法律於政治範疇，而使與時勢相結合。此種以純粹政治方法解決現實政治問題之學說，絕非出自直覺與片面觀察，而係來自系統之研究。雖其著論不若泰西學者之更具系統化，然其探討範圍，則已包含泰西國家自古以來之主要政治問題。故可取之以與泰西學者之政治學說，相互比較或印證。

第二、韓非學術成就，與泰西多數權威學者相伯仲。其學說近於國家主義政治學，兼泰西各派之所長而無其偏。　韓非學說之缺點，在無近代民主觀念。故雖主張以法治國，動無非法；然於立法權之歸屬，始終未能正本清源。此則當日情勢環境所使然，亦為先秦諸子之皆所未及；即徵諸泰西國家三百年前之大學者，又何嘗有人重視分權觀念與民主思潮。故吾人不可執此近代獨有之精神以苛論韓非，而將其學說以與泰西學者之政治理論相比較或印證時，亦應拋除此點不論。按泰西學者首將政治與倫理之概念予以劃分，而從事於政治學之研究者，為希臘人亞里斯多

德 (Aristotle, B.C. 384–332)。在此之前，諸如蘇格拉底 (Sokrates, B.C. 469–399)、柏拉圖 (Plato, B.C. 427–347)等，均為以倫理學者研究政治，其政治理論亦均為道德關係之政治學，而有如我國之孔子 (B.C. 551–479)、孟子 (B.C. 372–289)。亞里斯多德雖認定人類生而為政治動物，國家為達成最高善境之集合體，但仍不免將倫理原則運用於政治之中，因而解決實際政治問題之道，並非採用純政治方法；以視年稍晚之韓非 (B.C. 298?–233) 尚有弗如。後乎亞里斯多德將政治從宗教與道德解脫而出者，為意大利人馬克維里 (Mackiavilli, 1469–1527)。其《霸術》(*The prinee*) 一書，原為冀望當時有為之統治者，達成意大利之統一目的而作，故持最徹底之現實主義，以探討政府機能，尤重政治技術與力量。此在當時確具創見。惜乎其書內容偏重權術與政術，遠不若韓非之兼重政理、治道、與法之運用，以建立完善之勢論與術論，而將權術認係若干君術之一種。其後法人布丹 (Tean Bodin, 1530–1596) 展開國家統一之政治理論。其《國家論》六篇，旨在強固法蘭西國王之地位，藉以鎮壓政爭及教爭，而維持國家之尊嚴與秩序。以故，特重國家主權；認主權為國家對臣民之最高權力，不受法律之限制，而表現於君主之命令。此則與韓非建立之勢論，及其主張抑貴族、息文學、禁游俠等之用意，初無二致。又其後，英人霍布士 (Thomas Hobbes, 1588–1679)、英人洛克 (John Locke, 1632–1704)、法人盧騷 (J.J. Rousseau, 1712–1778) 先後出。是三人者，俱從人性行為表現，以研究政治社會之形成與發展，惟因各為其所處之現實政治環境而辯護，故結論大異。霍布士擁護君主專制；故從人性惡之觀點出發，而提出君主至上，國家一切問題均應聽由君主制斷之主張。洛克贊成君主立憲；故從人性善之觀點出發，而提出君權行使須限於一定範圍，以免侵害人民保留權利之主張。盧騷鼓吹天賦人權，倡導民主；故從人類乃一種無善無惡之非道德生活，好逸惡勞，不喜有所拘束之觀點出發，而主張全民政治，藉公共意志之表現，以維護個人自由及其一切權利。韓非之人性觀點近於盧騷，不言善惡，而名之曰「人皆挾自為心」；君權觀點近於霍布士，因而有「故明君操權而上重，一政而國治」之言；惟君權行使之觀點，則又近於洛克，故主張「人設之勢」，並堅信「抱法處勢則治」。可見其學說之博賅而無偏執。與盧騷同時及稍晚之泰西學者，大多傾向於國家主義，延至二十世紀初期，勢猶未衰。蓋此百數十年中，歐洲國家均處於或圖復興、或求統一、或謀擴展、或務侵凌之動變爭戰局面，雖其間民權思想日趨濃厚，終以時代環境故，難有突破性之發展。因而國家威權 (State Authority) 與個人自由 (Individual Liberty) 之孰重問題，爭論不休。國家主義論者均反對狹義之個人主義，廣義之世界主義，而以國家統一、國權集中、安內攘外為目的。其著名人物，有德人康德 (Kant, 1724–1804)、菲希特 (Fichte, 1762–1814)、士萊厄馬赫 (Schleirmacher, 1768–1834)、黑格爾 (Hegel, 1770–1831)、尼采 (Nictzsche, 1844–1900)、奧本海莫 (Oppenheimer, 1864–1943)、英人格林 (Grean, 1836–1882)、布拉德萊 (Bradley, 1848–1924)、包桑克 (Bosanquet, 1848–1923)、瑞士人霍勒 (Haller, 1769–1854)、伯倫智理 (Blumtschli, 1808– 1881)等。各人論旨雖不盡相同，約而言之，不外以下各點：㈠國家至上，有國家乃有個人；個人離開國家，則無真正之存在。故國家本身權利與個人發生衝突時，個人只有讓步。㈡國家可為主權之主體，君主為國家最高權力之寄託。㈢國家之上無所謂道德，服從國家之人最為道德，亦最為自由。國家有時表現雖極不合理，但此為向合理目標推進之必有過程。㈣國家不講求武功，即將步入衰亡之途；蓋戰爭可以增加國家長期之威力，長期和平反而促成內政之腐敗。前述諸人中，霍勒與奧本海莫尤其重視權力關係，謂舍此而外，國家實無以完成其統治之目的。即持功利主義之學者，如英人邊沁（Bentham, 1748–1832）、穆勒（Mill, 1800–1873）雖主張道德價值在於最大多數人之最大幸福，而欲謀幸福之增進須自法律始；但亦認定法律之得以貫徹，則仰賴於國家權力。綜上各家論旨，除有關國家本質者外，均在韓非之探討範圍，且均與韓非之見解相合。此外，泰西近世學者多認為國家有對外保障安全，對內維持秩序、主持公道、維護自由、增進福利等五大目的。今人如美國梅菱（Charles Edward Merriam, 1874–1956?）等，則強調此五者之關聯性，謂無先後緩急之分。然早期學者如德人霍爾純道夫(Holtzendorff, 1829–1889）等，則以安全與秩序為國家之基本目的，亦為國家首要之務；公道為次要目的，應於國家安全與秩序有充分保障後，始行追求；至自由與福利則為終極目的，乃國家所永恒追求者。凡此，亦與韓非學說對現實政治之主張相近。可見韓非雖生於二千餘年之前，其學說仍可與泰西國家後起若干學者之政治理論相比較或印證。⑫

⑫ 近代分權觀念，始於法人孟德斯鳩之《法意》一書，強調三權分立之重要。其後則經英人洛克於其《政府論》中，極力提倡。然均為十八世紀以後之事。又本段所引泰西學者之政治理論，統見以下三書：

六、十項結論

綜上所述，可得結論如次：

㈠韓非承孔、老而後學變末期之正統，而終其變局，有韓學出，而後法家之學得與儒道墨三家並立。其學、不惟集前此法家各派思想之大成，而勝於各派；實亦集先秦各家學說之大成，而不同於各家。故其政治理論與主張，雖多與各家相反，而實相成。

㈡韓學因重在匡扶急世，而採取現實主義與國家主義，自難如儒道二家之含弘博濟，以治平天下及追求理想世界為務；此就純學術文化觀點而言，實為一大遜色。然其立說之特重時，中、眾、可，以及最明緩急輕重之要，則足以矯正儒家懸的過高反而難行之弊。

㈢韓學端在集中一國之統治力量（勢），運用有效之統治工具（法與術），杜絕足以禍國之一切亂源，建立以君主為中心之新政治制度。故能影響實際政治，結束列國紛爭之局，並支持秦代而後二千年間之帝國政制。歐洲之所以始終國家分裂，而卒無一國得以實現一統之夢者，即在其封建制度衰落之際，無此種勢法術兼備之政治學說出現。

J. W. Garner, *Political Science and Government.*

R. G. Gettel, *History of Political Thought.*

C. E. Merriam, *Systematic Politics.*

㈣韓學以國家為人群之政治組合體，而非封建制度下「國」與「家」之合成物。故其亟欲建立之理想政制，為專制政體，即首在根除封建制度下政權分散之積弊。惟基於抱法處勢用術三者之關聯作用，殆又為建立後世所謂之開明專制，而非絕對專制。因而尊君教育雖一如儒家，卻重在遵君之法以赴公功，非君主之私言私行亦皆遵之；而法的教育，則在使人明瞭時勢與國策，知所當行當止，並未反對個人尋求其他智識，以成匹夫之美。以故，後世暴君專制之出現，與韓學無關。

㈤韓學認定立國之道，自恃重於恃人，堅內則不外失。故其現實政治主張，著眼於生活條件與戰鬥條件結合為一，教育方針與政治目的結合為一，個人利樂與國家富強結合為一。此則可行之於古，亦可行之於今；可用以救亡圖存，亦可用以爭霸天下。

㈥韓學若干理論與主張，均符合後世觀念。其政治理論，皆能在二十世紀以前之泰西權威學者著作中，獲得印證；其現實政治之主張與規劃，在今日世界各國中見諸行事者，亦復不少。此種聲價，先秦時期餘子均有不如。

㈦韓學以法理參合政治並因應時勢需要而制定之法，作為設政施治、齊民使眾之準繩；以人才主義及功績主義配合組織原理而建立之用人術形名術等，作為因材器使、督責功效之憑依；並又以公開或隱密不一之聽言術及參伍之道等，作為察核臣下真情與加強控馭之工具；均透過國家威權，厲行賞罰，以為實現富強之根本。此對今之新興國家而言，確有助於內求統一，外求發展。

(八)韓學能推動時代前進，而不能突破時代躍進。以法治觀念為例：韓非本人固以愛民、利民、並保障大多數人利益，為制定法律推行法治之基本目的之一；然終以力求因應時代環境之故，其所建立之法治觀念，為君主政治所需之法治，而非民主政治所需之法治。此二者，在原理與功能方面雖然相同，但根本精神與出發點則異。推之用人行政之道亦然。其精義與近代觀念完全相同，但其主要目的，亦僅在於健全君術，非真為國家建立制度也。凡此，皆為韓學美中不足之處。

(九)韓學之缺點，除無近代民權思想及民主政治觀念而外，端在於過度強調國家利益，並將國家之目的，限於當前之生存與發展。因而一切主張，均重現實，不重理想，以如何實現富強為旨歸。對學術文化等、舉凡與富強之實無關、或不能確收富強之效者，均在急者不得、緩者非所務之功利主義下，以不合現實政治需要為由，視為匹夫之美；雖不反對個人研習，若其有害於國家當前利益，則仍在排斥與禁止之列。韓非此種主張，雖非從根本上抹煞其不重視者之一切價值；且揆以當日情勢，或亦有所不得不然。其如文化、學術思想、攸關國家未來命脈頗巨，而其延續與弘揚，則又非一蹴之功可成。有進步之國民，乃有健全之官吏，而後乃有完善之政治與強盛之國家。韓學未注意及此，自又為缺點之一。

(十)韓學不僅為戰國時代思潮之代表，抑且為先秦學術演變之終結。在先秦諸子學中，亦惟有韓學堪稱為純粹政治學說。故其在中國政治思想史上地位之極為重要，較以亞里斯多德政治學之在泰西國家，容有過之。因而韓學之精義，今猶皆有可取。至其現實政治之具體主張，間有失之於偏激，以今日吾國處境言，雖未可一概廢棄不用；然須擇其無礙於民主自由原則與現行憲政制度者而用之。

總之，韓學在當日確為時代思想之前驅，在今日仍有其不朽之價值。況吾人所處之時代環境，一如韓非所謂之「急世」。使韓非生於今日，本其「論世之事，因為之備」，及「法與時轉則治，治與世宜則有功」之論點，必能因應時勢需要，以弘揚民主政治、鞏固中央政權、加強經濟建設及充實國防力量為經，以增進監察功能、革新政治社會風氣，並建立完善之教育司法及人事制度為緯，而創立嶄新之學說，以為當國者之佐參。斯則斷焉可知者也。

《韓非子》重要篇目提要

《韓非子》一書，為我國子學時代末期之最重要著作。按照我國書籍分類方法，雖列為子部法家類，然先秦諸子中法家所謂之法，並非吾人今日所謂之「刑法」，亦非泛指一般法律，而是基於國家富強以制定之各種適合情勢需要之法。且子學時代之學術思想家，在今日言之，皆為政治哲學家，即老氏莊生之流亦不例外。因而《韓非子》一書，實為我國古代政治學名著。其於後代發生之影響作用，惟希臘哲人亞里斯多德(Aristotle)之政治學，足相頡頏。是故，凡研究政治學、學術思想史、及文學者，均不可不讀《韓非子》。

惟是子書為一家之學術，其著述亦不由於一人，此與集部書之為一人著述，而學術初不專於一家者迥異。故讀子書宜留意求其大義，不必重視名物訓詁，亦不必以其中雜有依託之作而棄之不取。此則由於吾人研究先秦要籍之目的，在於研究該一要籍之學術思想，而非研究該一要籍標明之作者個人。因之，研究《韓非子》，並不等於研究韓非，而是以韓非為中心來研究此一家之學術。

《韓非子》一書，以清末王先慎之《集解》最為通行。並以近人陳啟天之《韓非子校釋》及陳奇猷之《韓非子集釋》最為精當。顧其間仍有未盡洽處，端在研讀者個人之體認，毋庸一一標而出之。

在研讀《韓非子》之時，吾人固應瞭解此書之不僅為我國古代政治學要籍，實亦我國古代文學之要籍；更應瞭解此書在中國文學史上之價值，實遠不如其在中國政治思想史之重要地位。秦漢以前，學者多以政治學之眼光研討之，故其學術思想成為當時爭論之重要問題。唐宋以後，學者多視為文學書而誦習之，能注意其學術思想者日少。逮乎清代乾嘉以還，漢學家多專力於其書之文字校讎考證，於其政治思想與文學價值，均不重視及之。所幸近數十年來，中國漸進入於「新戰國時代」，有識之士乃以政治學及哲學之眼光，而重新研討是書，並從其在中國歷史上發生之影響與作用，予以實際評估其價值。論者咸謂此書為戰國時代思潮之代表作品；自有此書，而後列國生存於戰國時代者有所師法；自有此書，而後中國由封建政治進入君主政治之理論，得以確定不移；且自有此書，而後秦得依其理論，以結束戰國，完成一統，為中國奠定嶄新之政制，綿延達二千年之久。揆諸歷史，每當鼎革之際，其能由紛爭而復歸於一統者，實由於當時政治家能實際應用其學說之故。此殆無人能率加否認者。職是之故，吾人斷不可以其立說間有偏激，而抹煞其在中國政治歷史上之實際效用與學術價值。誠然我國現已進入民主政治時代，韓非學說之不能完全適用於今後中國政治，自為理所當然。但吾人亦非不可本諸「論世之事，因為之備；世異則事異，事異則備變」之韓非名言；擇其無礙於民主自由原則與現行憲政制度者，酌而用之。此亦吾人之所以認定凡研究政治學、學術思想史及文學者，不可不讀《韓非子》，而又同時主張必須以政治及歷史之眼光，以求瞭解韓非學說之精義者也。

《韓非子》通行本，凡二十卷，計五十五篇。唐敬杲《選注》本，采錄十九篇；陳啟天《校釋》本則就全書重新編次，以其最重者置於前二卷。茲用歷史與政治之觀點，參考唐陳二家選編要旨，得《韓非子》重要篇目二十有六。即〈顯學〉、〈五蠹〉、〈難勢〉、〈定法〉、〈問辯〉、〈六反〉、〈詭使〉、〈亡徵〉、〈姦劫弒臣〉、〈有度〉、〈八說〉、〈八經〉、〈南面〉、〈二柄〉、〈八姦〉、〈備內〉、〈飾邪〉、〈說疑〉、〈說難〉、〈孤憤〉、〈和氏〉、〈主道〉、〈揚搉〉、〈守道〉、〈三守〉、〈心度〉各篇，並酌為之提要，以為初學者之津梁。他如〈內外儲說〉、〈說林〉、〈難一〉、〈難二〉、〈難三〉、〈難四〉等篇，類皆韓非立說所憑之材料，其精義已散見於上述二十六篇之中，學者儘可自由查閱，不必逐一為之提要說明；因與無關宏旨或確有可疑之篇目，一併略之。在提要說明之各篇中，則以前八篇為較詳，蓋其重要性又在後十八篇之上也。

〈顯學〉（《韓非子》第十九卷第五十篇）

顯學者，顯要、或主要、或得勢之學派也。本篇主旨在以法家之說，批評儒墨二家，間亦有闢斥道家處。按戰國時代之顯學，除道家外，以儒墨二家最為得勢。韓非既欲立法家，則不得不破儒斥墨。本篇即為其最重要之論文。凡研究法家及先秦學術思想者，必先讀之。再本篇之文，曾為李斯督責書所稱引，確為韓非所作，從無疑者。

世之顯學，儒墨也……明主弗受也。　為第一段。

點明儒墨二家學派林立，各是其是，而又俱道堯舜，取舍不同。儒墨之真，已不能定，其稱引之堯舜之道，當然更成問題。

墨者之葬也……其於治人，又必然矣。　為第二段。

就儒墨二家關於葬禮與處世態度之絕對不同，說明其必有一是一非，而人君竟兼禮之，似此猶不能察，宜其有國而不能治。

今世之學士語治者……不可得也。　為第三段。

儒家仁民之政，多論實況，不究原因。法家雖不反對濟貧，但須考察致貧之原因何在，否則率爾為之，將生不良後果。近代言社會救濟政策者之所以必論貧窮原因者，亦在於此。美國舉辦失業救濟之初，只問失業是否屬實，而不論其因何失業，結果若干人寧可按時領取救濟金，而不願試就勞苦職業，又或就業不久，再度失業，以領取不勞而獲之救濟金者，所在有之。足見韓非立說，實具有正確性。

今有人於此……亂亡之道也。　為第四段。

輕物重生之士為楊朱一派之道家，學士指儒家自好之士為墨家中游俠一派。此三者皆無益於耕戰，而世主均從而禮之，平時影響民風，難至毫無裨益。養非所用，用非所養，事極顯明。世主不能以之為非而息其端，國焉有不亂亡之理？

澹臺子羽……王之道也。　為第五段。

言以孔子之智，尚有失實之聲，又何怪乎世主缺乏知人之明。故國家用人，切忌任辯說之士。惟有試之官職，課其功伐，循序而遷，有功必賞，然後乃能判明人才之真偽。按戰國時代，自游說之士以至一切學派，幾無一不求以辯勝，故均有辯士之稱。墨家尚辯，著《辯經》。儒家中孟子亦云：余豈好辯哉，余不得已也。可證。故本段係隱括儒墨而言。

磐石千里……不知事類者也。　為第六段。

富國強兵，端賴耕戰。商官儒俠不耕而食，又無軍勞，此與磐石象人之不能生粟與拒敵者何異？故韓非非之。

故敵國之君王……而德厚之不足以止亂也。　為第七段。

提出明君必然務力之說，並指出惟有威勢始可禁暴止亂。《韓非子》書中，或稱明君，或言世主。後者泛指當時之一般君主，前者則為韓非理想中之人君。兩者有別，不可不知。

夫聖人之治國……而行必然之道。　為第八段。

恃人之為吾善，與隨適然之善，為儒家標榜之德化主義。用人不得為非，與行必然之道，為法家標榜之法治主義。至為治者用眾而舍寡云云，則說明一切施政應以廣大群眾為對象。凡此，為儒法兩家之迥異處。

今或謂人曰……故不道仁義。　為第九段。

言當今之世、如頌說先王之仁義，以求國治，則猶之以智與壽說人，絕無實現之可能。惟有迅立法度賞罰之功，乃可有益於治。

今巫祝之祝人曰……不聽學者之言。　為第十段。

儒家所稱引者，皆為先王之政，已治之功，並未就當今所以為治之道，適切立說。故韓非以巫祝之祝人長壽而譏之，並認定有道之主決不接受儒家之說。

今不知治者……未可與為治也。　為第十一段。

按儒家尚德化，故重得民。法家尚法治，故重齊民。得民之極，必至聽民而無以為治。故韓非非之。又儒墨均尚賢而任人，法家則非賢而任法。韓非以伊尹、管仲、夏禹、子產為例，說明民智之不足師用，進而認定為政而期適民亦為亂端之一。蓋法家治國，每從大處著眼，小處著手，寧忍民之小苦，而期致其大利；此亦與儒家之認為民可以樂成，未可以慮始之觀點，初無二致。獨其任法而不任人，有時失之偏激，致為後世所詬病耳。文內以重農、重刑、徵賦、強兵四者，為國家所以治安之策，非僅適用於戰國急世，實亦適用於世局動亂之任何時期。

〈五蠹〉（《韓非子》第十九卷第四十九篇）

五蠹者，五蠹之民也。韓非以學者、言談者、帶劍者、患御者、及商工之民，俱無益於耕戰，故譏之曰蠹。惟本篇主旨在言聖王不期修古，不法常可，論世之事，因為之備。則又顯見韓非著論之目的，在明其進化之歷史觀，而推出其急世之法治論。所謂事因於世，而備適於事；世異則事異，事異則備變；此進化之歷史觀也。所謂以法為教，以吏為師；尊耕戰之士，除五蠹之民；此急世之法治論也。前者與儒家之保守論相反，後者與儒家之仁義說異其旨趣，從而篇中批評儒家之處，比比皆是。本篇與〈顯學〉為同類之作，且出於韓非之手，在戰國末期即已流行，李斯建議秦始皇焚書坑儒，並言若有欲學者，以吏為師。李斯為文，引用本篇；秦二世責李斯，亦諸多援引。並有《史記・李斯列傳》可證。而司馬遷之為韓非作傳，又復標舉〈五蠹〉篇名。故自古以來，從無人疑此篇非韓非所作者。再本篇於韓非全部學說之觀點，均包羅無遺，覽此一篇，深思玩味，當不難知其學說實可振衰起敝於戰國之急世也。

上古之世……皆守株之類也。　為第一段。

以實例說明儒家稱引之聖人，無論在上古、中古或近古，均為不期修古，不法常可之人，且各皆論世之事，因為之備。足見儒家之主張循古守舊，不惟漠視歷史進化之事實，抑且與聖人因時制宜之精神有違。韓非因以宋人守株待兔之趣事，以譏時至戰國猶倡言法古之儒家。故本段旨趣可與《商君書・開塞》互為發明。

古者、丈夫不耕……而不免於亂。　為第二段。

本段論據，與近代馬爾薩斯 (Malthus) 之人口論、及達爾文 (Darwin) 之生存競爭說，頗有相通處。韓非認定爭奪之發生，源自人口繁殖與食物不足，故雖倍賞累罰，仍不免於亂；倘如厚賞不行，重罰不用，將更不可以為治矣。

堯之王天下也……而備適於事。　為第三段。

世謂時代，事謂事實，備謂設施。時移事易，設施自應隨之而變。韓非認定權勢與財富兩者，為促使世事轉變之重要原因。古之權輕財多，故讓；今之權重財寡，故爭。

古者文王處豐鎬之間……不得行於二國矣。　為第四段。

本段亦以實例說明今昔情勢不同，設施必須有異。除力言仁義、辯智，均非持國之道外，復提出韓非本人對歷史及社會之哲學觀點。世異則事異，為韓非歷史哲學之第一原則，即認定歷史為演變的而非固定的，此與近代人士以進化論解釋歷史者有相近處。事異則備變，為韓非歷史哲學之第二原則，蓋由第一原則以推演出者也。本此二原則，韓非遂建立其變古之歷史觀。上古競於道德，指唐虞禪讓之傳說而言；中世逐於智謀，指春秋時代之朝覲會同而言；當今爭於氣力，指戰國時代之攻戰而言。攻戰不僅恃氣力，然當時以斬首為功，則亦有賴於氣力。韓非既認定仁義、辯智，非所以持國，而又鑒於當日國際社會之攻戰不已，遂建立其務力之社會觀。

夫古今異俗……此必不得之數也。　為第五段。

韓非就前四段之論旨，歸結為古今異俗，新故異備八字。並認定寬緩之政，不足以治急世之民。寬緩之政，即儒家所謂仁政，而仁政之表現為愛民如子。父母愛子，子未必不亂；先王愛民如子而終不能不用刑者，則仁之不可以為治，亦明矣。天下之人貴仁者寡，能義者難，以孔子之為聖人，修行明道以遊海內，海內悅其仁義而為服役者亦僅七十人而已。況孔子之為魯哀公臣，非懷其義，而係服其勢，益可見世之凡民惟有以勢服之。韓非遂力斥當時儒家主張務行仁義則可以王之說。同時認定此等主張，不啻求人主之必及孔子，及求世之凡民均能如孔子列徒，殆為絕不可能之事。

今有不才之子……則賢不肖俱盡其力矣。　為第六段。

廣前段之義，提出以峭法嚴刑為治。並舉不才之子之必待州部之嚴刑，而後乃能變節易行，作為民固驕於愛聽於威之例證。又賞厚而信、罰重而必、譽輔其賞、毀隨其罰，為法家行法之重要原則，然須以法莫如一而固，為其先決條件。一、統一、謂法不可多歧；固、確定，謂法不可輕變。且惟有在法一而固之下，人民始能瞭解其行為之後果，為賞為罰。人人明法，自然守法。是法家雖主嚴刑，亦僅加於知法犯法之輩，於守法之民，何傷之有？

今則不然……則私行立而公利滅矣。　為第七段。

指出國勢不振之原因，在於人之立私行而滅公利。私行謂賢能之行，公利謂耕戰之利。其所以致之之由，則為毀譽賞罰之所加者，相與悖繆。故法禁壞、而民愈亂，而兵弱而地荒矣。

> 儒以文亂法……是世之所以亂也。　為第八段。

按戰國時代游士之風甚熾，顯學如儒墨固無論矣，即陰陽、道德、縱橫、以及一切游士，亦咸思以其所學，游說於諸侯，故有游學之稱。游學無耕戰之勞，而易獲人君之貴重，故人爭趨之。韓非以為重游士，則不足以勸農厲兵，故極非之。儒、俠在當時為游士者，最為常見，故韓非用儒俠代表一切學派游士，認係亂源所在。文內就法、取、上、下、四相反處，例說甚詳。惟韓非並不反對個人修行義、習文學，但認此為匹夫之美；倘用此以游說人君，無功而受事，無爵而顯榮，雖出於人君不察而尊禮之，要亦因其不足以勸耕戰之故，而為韓非深所反對。

> 且世之所謂賢者……而群官無姦詐矣。　為第九段。

本段提出三種觀念。一、法家專為一般人立法，不為少數上智立說。為期民眾俱能瞭解起見，故反對以抽象而高深之議論，作為立法之憑依。二、法家為切合時勢需要而立法，凡非急務，均在所不取。否則急者不得，無以言治。三、法家立法言術，非以貞信之士為對象，而係以境內之所有官屬為著眼點。因而一法而不求智，固術而不慕信。

今人主之於言也……必此法也。　為第十段。

言人主悅辯而不求其當，美聲而不責其功之結果，導致游士紛聚，競尚浮誇。境內之民亦隨之而競於事智，以干富貴，以遠耕勞戰危。是以國益亂而不治。韓非既認定事智者眾則法敗，用力者寡則國貧，故主張明君對於游士，用其力、不聽其言，賞其功、必禁無用；對於境內之民，則以法為教，以吏為師。此種齊一言行，集中努力目標之做法，自可於急世收到富國強兵之效。

今則不然……則亡不可振也。　為第十一段。

戰國時代言外交者，有合縱、連橫兩說。韓非檢討已往事實，堅認治強不可責於外，內政之有也。易言之：任何國家如不先在內政上求改革、圖富強，而徒以在外交上講策略、事縱橫為能事，其結果必然智困於外，政亂於內。本此觀點，韓非除闢斥縱橫之士，謂其徒務自利而外，復揭櫫其必不亡之術。明其法禁、必其賞罰，為法治主義；盡其地利，以多其積，為重農主義；致其民死，以堅其城守，為軍國主義。本段論旨甚為精闢，宜細玩味之。

民之故計……亦勿怪矣。　為第十二段。

按除五蠹之民，養耕戰之士，為本篇之總結論，亦韓非謀富國強兵之政策綱領。學者、即儒家，言談者、即說客及縱橫家，帶劍者、即游俠，為墨家之支派，患御者、即近習，一說為患役者亦通。此四者與商工之民，在韓非眼中均與耕戰無益，故名之曰蠹。

〈難勢〉《韓非子》第十七卷第四十篇

難勢者、辯論主權問題之重要與否也，以其為問答體，故冠以難字。近代主權觀念有對外對內之分，對外主權簡稱主權，對內主權則以統治權三字代替。我國雖早在春秋戰國時代已知其為立國重要因素之一，並未如近代西洋學者之加以細分。從而韓非亦稱之為勢，或又名之為勢位、威勢、權、柄。本篇主旨，在以任勢與任賢兩說互相辯難，以明任賢不如任勢。學者咸認為韓非所著，未聞有懷疑之者。

慎子曰……而勢位足以詘賢者也。　為第一段。

本段全引慎子之言，以明論點之所在。慎到、趙人、游於齊稷下，著《十二論》。立說雖不廢法，卻特重勢，為韓非之前、法家言勢者之大宗師。《漢書・藝文志・法家》著錄《慎子》四十二篇，已佚。今存輯殘本七篇。慎子之學，實合道法於一家。《漢書・藝文志》云其大旨欲因物理之當然，各定一法而守之，不求於法之外，亦不寬於法之中，則上下相安，可以清淨而治；然法不行，勢必刑以齊之。道德之為刑名，此其轉關，所以申韓多稱之也。本段韓非引文，與今傳《慎子・威德》文句略有出入。賢智不足慕之說，在《莊子・天下》、《荀子・解蔽》均有論及。勢位足恃之說，在《呂覽・慎勢》亦有引文。惟法家雖尊君權，實欲藉以求治，非教之以天下自私。觀乎《慎子・威德》云：「古者立天子而貴之者，非以利一人也。曰：天下無一貴，則理無由通，通理以為天下也。故立天子以為天下，非立天下以為天子也。立國君以為國，非立國以為君也。」可以知之。

應慎子曰……夫堯舜亦治民之王良也。　為第二段。

按當時主任賢而非任勢者，以儒家為最。故本段韓非假為儒家設辭以難慎子。儒家認為賢者用勢，則天下治，不肖者用勢，則天下亂。堯舜之所以為聖君，桀紂之所以成暴主，端在於此。故韓非亦代儒家提出勢必待賢乃治之說。

復應之曰……客議未及此論也。　為第三段。

韓非既於前段設為客難，以難慎子，故於此段又自解客難，以申慎子之說。其主旨在剖析賢勢之不相容，並申說任賢不如任勢之理。一、勢之涵義甚多，大別言之，可分為自然之勢與人設之勢。前者隨君主之傳襲而來，一經繼位，即獲有勢。此種出於自然，業經確定之勢，自無須再作討論。後者為勢之運用，此為治國不可或缺，而又為人所易為力者，故非加以討論不可。二、堯舜得勢而治，桀紂得勢而亂，固為事實。然位由何人得之，而其人之為賢否，均出自然，非人可自由運用。故堯舜生而在上位，雖有十桀紂不能亂；反之桀紂生而在上位，雖有十堯舜亦不能治。惟彼等俱為有史以來人君中少數極端之例，絕對多數之人君均為中材，且世之所以得治者，亦賴有此多數中材之主相繼主持，使不至絕。則吾人言治，必須為中材之主設想。因而不能不討論人設之勢。三、勢之運用，本身即含有強制性，而賢則不可以勢強制之，是賢勢不能相容，可以概見。世不可一日無主以為治，如必待堯舜至乃治，則歷百世而一聖，非治世之道也。故惟有抱法處勢以為治。而桀紂之主、千百世乃一見，縱其為亂，要亦為治千而亂一。兩相比較，勢之足用亦明矣。四、戰國時代，政局混亂，急待拯救，必求待堯舜之賢，乃治當今之民，此與待粱肉而始救餓之說無異。韓非因持上述各觀點，著本段反駁儒家之論。

〈定法〉《韓非子》第十七卷第四十三篇

定法者，釋法或立法之意也。篇中所言，不限於法，而獨以定法名篇者，蓋治國以法為主，可以偏及臣民，而術則以臣僚為對象，猶之法中之特別法，舉其大而概其小云耳。本篇主旨在言法術之定義，及其重要性，並進而批評商申之法術。立意概括，用詞精晰，其出於韓非所著，已成定論。梁啟超於《要籍題解及其讀法》中，認此為《韓子》全書最重要之一篇，故治韓非之學者，不可不讀之。

問者曰……皆帝王之具也。　為第一段。

本篇用問答體以明其說，故每段之首均冠以問者曰三字，實則皆為韓非假設之或問也。而下文應之曰三字，則又為韓非之答或問。申不害相韓昭侯，內修政教、外應諸侯十五年、終其身，國治兵強，無侵韓者。嘗著書二卷，號曰《申子》。《漢書・藝文志・法家》著錄《申子》六篇，已佚。今傳《申子佚文輯本》。商鞅相秦孝公變法，行之十年，秦民大悅，國富兵強，奠定日後秦併六國之初基，且立定秦以後兩千餘年政制之模型。後人輯其言論為《商君》二十九篇，《漢書・藝文志》著錄於〈法家〉。今殘存二十四篇。申不害為尚術派之最要人物，商鞅為尚法派之至要人物，故韓非特著本篇以討論二家之學。本段論旨在闡明法術二者皆帝王之具，不可一無，難分軒輊。文內所云法術之定義，極為精要。惟須補充說明者：一、法家形名之學固受名家觀念之影響，然法家所謂名實，則與名家所謂者有別。名、蓋指言或官位；實、則指行或官職。循名責實者、乃謂如何言，即須如何行；任何種官位，即須盡何種官職。名實必求其相應，即為一種督責之術。二、法家所謂之法，乃成文法，非習慣法。為公布法，非秘密法。為平等法，非階級法。法須成文，則標準確定；法須公布，則民知所適從；法須平等，則法律之威權確立。在當時為法理上之一大進步，亦為政治上突破性之一大改革。在今日言之，則與十九世紀以來之近代法學觀念相合。

問者曰……主無術於上之患也。　為第二段。

就徒術而無法、徒法而無術引起之弊失，進一步說明兩者之必須相輔而行。文內所引韓秦兩國之史實，俱足發人猛省。韓非於〈五蠹〉主張法莫如一而固，及於其他若干篇目均一再提出責效防姦之道者，實亦有鑒於中商二人之偏失也。

問者曰……皆未盡善也。　為第三段。

當韓非之時，法家共宗商鞅、申不害，故人多以為兼此二家之學說，即可富國強兵並爭雄長於當世。韓非特以本段剖明商申之法術並未徹底，用以建立其本人之新法家學說。「治不踰官，雖知弗言」謂官吏不可越職言事。揆以法家形名之術，不在職權範圍內之事，雖知之而弗言，原無可厚非。惟韓非認為術之消極功能在於防姦，積極目的在於責效。誠欲達成此雙重使命，自不能以個人之循分修職為已足。而必須群臣以其所知，謁告於君，俾人君得以多方考察臣下真情，以參驗審功過。其次，商鞅在秦變法重點之一，為以軍功代替世爵，並為鼓勵民眾勇於公戰以推行軍國主義起見，故又以斬首之多寡，定官爵之升遷；此在商鞅變法之當日，原為一種權宜措施。韓非認為國家用人行政之道，貴在因其智能授與適當之官職，課其功伐，循序遷升。茲如以斬首之功為之，必不能理智能之事，其結果必使所任之事，毫無績效可言。以故，韓非認定商中二人之法術均有未盡善處。《韓非子》一書關於法與術之主張，其所以遠較商申為詳密者，即基於有本篇之認識。

〈問辯〉《韓非子》第十七卷第四十一篇

問辯者、討論辯之所以生及其所以止之之法也。以本篇為問答體，故冠以問字。辯、爭辯也。或謂之是，或謂之非，當者則勝。韓非生當戰國末期，而周室自東遷而後，天下日亂，百家爭鳴，諸子欲行其道，莫不尚辯。儒家如孟子固以好辯稱，名家及墨家者流，更從而研究辯法，形成我國最有條理之論理學。韓非雖非好辯，然亦善辯。其辯而兼駁之作，見之於〈顯學〉、〈五蠹〉等各篇，而討論止辯者，則唯此篇也。故本篇主旨在藉止辯問題，以發揮法家之主張。其思想、文字俱合於韓非，故雖以好疑古著稱之胡適，亦於其《中國古代哲學史》中認定為韓非所作。

本篇在《韓子》全書中為一短論，故不分段。韓非以為人主聽言觀行必須以功用為之的彀，凡言行而不軌於法令者必禁，如是則可以無辯矣。反之，則人主勢不免為各家之辯論而搖惑視聽，致無從取舍而兼禮之。文內關於令法之解釋，與吾人今日所稱之法律與命令有別。蓋古者多以言辭發布命令，其出於君上之口者，與法律之效力等，且有時可代替法律。故韓非云：「令者、言最貴者也。」君令之外，不容再有與君令相反之令，故又云：「言無二貴。」至於法律，在戰國時代已為著於文字之條規，百度一準於法，不容於法之外，再有與法相反之說。故韓非云：「法者、事最適者也。」又云：「法不兩適。」

〈六反〉《韓非子》第十八卷第四十六篇

六反者、謂毀譽與賞罰相反也。篇以六反為名，內容則論及重刑之必要，並兼言人主聽言觀行之法。是以本篇文字結構，不若其他篇目之緊湊連貫。然為細繹其思路與論旨，仍有其脈絡可尋。六反、謂姦偽無益之民有六，國當罰而世譽之；耕戰有益之民亦有六，國當賞而世毀之。本篇起首即以此為主旨，而說明毀譽與賞罰相反之結果，致國家無以富強。以下則言及人皆有利己之自為心，故不能不施之以刑賞，並又以厚賞重刑為宜。最後雖以強調人主聽言觀行之法為論旨，然亦在說明人主之所以信輕刑說者，實由於聽言觀行之不得其法。綜觀全篇，殆以人主之聽言觀行之不得其法為經，從而引起毀譽與賞罰相反、及發生重刑輕刑之辯難為緯。故仍為脈絡連貫之作。再重刑與輕刑問題，亦為當日法家與儒家辯難之一要點，讀本篇不惟可以明瞭兩家治國精神之大異其趣，抑且於《商君書》之精義、思得其半。蓋《商君書》之精義，具見於本篇及〈五蠹〉、〈飭令〉、〈制分〉三篇，並以本篇及〈五蠹〉最為重要故也。又本篇出於韓非所作，從無疑者。

畏死、遠難……不可得也。　為第一段。

就富國強兵之法家觀點，指出何者為姦偽無益之民，何者為耕戰有益之民。並以世主聽虛聲而禮之，壅於俗而賤之兩句，作為人主聽言觀行之不得其法之伏筆。

古者有諺曰……此帝王之政也。　為第二段。

本段反覆說明重刑之必要，同時批評輕刑之亂國，可作一篇重刑論來讀。惟各通行本於此處分段多寡不一，作四段者如陳啟天《校釋》，作六段者如陳奇猷《集釋》，作八段者如王先慎《集解》、作九段者如唐敬杲《選注》。惟就韓非之思路而言，似以作一段讀為宜。韓非於本段中提出之論據，約如下述：一、人皆有自計心，以求其大利。人不可能知足，能知足者太少。二、法之為道，前苦而長利；仁之為道，偷樂而後窮。聖人治國之所以用法之相忍，而棄仁之相憐者，端在於為政必須知權，以謀生民之大利。三、有威嚴之勢乃可治民，恩愛之心，一無用處。決賢不肖愚智之策，既在於賞罰之輕重。故審於法禁、必於賞罰、則官治民用，國富兵強。四、重刑賞之目的，在於明主之法，非罪其人，非愛其人。故重一姦之罪，可止境內之邪；報一人之功，可勸境內之眾。且一切賞罰均為依法執行之結果。五、輕刑可止者，重刑必止；重刑乃可止者，輕刑無用。所謂刑之輕重，不在於刑之本身，而在於作姦者之感受，姦之所利者大，上之所加焉者小，則自覺刑輕，反之，則覺刑重。是刑罰雖重，於一般守法之民，何傷之有？六、足財用以加愛，雖輕刑可以治國之說，實為一種亂亡之術。蓋人之貪慾無窮，其取重刑者，固皆在已足之後。何況足用則輕用，輕用則侈泰，而家貧，而行暴，復又為人之一般心理？綜上各種論據，韓非遂提出其治國之道，使民以力得富、以事致貴、以過受罪、以功致賞，而不念慈惠之賜。所謂適其時事以致財物，即重農時、務生產。所謂論其稅賦以均貧富，相當於今日欲於租稅政策中，寓以調節貧富之社會政策。所謂厚其爵祿以盡賢能，相當於今日之以提高待遇，作為砥礪公務人員節操及加強其工作績效之張本。所謂重其刑罰以禁姦邪，即治亂世必以重典之說。

本段韓子立論，兼有今所謂犯罪心理學、罪刑法定主義、及刑事政策之威嚇主義等之運用。

人皆寐……矜誣之行不飾矣。　為第三段。

言惟有聽其言而求其當，任其身而責其功，始能使無術及不肖者俱窮於掩飾。至聽其言必責其用，觀其行必求其功，則為進一步說法。此與〈難勢〉言者，可以相互發明。

〈詭使〉《韓非子》第十七卷第四十五篇

詭使者，言今世使民治國之道，俱與所以為治之道相反也。本篇主旨在以法家理論、一面批評當時之政情，一面提出振衰起敝之道。文內所云政情，均合於韓非生前之實況，其引繩墨、切事情、明是非之處，更非他人所能為。故篇中字句雖間有脫誤，亦無人疑非韓非所作者。

聖人之所以為治道者三……與其所以為治相反也。 為第一段。

提出利威名三者為為治之急務。古用之而治，今有之而亂者，在上之所貴，常與其所以為治相反。按利、利祿也。威、威勢也。名、統指毀譽之名、官爵之名，與名實之名等。在韓非觀念中，凡事理品物之可以加以名者，通謂之名。

夫立名號……則主卑而大臣重矣。 為第二段。

本篇在王先慎《集解》本，未分段落。在陳啟天《校釋》本、陳奇猷《集釋》本、唐敬杲《選注》本、雖均分段讀之，然於本段卻有不同之分法。二陳本俱分作兩段，唐本則分為五段。吾人試繹韓非之思路，似仍以作一大段讀為宜；蓋所云者皆反復指明上下反於為治之實況也。上之所以為治者，為名號、爵位、威利、法令、官爵、刑法；下之所欲者，為高、賢、重、忠、烈士、勇夫。上不能禁下之欲而滅其跡，又從而尊之，是教下亂上以為治。其結果必然卑名危位，威利在下，主卑而大臣重。故世之所以不治，非下之罪，上失其道，常貴其所以亂，而賤其所以治也。本段分析精微，斷制謹嚴，詞句清晰而多警語，非僅為韓非當日政情之寫照，抑足用以批評後代之政治，而發人之猛省。惟本段有若干專用詞彙，均各有其在法家理論中之涵義，不可以吾人習慣之通說以為之解；則不可不注意者也。

夫法令者……是以上不勝下也。　為第三段。

本段主旨在提出道私者亂，道法則治八字，以總結全篇。按法家所稱之法，為公利之所在。亦即一切法律之制定，均以國家利益為前提；法律一經頒行，自不容許任何人訛言惑眾以非難之。法家所稱之私，指個人之私意、私言、私行，無論其假藉何種名義與理由，均屬於個人之私利，亦即基於人人之自為心而出發。其不軌於法者，自須禁絕之。倘人主知之而不禁，又或從而禮之，則人主已先循私，欲求人之不誹法亂治，難矣。

〈亡徵〉《韓非子》第五卷第十五篇

亡徵者，謂國家可亡之徵象也。有可亡之徵象而不云其必亡者，以其仍有挽回之道也。本篇主旨在列舉國家可亡之徵象，以警當世人君，並說明惟有服法行術之國，乃可以兼併具有亡徵之國。本篇出於韓非，應無疑問，以其所云亡國徵象，多合於戰國時代之情境，而其結論為服法行術，亦與韓非思想相吻合故也。容肇祖《韓非子考證》則以篇中言及人主之孝與匹夫之孝，似受《孝經》之影響，容有可疑。

凡人主之國小而家大……暴慠其鄰者，可亡也。　為第一段。

本段列舉國家可亡之徵象，凡四十七種。各均以極精要之詞句表達無遺。細心閱之，而證以春秋戰國以還之史實，不難發現在君主政治之下，確有如許眾多之可亡徵象也。雖時至今日，其中若干事例，仍可說明近百十年來若干國家之所以亂亡，或其政變不已之原因。

亡徵者、必曰非亡……其兼天下不難矣。　為第二段。

提出亡徵二字之界說。並說明在彼此治亂強弱相踦之下，具有亡國徵象之一方，始有被他方兼併之事，否則治亂強弱相同，彼此居於持衡狀態，亦未嘗不可苟延也。服法行術四字，為法家求國治而強之一貫主張，韓非於此，特標而出之。

〈姦劫弒臣〉《韓非子》第四卷第十四篇

姦劫弒臣者、謂以姦謀劫弒人主之臣也。本篇主旨在以正明法、陳嚴刑、為至治之法術，而依此主旨批評姦臣之所以成姦，與愚學之所以招亡。其內容足與〈五蠹〉、〈顯學〉、〈難三〉諸篇互相發明。雖末段文字亦見於《楚策》、《韓詩外傳》，俱作〈孫子與春申君書〉，致有疑此段非韓非本文，係從他書雜入之說；然孫子即荀子，正不妨以弟子引用師語視之。故本篇應為韓非之作。

自篇首至「此田成之所以弒簡公者也」，為第一段：扼言姦臣欺主成私之術。自「夫有術者之為人臣也」至「而世學弗知也」，為第二段；標明至治之法術，在善任勢與明法用術。自「且世之愚學」至「則義非矣」，為第三段；批評世之愚學，即儒家者流。自「處非道之位」至「非明主弗能聽也」，為第四段；言智術之士常為毀言所扼，而不顯於世，且有殺身之禍。自「世之學者說人主」至「而世主之多而求也」，為第五段；專言霸王之術，在嚴刑重罰，不在仁義惠愛。自「諺曰」至篇末，為第六段；以人主無法術以御其臣之害，總結全篇。

〈有度〉《韓非子》第二卷第六篇

有度者，謂有法度之制者也。本篇主旨在闡明奉法則國強、廢法則國弱、群臣百官一於法則國治之說。胡適以篇中曾言荊齊燕魏四國之亡，而非死時，六國仍在，因疑本篇不出於韓非。然細考原文，所謂亡或亡國者，乃謂衰弱，並非滅亡。據此，則胡適之說，尚難採信。又本篇除偶稱先王之外，其思想與韓非並無不合。至篇中文字有與《管子．明法》相同者，究為襲用〈明法〉，抑或戰國時人雜輯《管子》而襲用本篇語，殊難斷言。

自「國無常強」至「亂弱甚矣」，為第一段。言齊楚燕魏之盛衰，由於奉法之強弱。白「故當今之時」至「故主讎法則可也」，為第二段；力言明主須有法度之制，使法擇人量功，而非自舉自度。自「賢者之為人臣」至「具以待任」，為第三段；言賢臣之所以為賢臣，不在於所謂廉、忠、仁、義、智，而在能奉公法、廢私術。自「夫為人主而身察百官」至「上之任勢使然也」，為第四段；在扼言人主身察百官則難治，舍己能而因法數，則易治。自「夫人臣之侵其主也」至篇末，為第五段；言惟有以法治國，動無非法，則人臣不能侵主。

本篇精警語頗多，宜細玩味。

〈八說〉《韓非子》第十八卷第四十七篇

八說者，就匹夫之私譽，而為人主之大敗者八事以言之者也。篇雖以此為名，而內容則至為龐多，且各有其主旨，似為一篇雜論，而與〈顯學〉、〈五蠹〉等篇之前後連貫者有異。惟就思想上而言，仍可推信為韓非之作。

自「為故人行私」至「不可得矣」，為第一段；在指明八種私譽之人，俱不可用，否則國將危亂。自「任人以事」至「則事無失矣」，為第二段；言任人須有術，有術，則智士修士均可擇而用之。自「察士然後知之」至「不可得也」，為第三段；重申無術以任人之弊，尤忌疑法與貳功。自「搢笏、干戚」至「而務必知之術也」，為第四段；在指明法所以制事，事所以名功，故立法須通權，亦即須因時因事以立法，此與〈五蠹〉旨趣及〈心度〉「法與時轉則治」云云相似。自「慈母之於弱子」至「明主不受也」，為第五段；言仁愛不可治國，惟明法可以富強。自「書約而弟子辯」至篇末，為第六段；言人主不可假權與寵人及重臣，否則臣下輕君，無事上之意，則不可使矣。

〈八經〉（《韓非子》第十八卷第四十八篇）

八經者，言人君治國所不可易之八術，故以經名之也。本篇主旨在分別說明此八術，各節之末，均加標題，殆出於後人之手。凡以經名者，皆詞約而難讀，本篇文字又多脫誤，故顧廣圻《韓非子識誤》云此篇多不可通。然按其思想，除第五節末語言賢知、言福善、不類法家語，疑係原文有脫簡，為後人所增補外；其他各節，俱合於韓非學說，故亦可信其為韓非之作。《集解》本於立道之下，分標參言、聽法、類柄、主威各節名稱，欠妥。茲從陳啟天說，改標為周密、參言、任法、類柄。

第一節、「因情」。言因人情以立賞罰，而以賞厚、譽美、誅重、毀惡為依歸。第二節、「主道」。言用一人不如用一國，故君當用人之智，而不自任其力，結智之道，在一聽而公會。第三節、「起亂」。言臣主異利，明主審公私之分，則六亂五患俱無所乘。第四節、「立道」。言行參伍之道，足以察姦，並舉出參伍之術多種。第五節、「周密」。言人主務在周密，不輕喜怒，以免為臣下所借。第六節、「參言」。言聽言督其用、課其功，及臣不得兩諫，必任其一。第七節、「任法」。言賞必出乎公利，名必在乎為上，則民重賞畏禁，國乃可治。第八節、「類柄」。言不尊私行以貳主威，否則法制毀敗，必成為無常之國。本篇與〈八說〉皆法術家之精論，可細讀之。

〈南面〉《韓非子》第五卷第十八篇

南面者、言人君南面之術者也。本篇主旨言人君當任法以御臣，而不可任甲以備乙，並又兼言及變法之理。雖末段文體與〈儲說〉相同，致全篇結構不甚一貫；然論其思想仍不出法家範圍，故可推為韓非所作。

自「人主之過」至「此之謂明法」，為第一段；以明法為主旨。自「人主有誘於事者」至「小功成而主亦有害」，為第二段；以責實為主旨。自「不知治者」至篇末，為第三段；以變古嚴治為主旨。明法與責實，在本篇中論說至精，且二者均為君術範疇，而其後竟銜以不相關之變法論，則本篇之有《韓子》原書之他篇錯入，當可置信。讀本篇者宜依法家論旨，別而觀之。

〈二柄〉《韓非子》第二卷第七篇

二柄者、賞罰權是也。賞即德、罰即刑。刑德二字屢見於《左傳》、《論語》，其為春秋時之習慣用語，而流傳至戰國，亦成為人之常談無疑。故法家引以為刑賞或賞罰之代字。本篇主旨亦在闡明主術。梁啟超謂其頗類《管子》中之一部份，容肇祖則謂本篇未定為誰作，尚待續考。惟吾人就篇中旨意衡之，似仍可視為韓非之作。況德與刑二者，在儒家為先德後刑，刑乃不得已而用之，故言德刑；在法家則刑重於德，德不足以勸眾，惟刑可以齊民，故言刑德。本篇既在在言刑德，自合於韓非之思想。

自「明主之所導制其臣者」至「則未嘗有也」，為第一段；反復釋明刑德為制臣之二柄，須操之於君，以免遭蒙蔽劫殺。自「人主將欲禁姦」至「則群臣不得朋黨相為矣」，為第二段；言惟有審合形名，乃能實行賞罰。越官與失職，均罰。事不當其言者，無論功之大小，亦均在所必罰。自「人主有二患」至篇末，為第三段；言任賢，妄舉二者為人主之大患，及言人主不可以情借臣，當去好惡而任法。

本篇第二段，最足以彰法家責效之精神，宜細讀之。

〈八姦〉《韓非子》第二卷第九篇

八姦者，人臣所由成姦之術有八也。本篇主旨在說明人君防止人臣八姦之必要，條理清晰，句句有意義，與韓非思想體系並無出入。容肇祖以篇中曾有德施之主張，與〈五蠹〉〈難二〉兩篇反對布施貧家之旨相悖，因疑本篇為偽託。陳啟天、陳奇猷則以〈五蠹〉之言重在非布施，本篇之言則重在德施必出於君，乃各明一義，似不得因此而疑非韓非所作。似以二陳之說為洽。

自「凡人臣之所道成姦者」至「此之謂四方」，為第一段；就人臣用以成姦之八術，分別敘論之。自「凡此八者」至「則不受之臣誣其君矣」，為第二段；提出人君用以防止八姦之方術。自「明主之為官職爵祿也」至篇末，為第三段；則反復說明不防止八姦足以亡國之理由。

〈備內〉《韓非子》第五卷第十七篇

備內者、人主須防在內之賊也。本篇主旨除申言人主須防后妃夫人太子之外，並申論人主不可借權於人臣。容肇祖以篇中雜有陰陽家語，而疑非韓非之作。實則「日月暈圍於外，其賊在內」二句，為當時成語，有《戰國策・趙策四》可證。韓非引以證明備內之必要而已，非採取陰陽家之學說也。

自「人主之患」至「則姦邪無所容其私矣」，為前段。言后妃夫人太子或利君之早死，須有以防之。韓非論旨看似刻薄，然於後世權奸宮闈之禍，若燭照而數計；其見理明，故其說事切也。自「徭役多」至篇末為後段。言尊貴之臣常犯法為逆以成大姦，故不可借以權勢。

〈飾邪〉《韓非子》第五卷第十九篇

飾邪者、言人主不明法禁，則人臣必以智能飾其姦邪也。本篇主旨在明法以為治，戒信龜筴、恃外援。讀之，可考見戰國時迷信及外交情形。梁啟超謂本篇為韓非早年上韓王書，容肇祖疑之，劉汝霖更斷為偽作。陳啟天以本篇有二處最可疑，故難斷言其出於韓非。愚按本篇主旨與韓非之思想體系並無不合，即不得以其真偽莫辨而棄之不讀。

自「鑿龜數筴」至「愚莫大焉」，為第一段；以實例言卜筮之不可信。自「古者先王盡力於親民」至「恃外以滅其社稷者也」，為第二段；以實例言外援之不可恃。自「臣故曰」至「然而妨害於治民者也」，為第三段；以實例說明賞罰不可無度。自「當魏之方明立辟」至「主之道也」，為第四段；詳言明法則強，慢法則弱之理。自「明主之道」至篇末，為第五段；言人主須別公私、明法制、去私恩，明賞以勸人臣之公義，嚴刑以禁人臣之私心。

〈說疑〉《韓非子》第十七卷第四十四篇

說疑者、論說四擬之足以隕身滅國也。篇雖以說疑為名，而主旨卻在說明人君御臣之術。論者以篇首至「又非其難者也」各句，與下文不相連貫，疑係他篇錯簡；並以篇名說疑，為論說體，而篇內自稱臣者三，因又疑本篇為上韓王書者。然無論如何本篇思想合於韓非，詢無可疑。

自「凡治之大者」至「則別賢不肖如黑白矣」，為第一段。本段首句至「又非其難者也」以上，言尊主安國不在仁義智能，而在於服之以法。以下則言用人之宜慎。自「若夫許由」至「故至身死國亡」，為第二段。列舉古人五類，計清介不污之臣十二、輕死之臣六、專國之臣九、聖智之臣十五、姦佞之臣十二，言其均不可用於今世。自「聖王明君則不然」至「最其病也」，為第三段。專就明君與亂主任臣之異術，詳為剖論。自「為人主者」至篇末，為第四段，則言任臣須禁五姦，並破四擬。

〈說難〉《韓非子》第四卷第十二篇

說難者、言游說之道為難也。本篇主旨在敷陳游說之難，並指出游說成功之術。其為韓非所作，司馬遷已早言之。近人容肇祖採《史記・韓長孺列傳》云韓安國嘗受韓子雜家說於騶田生所之語，著《韓非子考證》，認為當時韓子已與雜家說相混，遂認本篇為縱橫或游說家言而混入《韓非子》書中者。按游說之術，戰國時代極為流行，法家亦未嘗不講求此術，以求易於進身。韓非既感於數以書諫韓王，韓王不能用，因著本篇，以寄其慨，自亦情理之常。殊難援〈五蠹〉等篇非游說之士之論旨，而謂本篇不出於韓非。

自「凡說之難」至「此不可不察也」，為第一段。言游說之難，難在於察知人主心意，而以吾說當之。自「夫事以密成」至「不可不知也」，為第二段。列舉足以危身者十五事，以明游說之難。自「凡說之務」至「此說之成也」，為第三段。提出游說之重要原則，在知飾人主之所矜，而滅其所恥。自「昔者鄭武公欲伐胡」至「此不可不察」，為第四段。以故事證明說之難，不在知之難，而在處知之難。自「昔者彌子瑕有寵於衛君」至篇末，為第五段。言人主之愛憎因時而異，故游說時須先察知，切不可嬰人主之逆鱗。

〈孤憤〉《韓非子》第四卷第十一篇

孤憤者、憤孤直不容於時也。本篇主旨在言法術之士與當塗之人，不可兩存。其出於韓非，從無疑者。

自「知術之士」至「不可兩存之仇也」，為第一段。言法術之士見仇於當塗之人之原因。自「當塗之人擅事要」至「必死於私劍矣」，為第二段。言當塗之人有五勝之資，法術之士有五不勝之勢，相爭結果，法術之士必敗無疑。自「朋黨比周以蔽主」至「不可得也」，為第三段。舉例說明人主壅蔽、大臣專權，足以亡國。自「凡法術之難行也」至「而愚污之吏處官矣」，為第四段。言修智之士均易為愚污之吏所制，而不能進用。自「萬乘之患」至篇末為第五段，中言重人挾愚污之人惑主敗法，朋比為姦，足以亡國。通篇所云，句句切合韓非當時處境，其敘論之精刻，可以為後世朝代忠臣奸黨爭勝之寫照。

〈和氏〉《韓非子》第四卷第十三篇

和氏者、以和氏獻璞故事，論法術之士之處境也。本篇主旨亦在說明法術之士不易見用之故，與〈孤憤篇〉為同類之作，出於韓非，似無疑義。容肇祖以本篇有商君焚《詩》《書》之語，而《詩》《書》之焚則始於李斯，遂疑非韓非所作。陳啟天則以商君曾否焚《詩》《書》雖無旁證，然商君反對《詩》《書》，則為不爭之事實，極可能引起焚《詩》《書》之傳說；韓非未加深考，遂著之文。若僅以此而疑其為偽，則證據未免過於薄弱矣。陳說甚洽。

自「楚人和氏得玉璞楚山中」至「遂命曰和氏之璧」，為第一段。以和氏獻璞而刖足為喻，引起下文。自「夫珠玉、人主之所急也」至「道必不論矣」，為第二段。嘆法術之士雖至死亡，猶難見用。自「昔者吳起教楚悼王以楚國之俗曰」至篇末，為第三段。借吳起商君之終於見殺，證明法術之士不能蒙危以致時主於霸王。蓋吳商之時，僅不過大臣苦法、細民惡治而已；今世則大臣貪重、細民安亂，而又無悼王、孝公之人主也。

〈主道〉《韓非子》第一卷第五篇

主道者、為君之道也。本篇主旨言人君當虛靜無為，以事任人，可見法家為君之道，深受道家影響。胡適以本篇為另一派法家所作，容肇祖更認為本篇似出於漢初道家。陳啟天則以虛靜無為之說，固源於道家，但道家以之說明道體，法家則取以為君術。此在申不害慎到等已啟其端。至韓非集法家之大成，則其思想體系，實未嘗舍君主無為之說，而別有所建立。故僅就此點而言，不能遽斷本篇非出於韓非。況本篇除言虛靜外，尚有形名與賞罰，此則法家所重者也。故本篇思想雖有取於道家，然其歸趨仍屬法家，實與韓非之旨無所不合。惟文體用韻，與他篇不類，究否出於韓非，不能無疑耳。

自「道者、萬物之始」至「此之謂賢主之經也」，為第一段。以守虛靜為旨，令群臣各效其職。自「道在不可見」至「非人臣之所以得操也」，為第二段。以合形名為旨，使國無賊無虎，而制臣之五壅。自「人主之道」至篇末，為第三段。以正賞罰為旨，合虛靜、形名而併用之。通觀本篇，蓋合道、名、法三家以為言者也。

〈揚搉〉《韓非子》第二卷第八篇

揚搉者、謂人主治國御臣之要義也。搉、各舊本作權，陳啟天《校釋》及陳奇猷《集釋》、均據近人考正，改為搉。本篇主旨、略與〈主道篇〉同。其是否出於韓非，各家看法亦與〈主道篇〉相似。惟韓非之思想體系，亦多道家成分，故不能謂本篇思想與韓非相反。易言之，本篇在思想上雖運用道家之理以說明主術，然其歸結仍為法家也。本篇王先慎依舊本分為二段，茲採之。

自「天有大命」至「上下和調」，為前段。言君臣不同道，君操其名，臣效其形，君執一以靜，去智去巧，勿授人以柄。文內「聖人執要，四方來效，虛而待之，彼自以之」四句，為法家主張君主無為之正確解釋。自「凡聽之道」至篇末，為後段。言人主聽言須虛靜參伍，御臣須信賞罰、散黨與。

〈守道〉《韓非子》第八卷第二十六篇

守道者、謂守國之道也。本篇主旨、在立法須賞足以勸善，威足以勝暴，即謂守國之道須厚賞嚴刑也。容肇祖以文中有堯明於不失姦等語，與〈顯學篇〉必定堯舜語衝突，疑非韓非所作。然本篇實為一篇嚴刑論，與韓非思想正合，故亦為研讀《韓子》全書者所重視。

自「聖王之立法也」至「則君人者高枕而守已完矣」，為第一段。言立法之要及其功能。自「古之善守者」至「而齊民之情正矣」，為第二段。言須重輕罪，乃可禁暴。自「人主離法失人」至篇末，為第三段。言立法之所以採嚴刑主義，不在於防備善良之人，而在使庸主亦能有以禁止邪暴。

〈三守〉《韓非子》第五卷第十六篇

三守者、謂人主之守、有三也。本篇主旨、在言人主非完此三守，不足以止三劫。論其思想，與韓非之統系相符；論其文字，亦至為簡要；故雖為一短論，仍有研讀之價值。惟究否出於韓非，容肇祖以為疑未能定，然亦無確證也。

自「人主有三守」至「則劫殺之徵也」，為前段。指明人主之三守，為守固密，毋漏言；守獨威，毋妄信譽毀；守自親政，毋移柄於大臣。自「凡劫有三」至篇末，為後段。指明人主之三劫，為名劫、事劫、刑劫。三守不完，三劫必起。前段重在言人主集勢之必要，後段重在言人臣擅權之危險。

〈心度〉（《韓非子》第二十卷第五十四篇）

心度者、民心之準則也，或釋之為度民之心以為治。本篇主旨、在言聖人之治民，度其本，不從其欲，期於利民而已。故言明賞嚴刑；故言法與時轉，治與世宜；故言閉外塞私，為立國用民之道。其說甚精，而旨歸於行法者國必興。可見法家之治，雖若嚴酷，而其意實主於利民，而尤足為民主政治時代之藥石。蓋求利是一事，真知利之所在，又是一事；人民自主張其利益者，往往不知其真利之所在，欲求利而適得其害，非惟害己，且將禍國。倘國家處於韓非所稱之急世，其有賴於法家之治者，更為顯然。故吾人於先覺之言，不可不察也。本篇思想，與〈五蠹〉〈顯學〉兩篇相合，容肇祖亦認定本篇出於韓非。陳千鈞《韓非子研究》則云：本篇文字不類韓子，惟其旨亦與韓子合，故其徒收而為一集。是本篇究否出於韓非，仍不無微疑也。

自「聖人之治民」至「刑者、愛之自也」，為第一段。言明賞則民勸功，嚴刑則民親法。並言欲求國治而強，端在務先、舉公、賞告、明法四者。自「夫民之性」至「而禁與世變」，為第二段。言法與時轉則治，治與世宜則有功。及言治民無常，唯法為治；而法之中，又以賞刑之真能行之於下，最為重要。自「能趨力於地者富」至篇末，為第三段。言惟有趨力於耕戰，國家乃能富強；亦惟有不恃外交而重內政，始能杜塞外國謀我之舉。故以閉外、塞私、行法為立國用民之道者，誠欲王天下亦不難矣。

主要參考書目

王先慎《韓非子集解》，臺北：世界書局，民國四十四年。

陳啟天《韓非子校釋》，臺北：中華叢書委員會，民國四十七年。

陳奇猷《韓非子集釋》，臺北：河洛圖書出版社，民國六十三年。

謝旡量《韓非》，上海：中華書局，民國二十一年。

容肇祖《韓非子考證》，上海：商務印書館，民國二十五年。

潘重規《韓非著述考》，香港：《新亞書院學報》，一九六六年。

右第一類

王先謙《荀子集解》，臺北：世界書局，民國四十四年。

《莊子集解》，臺北：世界書局，民國五十一年。

楊樹達《老子古義》，臺北：藝文印書館，民國五十九年。

孫詒讓　《墨子閒詁》，臺北：世界書局，民國五十一年。
戴　望　《管子校正》，臺北：世界書局，民國四十四年。
嚴萬里　《商君書新校正》，臺北：臺灣商務印書館，民國四十五年。
馬國翰　《申子輯本》編入《法家佚書輯本七種》，臺北：世界書局，民國四十七年。
錢熙祚　《慎子校本》，臺北：世界書局，民國四十四年。
　　　　《尹文子校本》，臺北：世界書局，民國四十四年。
畢　沅　《呂氏春秋新校正》，臺北：世界書局，民國四十四年。

右第二類

劉　向　《戰國策》編入《四部備要》，臺北：臺灣中華書局，民國五十四年。
司馬遷　《史記》編入《四部備要》，臺北：臺灣中華書局，民國五十四年。
班　固　《漢書・食貨志》編入《四部備要》，臺北：臺灣中華書局，民國五十四年。
房玄齡　《晉書・刑法志》編入《四部備要》，臺北：臺灣中華書局，民國五十四年。
司馬光　《資治通鑑》，臺北：藝文印書館，民國四十四年。

右第三類

梁啟超 《中國學術思想變遷之大勢》，臺北：臺灣中華書局，民國六十年。

《要籍解題及其讀法》編入《國學研讀法三種》，臺北：臺灣中華書局，民國四十五年。

胡　適 《諸子考釋》，臺北：臺灣中華書局，民國四十六年。

《中國古代哲學史》，臺北：臺灣商務印書館，民國四十七年。

馮友蘭 《中國哲學史》，香港：文蘭圖書公司，民國五十六年。

錢　穆 《中國思想史》，臺北：中華文化出版事業委員會，民國四十一年。

《先秦諸子繫年考》，香港：香港大學，一九五六年。

《國學概論》，臺北：臺灣商務印書館，民國四十五年。

林　尹 《中國學術思想大綱》，臺北：東方書店，民國四十二年。

章炳麟 《國故論衡》，臺北：廣文書局，民國五十六年。

《國學略說》，臺北：河洛圖書出版社，民國六十三年。

《檢論》，臺北：廣文書局，民國五十九年。

劉咸炘 《子疏》編入《推十書》，臺北：三人行出版社，民國六十三年。

陳鍾凡 《諸子通誼》，臺北：臺灣商務印書館，民國六十六年。

羅　焌 《諸子學述》，臺北：河洛圖書出版社，民國六十三年。

高維昌《周秦諸子概論》，上海：商務印書館，民國十七年。
嵇　哲《先秦諸子學》，臺北：洪氏出版社，民國六十三年。
陳啟天《中國法家概論》，上海：中華書局，民國二十五年。
方授楚《墨學源流》，上海：中華書局，民國二十九年。
蔣伯潛《諸子通考》，臺北：正中書局，民國四十三年。
劉汝霖《周秦諸子考》，北平：文化學社，民國十八年。
呂思勉《經子解題》，臺北：臺灣商務印書館，民國五十七年。
徐文珊《先秦諸子導讀》，臺北：幼獅書局，民國五十三年。
陶鴻慶《讀諸子札記》，臺北：藝文印書館，民國六十年。
俞　樾《諸子平議》，臺北：世界書局，民國四十四年。
紀　昀《四庫全書總目提要》，臺北：臺灣商務印書館，民國六十年。

右第四類

梁啟超《先秦政治思想史》，臺北：臺灣中華書局，民國四十五年。
蕭公權《中國政治思想史》，臺北：中華文化出版事業委員會，民國五十三年。
陶希聖《中國政治思想史》，臺北：全民出版社，民國四十三年。

王雲五　《先秦政治思想》，臺北：臺灣商務印書館，民國五十七年。
陳啟天　《中國政治哲學概論》，臺北：華國出版社，民國三十九年。
張金鑑　《中國政治制度史》，臺北：三民書局，民國五十四年。
薩孟武　《中國社會政治史》，臺北：著者印行，民國五十一年。
　　　　《中國社會政治學》，臺北：著者印行，民國四十七年。
楊鴻烈　《中國法律思想史》，臺北：臺灣商務印書館，民國五十九年。
蔡元培　《中國倫理學史》，臺北：臺灣商務印書館，民國四十八年。
鄒文海　《政治學》，臺北：著者印行，民國四十六年。
J. W. Garner, *Political Science and Government*, 1928.
R. G. Gettel, *History of Political Thought*, 1924.
C. E. Merriam, *Systematic Politics*, 1945.

右第五類

滄海叢刊書目（二）

國學類

先秦諸子繫年　錢　穆　著
朱子學提綱　錢　穆　著
莊子纂箋　錢　穆　著
論語新解　錢　穆　著
周官之成書及其反映的文化與時代新考　金春峰　著
尚書學述（上）、（下）　李振興　著
周易縱橫談　黃慶萱　著
考證與反思——從《周官》到魯迅　陳勝長　著
左海鉤沈　劉正浩　著

哲學類

哲學十大問題　鄔昆如　著
哲學淺論　張　康　譯
哲學智慧的尋求　何秀煌　著
哲學的智慧與歷史的聰明　何秀煌　著
文化、哲學與方法　何秀煌　著
人性・記號與文明——語言・邏輯與記號世界　何秀煌　著
傳統・現代與記號學——語言・文化和理論的移植　何秀煌　著
邏輯與設基法　劉福增　著
知識・邏輯・科學哲學　林正弘　著
現代藝術哲學　孫　旗　譯
現代美學及其他　趙天儀　著
中國現代化的哲學省思——「傳統」與「現代」理性的結合　成中英　著
從中國文化到現代性：典範轉移？　石元康　著
不以規矩不能成方圓　劉君燦　著
恕道與大同　張起鈞　著
現代存在思想家　項退結　著

中國思想通俗講話	錢　　穆　著
中國哲學史話	吳怡、張起鈞　著
中國百位哲學家	黎建球　著
中國人的路	項退結　著
中國哲學之路	項退結　著
中國人性論	臺大哲學系主編
中國管理哲學	曾仕強　著
孔子學說探微	林義正　著
心學的現代詮釋	姜允明　著
中庸誠的哲學	吳　　怡　著
中庸形上思想	高柏園　著
儒學的常與變	蔡仁厚　著
智慧的老子	張起鈞　著
老子的哲學	王邦雄　著
當代西方哲學與方法論	臺大哲學系主編
人性尊嚴的存在背景	項退結編訂
理解的命運	殷　　鼎　著
馬克斯·謝勒三論	阿弗德·休慈原著 江日新　譯
懷海德哲學	楊士毅　著
海德格與胡塞爾現象學	張燦輝　著
洛克悟性哲學	蔡信安　著
伽利略·波柏·科學說明	林正弘　著
儒家與現代中國	韋政通　著
思想的貧困	韋政通　著
近代思想史散論	龔鵬程　著
魏晉清談	唐翼明　著
中國哲學的生命和方法	吳　　怡　著
生命的轉化	吳　　怡　著
孟學的現代意義	王支洪　著
孟學思想史論（卷一）	黃俊傑　著
莊老通辨	錢　　穆　著
墨家哲學	蔡仁厚　著
柏拉圖三論	程石泉　著
倫理學釋論	陳　　特　著
儒道論述	吳　　光　著

新一元論	呂佛庭 著
儒家思想 ——以創造轉化為自我認同	杜維明 著
煮酒論思潮	陳奎德 著
朱熹哲學思想	金春峰 著

宗教類

佛教思想發展史論	楊惠南 著
佛教思想的傳承與發展 ——印順導師九秩華誕祝壽文集	釋恒清主編
佛典成立史	水野弘元 著 劉欣如 譯
圓滿生命的實現（布施波羅密）	陳柏達 著
薝蔔林・外集	陳慧劍 著
維摩詰經今譯	陳慧劍譯註
龍樹與中觀哲學	楊惠南 著
公案禪語	吳怡 著
禪學講話	芝峰法師 譯
禪骨詩心集	巴壺天 著
中國禪宗史	關世謙 譯
魏晉南北朝時期的道教	湯一介 著
佛學論著	周中一 著
當代佛教思想展望	楊惠南 著
臺灣佛教文化的新動向	江燦騰 著
釋迦牟尼與原始佛教	于凌波 著
唯識學綱要	于凌波 著
從印度佛教到中國佛教	冉雲華 著
中印佛學泛論 ——傅偉勳教授六十大壽祝壽論文集	藍吉富主編
禪史與禪思	楊惠南 著
禪思與禪詩 ——吟詠在禪詩的密林裡	楊惠南 著

社會科學類

中華文化十二講	錢穆 著
民族與文化	錢穆 著

楚文化研究　文崇一 著
中國古文化　文崇一 著
社會、文化和知識分子　葉啟政 著
儒學傳統與文化創新　黃俊傑 著
歷史轉捩點上的反思　韋政通 著
中國人的價值觀　文崇一 著
奉天承運——古代中國的「國家」概念及其正當性基礎　王健文 著
紅樓夢與中國舊家庭　薩孟武 著
社會學與中國研究　蔡文輝 著
比較社會學　蔡文輝 著
我國社會的變遷與發展　朱岑樓 主編
三十年來我國人文及社會科學之回顧與展望　賴澤涵 主編
社會學的滋味　蕭新煌 著
臺灣的國家與社會　徐正光、蕭新煌 主編
臺灣的社區權力結構　文崇一 著
臺灣居民的休閒生活　文崇一 著
臺灣的工業化與社會變遷　文崇一 著
臺灣社會的變遷與秩序（政治篇）、（社會文化篇）　文崇一 著
鄉村發展的理論與實際　蔡宏進 著
臺灣的社會發展　席汝楫 著
透視大陸　政治大學新聞研究所 主編
寬容之路——政黨政治論集　謝延庚 著
周禮的政治思想　周世輔、周文湘 著
儒家政論衍義　薩孟武 著
制度化的社會邏輯　葉啟政 著
臺灣社會的人文迷思　葉啟政 著
臺灣與美國社會問題　蔡文輝、蕭新煌 主編
自由憲政與民主轉型　周陽山 著
蘇東巨變與兩岸互動　周陽山 著
教育叢談　上官業佑 著
不疑不懼　王洪鈞 著
戰後臺灣的教育與思想　黃俊傑 著
太極拳的科學觀　馬承九 編著

兩極化與分寸感——近代中國精英思潮的病態心理分析	劉笑敢 著
唐人書法與文化	王元軍 著
C 理論——易經管理哲學	成中英 著

史地類

國史新論	錢　穆 著
秦漢史	錢　穆 著
秦漢史論稿	邢義田 著
三國典略輯校	（唐）兵悅 撰 杜德橋(Glen Dudbridge) 趙　超 輯校
魏晉史學及其他	逯耀東 著
宋史論集	陳學霖 著
宋代科舉	賈志揚 著
中國人的故事	夏雨人 著
明朝酒文化	王春瑜 著
劉伯溫與哪吒城——北京建城的傳說	陳學霖 著
歷史圈外	朱　桂 著
歷史的兩個境界	杜維運 著
近代中國變局下的上海	陳三井 著
當代佛門人物	陳慧劍編著
弘一大師論	陳慧劍 著
弘一大師傳（修訂新版）	陳慧劍 著
杜魚庵學佛荒史	陳慧劍 著
蘇曼殊大師新傳	劉心皇 著
近代中國人物漫譚	王覺源 著
近代中國人物漫譚續集	王覺源 著
影響現代中國第一人——曾國藩的思想與言行	石永貴編著
魯迅這個人	劉心皇 著
沈從文傳	凌　宇 著
胡適與當代史學家	逯耀東 著
三十年代作家論	姜　穆 著
三十年代作家論續集	姜　穆 著

當代臺灣作家論　何　欣　著
史學圈裏四十年　李雲漢　著
師友風義　鄭彥棻　著
見賢集　鄭彥棻　著
思齊集　鄭彥棻　著
懷聖集　鄭彥棻　著
憶夢錄　呂佛庭　著
古傑英風——歷史傳記文學集　萬登學　著
走向世界的挫折——郭嵩燾與道咸同光時代　汪榮祖　著
周世輔回憶錄　周世輔　著
三生有幸　吳相湘　著
孤兒心影錄　張國柱　著
我這半生　毛振翔　著
我是依然苦鬭人　毛振翔　著
八十憶雙親、師友雜憶（合刊）　錢　穆　著
烏啼鳳鳴有餘聲　陶百川　著
日記(1968～1980)　杜維明　著

語文類

標點符號研究　楊　遠編著
訓詁通論　吳孟復　著
翻譯偶語　黃文範　著
翻譯新語　黃文範　著
翻譯散論　張振玉　著
中文排列方式析論　司　琦　著
杜詩品評　楊慧傑　著
詩中的李白　楊慧傑　著
寒山子研究　陳慧劍　著
司空圖新論　王潤華　著
詩情與幽境——唐代文人的園林生活　侯迺慧　著
歐陽修詩本義研究　裴普賢　著
品詩吟詩　邱燮友　著
談詩錄　方祖燊　著

情趣詩話	楊光治 著
歌鼓湘靈 ——楚詩詞藝術欣賞	李元洛 著
中國文學鑑賞舉隅	黃慶萱、許家鸞 著
中國文學縱橫論	黃維樑 著
漢賦史論	簡宗梧 著
古典今論	唐翼明 著
亭林詩考索	潘重規 著
浮士德研究	李辰冬 著
十八世紀英國文學 ——諷刺詩與小說	宋美瑾 著
蘇忍尼辛選集	劉安雲 譯
文學欣賞的靈魂	劉述先 著
小說創作論	羅盤 著
小說結構	方祖燊 著
借鏡與類比	何冠驥 著
情愛與文學	周伯乃 著
鏡花水月	陳國球 著
文學因緣	鄭樹森 著
解構批評論集	廖炳惠 著
細讀現代小說	張素貞 著
續讀現代小說	張素貞 著
現代詩學	蕭蕭 著
詩美學	李元洛 著
詩人之燈 ——詩的欣賞與評論	羅青 著
詩學析論	張春榮 著
修辭散步	張春榮 著
修辭行旅	張春榮 著
橫看成嶺側成峯	文曉村 著
大陸文藝新探	周玉山 著
大陸文藝論衡	周玉山 著
大陸當代文學掃描	葉穉英 著
走出傷痕 ——大陸新時期小說探論	張子樟 著
大陸新時期小說論	張放 著

書名	作者
大陸新時期文學（1977－1989）——理論與批評	唐翼明 著
大陸「新寫實小說」	唐翼明 著
兒童文學	葉詠琍 著
兒童成長與文學	葉詠琍 著
累廬聲氣集	姜超嶽 著
林下生涯	姜超嶽 著
青　春	葉蟬貞 著
牧場的情思	張媛媛 著
萍踪憶語	賴景瑚 著
現實的探索	陳銘磻 編
一縷新綠	柴　扉 著
金排附	鍾延豪 著
放　鷹	吳錦發 著
黃巢殺人八百萬	宋澤萊 著
泥土的香味	彭瑞金 著
燈下燈	蕭　蕭 著
陽關千唱	陳　煌 著
種　籽	向　陽 著
無緣廟	陳艷秋 著
鄉　事	林清玄 著
余忠雄的春天	鍾鐵民 著
吳煦斌小說集	吳煦斌 著
卡薩爾斯之琴	葉石濤 著
青囊夜燈	許振江 著
我永遠年輕	唐文標 著
思想起	陌上塵 著
心酸記	李　喬 著
孤獨園	林蒼鬱 著
離　訣	林蒼鬱 著
托塔少年	林文欽 編
北美情逅	卜貴美 著
日本歷史之旅	李希聖 著
孤寂中的廻響	洛　夫 著
火天使	趙衛民 著
無塵的鏡子	張　默 著

關心茶 ——中國哲學的心	吳　怡　著
放眼天下	陳新雄　著
生活健康	卜鍾元　著
文化的春天	王保雲　著
思光詩選	勞思光　著
靜思手札	黑　野　著
狡兔歲月	黃和英　著
老樹春深更著花	畢　璞　著
列寧格勒十日記	潘重規　著
文學與歷史 ——胡秋原選集第一卷	胡秋原　著
晚學齋文集	黃錦鋐　著
天山明月集	童　山　著
古代文學精華	郭　丹　著
山水的約定	葉維廉　著
明天的太陽	許文廷　著
在天願作比翼鳥 ——歷代文人愛情詩詞曲三百首	李元洛輯注
千葉紅芙蓉 ——歷代民間愛情詩詞曲三百首	李元洛輯注
醉樵軒詩詞吟草	楊道淮　著
陳寅恪晚年詩文釋證（增訂新版）	余英時　著
鳴酬叢編	李飛鵬編纂
秩序的探索 ——當代文學論述的省察	周慶華　著
樹人存稿	馬哲儒　著

藝術類

音樂與我	趙　琴　著
音樂隨筆	趙　琴　著
美術鑑賞	趙惠玲　著
爐邊閒話	李抱忱　著
琴臺碎語	黃友棣　著
樂林蓽露	黃友棣　著
樂谷鳴泉	黃友棣　著

樂韻飄香	黃 友 棣 著
樂海無涯	黃 友 棣 著
樂教流芳	黃 友 棣 著
弘一大師歌曲集	錢 仁 康編著
立體造型基本設計	張 長 傑 著
工藝材料	李 鈞 棫 著
裝飾工藝	張 長 傑 著
人體工學與安全	劉 其 偉 著
現代工藝概論	張 長 傑 著
藤竹工	張 長 傑 著
石膏工藝	李 鈞 棫 著
色彩基礎	何 耀 宗 著
當代藝術采風	王 保 雲 著
都市計劃概論	王 紀 鯤 著
建築設計方法	陳 政 雄 著
古典與象徵的界限 ——象徵主義畫家莫侯及其詩人寓意畫	李 明 明 著
民俗畫集	吳 廷 標 著
畫壇師友錄	黃 苗 子 著
自說自畫	高 木 森 著
日本藝術史 ——比較與研究	邢 福 泉 著

～涵泳浩瀚書海　激起智慧波濤～